A1
+A2

CW01667259

ESPAÑOL en marcha

CURSO DE ESPAÑOL COMO LENGUA EXTRANJERA

NUEVA EDICIÓN

Básico

LIBRO DEL ALUMNO

Francisca Castro Viúdez
Pilar Díaz Ballesteros
Ignacio Rodero Díez
Carmen Sardinero Francos

ele
Español Lengua Extranjera

SGEL

Cómo es *Español en marcha* nueva edición

ESPAÑOL EN MARCHA es un curso de español en cuatro niveles que abarca los contenidos correspondientes a los niveles A1, A2, B1 y B2 del *Marco común europeo de referencia*. *Español en marcha Básico* es una edición que contiene los niveles A1 y A2 en un solo volumen. Al final de *Español en marcha Básico* los estudiantes podrán describir y narrar en términos sencillos aspectos de su pasado, describir algunos sentimientos y estados de ánimo, hablar de planes, así como expresar opiniones sencillas sobre temas variados y de actualidad. También dispondrán de recursos para desenvolverse en situaciones cotidianas, relacionadas con necesidades inmediatas.

1 PORTADA

Incluye los contenidos que se van a trabajar en la unidad.

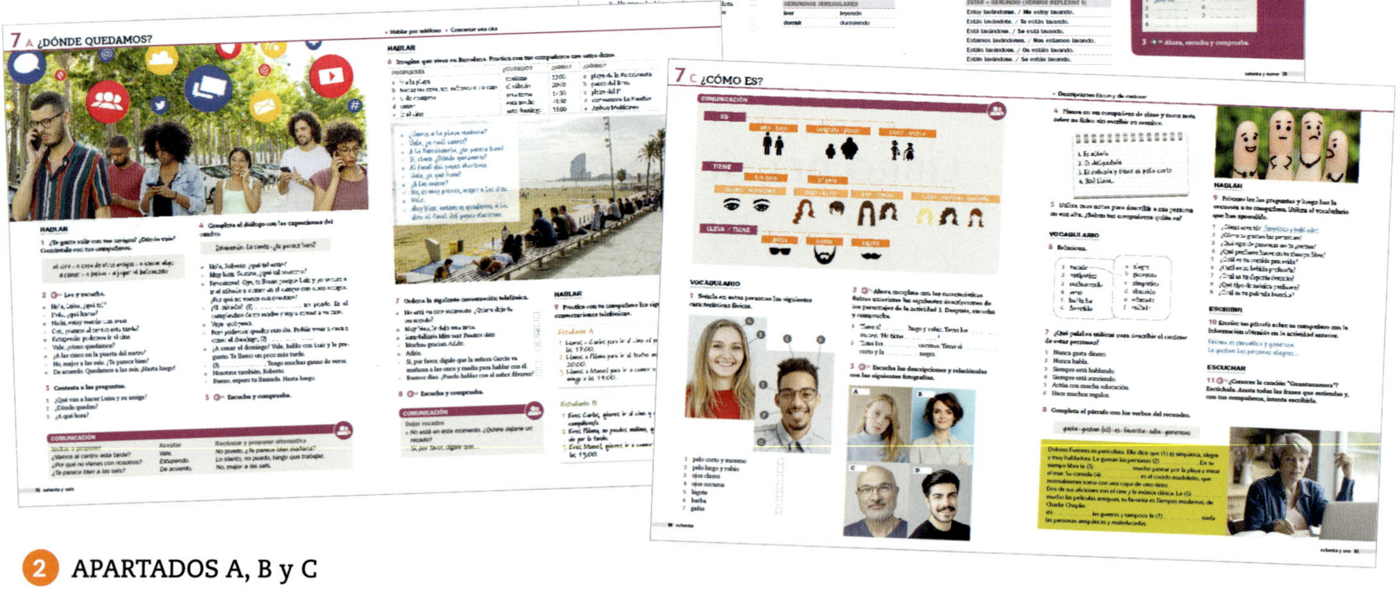

2 APARTADOS A, B y C

Se presentan, desarrollan y practican los contenidos lingüísticos citados al inicio de cada uno de ellos. Cada apartado sigue una secuencia cuidadosamente graduada, desde la presentación de las muestras de lengua hasta una actividad final de producción. A lo largo de cada unidad, el alumno tendrá la oportunidad de desarrollar todas las destrezas (leer, escuchar, escribir y hablar) así como de trabajar en profundidad la gramática, el vocabulario y la pronunciación, en una serie de tareas que van desde las más dirigidas a las más libres.

3 APARTADO D - COMUNICACIÓN Y CULTURA

Tiene como objetivo desarrollar la comunicación y las competencias tanto socioculturales como interculturales del estudiante. Las actividades están agrupadas según las cuatro destrezas lingüísticas: leer, escuchar, escribir y hablar.

4 AUTOEVALUACIÓN

Actividades destinadas a recapitular y consolidar los contenidos de la unidad, y donde se incluye un test con el que el alumno podrá evaluar su progreso según los descriptores del *Portfolio europeo de las lenguas*.

5 ANEXOS

- Actividades en parejas.
- Gramática, vocabulario y ejercicios prácticos.
- Verbos regulares e irregulares.
- Transcripciones.

6 CUADERNO DE EJERCICIOS

Es un componente imprescindible para trabajar los contenidos del libro del alumno de forma individual o en el aula. Ahora con dos páginas más de procesos y estrategias de aprendizaje. Incluye, además, fichas para trabajar los vídeos y las soluciones a los ejercicios.

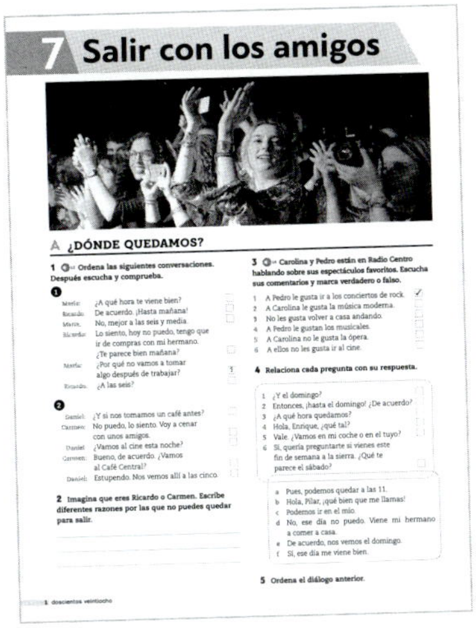

7 VÍDEOS

- El curso se completa con un vídeo por unidad con escenas cotidianas y numerosas referencias culturales e interculturales del mundo hispano.
- Disponibles en nuestro canal de YouTube.

8 EDICIÓN DIGITAL

Libro digital disponible para el profesor y para el alumno.

Contenidos

Contenidos

Antes de empezar A ¡HOLA! ME LLAMO MARIBEL

1 Lee y escucha.

Profesora: ¡Hola! Me llamo Maribel y soy la profesora de español. Vamos a presentarnos. A ver, empieza tú, ¿cómo te llamas?
Estudiante 1: Me llamo Marcelo.
Profesora: ¿De dónde eres, Marcelo?
Estudiante 1: Soy brasileño, de Porto Alegre.
Estudiante 2: Yo me llamo Isabelle y soy francesa.

2 Practica con tus compañeros.

- ■ ¡Hola!
- ● ¡Hola!
- ■ ¿Cómo te llamas?
- ● Me llamo ....
- ■ ¿De dónde eres?
- ● Soy (de) ....

3 Completa el cuadro.

País	Nacionalidad	
	masculino	femenino
1 Alemania	alemán	
2 España		española
3 Brasil	brasileño	
4 Francia		francesa
5 Italia	italiano	

SALUDOS

B ¿CÓMO SE ESCRIBE? ¿CÓMO SE PRONUNCIA?

4 2 Escucha y repite.

VOCALES				
A	E	I	O	U
a	e	i	o	u

CONSONANTES

mayúscula	minúscula	nombre	sonido	ejemplos
B	b	be	/b/	abuelo, bien
C	c	ce	c + a, o, u = /k/ c + e, i = /θ/	casa, cosa, cuatro cerrado, cine
D	d	de	/d/	día, dos
F	f	efe	/f/	fumar
G	g	ge	g + a, o, u = /g/ gu + e, i = /g/ g + e, i = /x/	gato, pago, agua guerrero, guitarra genio, giro
H	h	hache	–	hotel, hospital
J	j	jota	/x/	jefe, jirafa
K	k	ka	/k/	kilogramo
L	l	ele	/l/	león, limón
M	m	eme	/m/	Madrid, mira
N	n	ene	/n/	nada, no
Ñ	ñ	eñe	/ɲ/	niña, año
P	p	pe	/p/	pan, pera
Q	q	cu	qu + e, i = /k/	queso, quince
R	r	erre	/r/ /rr/	pera, Corea, rosa, ramo, arroz
S	s	ese	/s/	casa, sol, paseo
T	t	te	/t/	tomate, tú
V	v	uve	/b/	vaca, ven, vino
W	w	uve doble (doble u)	/u/ o /gu/ /b/	William wolframio
X	x	equis	/ks/	examen, éxito
Y	y	i griega (ye)	/i/ /ʝ/	(Juan) y (Luis) yogur, yo
Z	z	zeta	z + a, o, u = /θ/	zapato, cazo, azul

CONJUNTOS DE LETRAS

CH	ch	(che)	/tʃ/	chocolate
LL	ll	(elle)	/ʎ/	llave, camello, lluvia

B ¿CÓMO SE ESCRIBE? ¿CÓMO SE PRONUNCIA?

5 3 **Escucha.**

ca	casa	**za**	zapato
que	queso	**ce**	cerrado
qui	quiero	**ci**	cine
co	color	**zo**	zoo
cu	cuatro	**zu**	azul
ga	gato	**ja**	jamón
gue	guerra	**je / ge**	jefe / genio
gui	guitarra	**ji / gi**	jirafa / gitano
go	agosto	**jo**	jota
gu	agua	**ju**	julio

6 **Lee en voz alta las siguientes palabras.**

región	paz	quien
gente	chocolate	catorce
joven	ácido	pequeño
ejemplo	cereza	guitarra

¿Con B o con V?
(En Latinoamérica: *b = be larga; v = be corta*)
***V**alencia, **B**ilbao, Isa**b**el, **V**icente.*

¿Con G o con J?
***G**enio, ro**j**o, **j**irafa, **g**itana.*

¿Con H o sin H?
***H**otel, agua, **h**uevo, **h**elado.*

7 4 **Escucha y señala la palabra que deletrean.**

1	ROMERO	☑	RODERO	☐
2	DÍEZ	☐	DÍAZ	☐
3	GONZÁLEZ	☐	GONZALVO	☐
4	RIBERA	☐	RIVERA	☐
5	JIMÉNEZ	☐	GIMÉNEZ	☐
6	PADÍN	☐	BADÍN	☐

8 **Pregunta a cinco compañeros su nombre y apellido. Sigue el modelo.**

- ¿Cómo te llamas?
- Fabio.
- ¿Con be o con uve?
- Con be.
- ¿Y de apellido?
- Oliveira.
- ¿Cómo se escribe?
- O-ele-i-uve-e-i-erre-a.
- ¿Así está bien?
- Sí, vale.

SÍLABA TÓNICA

Si la palabra lleva tilde, esta indica la sílaba tónica.
*ca**fé** **mé**dico **ár**bol*

Si no hay tilde, se pronuncia más fuerte la última cuando la palabra acaba en consonante (excepto **n** y **s**).
*Ma**drid** espa**ñol** ha**blar***

Se pronuncia más fuerte la penúltima si la palabra termina en vocal, en **n** o **s**.
***je**fe ven**ta**na e**xa**men **cri**sis*

9 **Subraya la sílaba tónica de las palabras del recuadro.**

alemán · alemana · japonés · profesor
estudiante · profesora · brasileño
hospital · estudiar · libro
lección · compañero · madre

10 5 **Escucha, comprueba y repite.**

PARA LA CLASE

11 **Relaciona.**

1 ¿Qué significa *ordenador*?
2 ¿Cómo se dice *laptop* en español?
3 ¿Cómo se escribe *móvil*, con *be* o con *uve*?
4 ¿Cómo se escribe *pantalla*?

a Portátil.
b Con *uve*.
c *Computer*.
d Con *elle*: p-a-n-t-a-ll-a

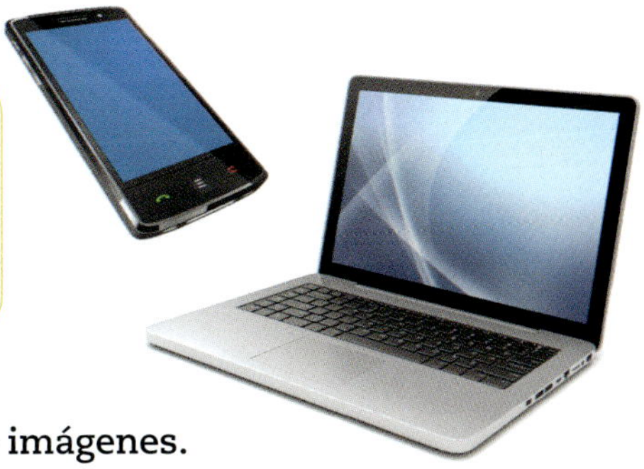

12 **Seguro que conoces algunas palabras en español. Relaciónalas con las imágenes.**

1	fiesta ☐	6	flamenco ☐	11	salsa ☐
2	hotel ☐	7	tango ☐	12	playa ☐
3	cine ☐	8	bar ☐	13	paella ☐
4	hospital ☐	9	chocolate ☐	14	guitarra ☐
5	restaurante ☐	10	café ☐	15	siesta ☐

A

B

C

D

E

F
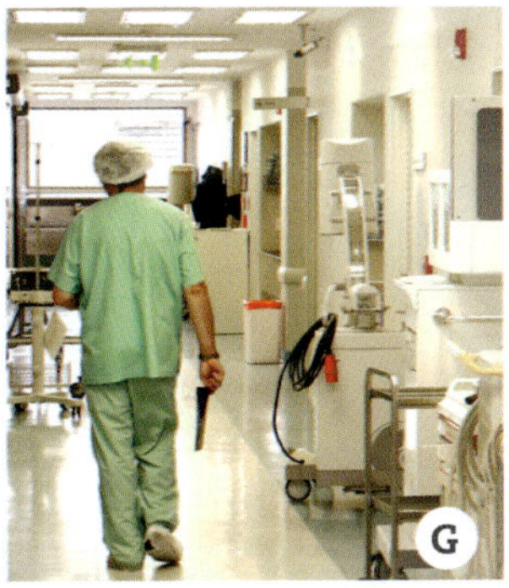
G

H

I

J

K

L

M

N

Ñ

13 6 **Escucha y repite.**

14 **¿Conoces otras palabras en español?**

C ESPAÑA Y AMÉRICA LATINA

EL ESPAÑOL

El español o castellano es la lengua oficial de España y de 19 países latinoamericanos. Es la segunda lengua materna más hablada después del chino; la hablan más de 480 millones de personas.
El español viene del latín, igual que el francés, el italiano, el portugués y el rumano. En España, también son lenguas oficiales el catalán, el gallego y el euskera.

GENTILICIOS ESPAÑOLES

andaluz / andaluza
aragonés / aragonesa
asturiano /asturiana
balear / balear
canario / canaria
cántabro / cántabra
castellanoleonés / castellanoleonesa
castellanomanchego / castellanomanchega
catalán / catalana
extremeño / extremeña
gallego / gallega
madrileño / madrileña
murciano / murciana
valenciano / valenciana
vasco / vasca

GENTILICIOS HISPANOAMERICANOS

argentino / argentina
boliviano / boliviana
colombiano / colombiana
costarricense / costarricense
cubano / cubana
chileno / chilena
dominicano / dominicana
ecuatoriano / ecuatoriana
guatemalteco / guatemalteca
hondureño / hondureña
mexicano / mexicana
nicaragüense / nicaragüense
panameño / panameña
paraguayo / paraguaya
peruano / peruana
puertorriqueño / puertorriqueña
salvadoreño / salvadoreña
uruguayo / uruguaya
venezolano / venezolana

15 **¿Reconoces estos lugares? Relaciónalos con las fotografías.**

- Sagrada Familia (España) ☐
- Cataratas de Iguazú (Argentina y Paraguay) ☐
- Museo Guggenheim (España) ☐
- Machu Picchu (Perú) ☐
- La Alhambra (España) ☐
- Cartagena de Indias (Colombia) ☐
- Perito Moreno (Argentina) ☐
- Playa de Cancún (México) ☐
- Plaza el Zócalo (México) ☐
- Tikal (Guatemala) ☐
- Murallas romanas (España) ☐

Saludos

1

- Saludar y presentar a otra persona
- Nacionalidades
- Profesiones: el género
- *Tú* y *usted*
- Preguntar y dar el número de teléfono y la dirección
- Cultura: Fórmulas de tratamiento (*tú* y *usted*)
- Vídeo: *Hola, ¿qué tal?*

1 A ¡ENCANTADO!

HABLAR

1 Mira las fotos y señala dónde están.

1 En una oficina. ☐ 3 En clase. ☐
2 En un hotel. ☐ 4 En una cafetería. ☐

ESCUCHAR

2 7 Escucha y lee.

EN CLASE

Isabelle: ¡Hola, Marcelo!, ¿qué tal?
Marcelo: Bien, ¿y tú?
Isabelle: Muy bien. Mira, esta es Ulrike, una nueva compañera, es alemana.
Marcelo: ¡Hola! ¡Encantado! ¿Eres de Berlín?
Ulrike: Sí, pero ahora vivo en Madrid.

EN UN HOTEL

Recepcionista: Su nombre, por favor.
Fernando: Yo me llamo Fernando Álvarez y ella es Carmen Hernández.
Recepcionista: ¿De dónde son ustedes?
Fernando: Somos argentinos, de Buenos Aires.
Recepcionista: Ah, Buenos Aires… Aquí están sus tarjetas, bienvenidos a Madrid.
Fernando: Gracias.

EN UNA OFICINA

Díaz: ¡Buenos días!, señor Álvarez, ¿qué tal está?
Álvarez: Muy bien, gracias. Mire, le presento a Marta Rodríguez, la nueva directora.
Díaz: Encantado de conocerla, yo me llamo Gerardo Díaz, y soy el responsable de administración.
Rodríguez: Mucho gusto, Gerardo.

3 Completa.

EN UNA CAFETERÍA

Luis: ¡Hola, Eva!, ¿..............................?
Eva: Bien, ¿..............................?
Luis: Muy bien. ...., este es Roberto, un compañero nuevo.
Eva: ....
¿De dónde ....?
Roberto: Soy cubano.

4 8 Escucha y comprueba.

COMUNICACIÓN

Informal
- ¡Hola!, ¿qué tal?
- Bien, ¿y tú?
- ¿Cómo te llamas?
- Carmen, ¿y tú?
- Esta es Celia. / Este es Roberto.

Formal
- ¡Buenos días!, señor Prado, ¿cómo está usted?
- Muy bien, gracias.
- Le presento al señor Rodríguez.
- ¡Encantado/a! / Mucho gusto.

HABLAR

5 Practica los saludos y las presentaciones con tus compañeros de clase, en grupos de dos o tres personas.

GRAMÁTICA

GÉNERO DE LOS ADJETIVOS DE NACIONALIDAD

masculino	femenino
ital**iano**	ital**iana**
espa**ñol**	espa**ñola**
estadouni**dense**	estadouni**dense**
marroq**uí**	marroq**uí**

6 Completa el cuadro.

	PAÍSES	NACIONALIDADES	
1	China	chino	
2		iraní	
3	Reino Unido	británico	
4	Turquía		turca
5	Sudáfrica		sudafricana
6		colombiano	
7		brasileño	
8	Francia		francesa
9	Polonia	polaco	
10	Suecia		sueca
11			alemana
12	Canadá		

7 9 Escucha y repite.

8 Practica con tus compañeros e imagina una nacionalidad distinta a la tuya.

- ¿De dónde eres?
- Soy colombiana, ¿y tú?
- Yo soy francés.

ESCUCHAR

9 10 Escucha y escribe en las tarjetas.

- NOMBRE
- APELLIDO
- NACIONALIDAD

- NOMBRE
- APELLIDO
- NACIONALIDAD

- NOMBRE
- APELLIDO
- NACIONALIDAD

- NOMBRE
- APELLIDO
- NACIONALIDAD

VOCABULARIO

1 **Escribe la letra correspondiente.**

1 peluquera [J]
2 profesor [ ]
3 médica [ ]
4 camarero [ ]
5 ama de casa [ ]
6 taxista [ ]
7 científica [ ]
8 actriz [ ]
9 abogada [ ]
10 informático [ ]

2 **Escoge una profesión. Pregunta a tres compañeros.**

- ¿A qué te dedicas?
- Soy médico, ¿y tú?
- Yo soy abogada.

GRAMÁTICA

GÉNERO DE LOS NOMBRES DE PROFESIÓN

masculino	femenino
camarero	camarera
profesor	profesora
estudiante	estudiante
presidente	presidenta
economista	economista

3 **Escribe el femenino.**

1 el vendedor — la vendedora
2 el secretario — la ....
3 el conductor — la ....
4 el cocinero — la ....
5 el futbolista — la ....
6 el cantante — la ....
7 el actor — la ....
8 el jardinero — la ....
9 el guía — la ....
10 el pianista — la ....

4 11 **Escucha y lee.**

Me llamo Manolo García. Soy médico. Soy sevillano, pero vivo en Barcelona. Trabajo en un hospital. Mi mujer se llama Amelia, es profesora y trabaja en un instituto. Ella es catalana. Tenemos dos hijos, Sergio y Elena; los dos son estudiantes. Sergio estudia en la universidad, y Elena, en el instituto.

5 **Responde.**

1 ¿A qué se dedica Manolo?
Es médico.
2 ¿De dónde es Manolo?
3 ¿Dónde viven?
4 ¿Dónde trabaja Amelia?
5 ¿De dónde es Amelia?
6 ¿Cuántos hijos tienen?
7 ¿Qué hacen los hijos?

PRESENTE DE VERBOS REGULARES

	trabajar	comer	vivir
yo	trabajo	como	vivo
tú	trabajas	comes	vives
él/ella/usted	trabaja	come	vive
nosotros/as	trabajamos	comemos	vivimos
vosotros/as	trabajáis	coméis	vivís
ellos/ellas/ustedes	trabajan	comen	viven

PRESENTE DE VERBOS IRREGULARES

	ser	tener
yo	soy	tengo
tú	eres	tienes
él/ella/usted	es	tiene
nosotros/as	somos	tenemos
vosotros/as	sois	tenéis
ellos/ellas/ustedes	son	tienen

6 Completa las frases con la forma adecuada de los verbos anteriores.

1 Belén no .... madrileña, ... valenciana.
2 Rocío .... en una agencia de viajes.
3 Javier Bardem .... un actor español.
4 Nosotros .... tres hijos.
5 Mi marido................ muchas verduras.
6 ¿De dónde................ Fernando?
7 Yo no................ carne, ... vegetariana.
8 Miguel y María .... en una empresa sevillana.
9 ¿Tus padres .... en una casa al lado de la playa?
10 Tú .... más dinero que yo.
11 Nosotras no .... profesoras: Rosa .... médica y yo .... periodista.
12 ¿Usted .... colombiano?

7 Completa.

TÚ	USTED
¿Dónde vives?	¿Dónde vive usted?
¿Cómo ....?	¿Cómo se llama usted?
¿Tienes hijos?	¿...................... hijos usted?
¿De dónde ....?	¿De dónde .... usted?
¿A qué ....?	¿A qué se dedica usted?

8 Practica las preguntas anteriores con *usted* con tu profesor.

LEER

9 Completa el texto siguiente con los verbos adecuados.

Me [1] llamo Elaine Araujo y [2] .... arquitecta. [3] .... brasileña, pero ahora [4] .... en Madrid porque estudio un máster en la universidad. También [5] .... los fines de semana en un restaurante. Estoy soltera pero [6] .... un novio español: él [7] .... en una empresa de informática.

ESCRIBIR

10 Escribe un párrafo sobre ti. Luego, léelo a tus compañeros.

Me llamo ....,
soy ....
....

PRONUNCIACIÓN Y ORTOGRAFÍA

Entonación interrogativa

1 12 **Escucha y repite.**

1 ¿De dónde eres?
2 ¿De dónde son ustedes?
3 ¿Cómo te llamas?
4 ¿Quién es este?
5 ¿Dónde vives?
6 ¿Dónde trabaja usted?
7 ¿Dónde viven ustedes?
8 ¿Cómo se llama el marido de Ana?

¿CUÁL ES TU NÚMERO DE MÓVIL?

VOCABULARIO

1 Escribe los números.

seis • uno • ocho • tres • nueve

0 cero
1 ....
2 dos
3 ....
4 cuatro
5 cinco
6 ....
7 siete
8 ....
9 ....
10 diez

2 13 Escucha y comprueba.

3 Practica con tu compañero.

2 + 3 = cinco
■ ¿Dos más tres?
● Cinco.
3 + 5 = ...
4 + 4 = ...

8 - 6 = dos
■ ¿Ocho menos seis?
● Dos.
9 - 4 = ...
1 - 0 = ...

ESCUCHAR

4 14 Escucha y escribe los números de teléfono.

1 María: 936 547 832
2 Jorge: ....
3 Marina: .... , ...
4 Aeropuerto de Barajas: ....
5 Cruz Roja: ....
6 Radio-taxi: ....

HABLAR

5 Pregunta el número de teléfono a varios compañeros. Toma nota.

■ Lars, ¿cuál es tu número de teléfono / móvil?
● Es el 95 835 62 10.
■ Gracias.

6 Ahora pregúntale su dirección de correo electrónico.

■ ¿Cuál es tu correo electrónico?
● joseluis@gmail.com

VOCABULARIO

7 15 Escucha y aprende.

11 once
12 doce
13 trece
14 catorce
15 quince
16 dieciséis
17 diecisiete
18 dieciocho
19 diecinueve
20 veinte

8 En parejas escribid los números.

4 x 4 = dieciséis
Cuatro por cuatro, dieciséis.

9 x 2 = ...
3 x 6 = ...
5 x 3= ....
2 x 6 = ...
4 x 5 = ...
2 x 8 = ...
7 x 2 = ...
3 x 4 = ...

9 16 **Juega al bingo.**

A Escoge uno de los dos cartones.
B Escucha y señala los números que oyes. ¡Suerte!

ESCUCHAR

10 17 **Lee, escucha y completa.**

EN UN GIMNASIO

Felipe: ¡Buenas tardes!
Rosa: ¡Hola!, (1) ....
Felipe: Quiero apuntarme al gimnasio.
Rosa: Tienes que darme tus datos. A ver, ¿(2) ....?
Felipe: Felipe Martínez.
Rosa: ¿Y de segundo apellido?
Felipe: Franco.
Rosa: ¿Dónde (3) ....?
Felipe: En la calle Goya, número ochenta y siete, tercero izquierda.
Rosa: ¿Teléfono?
Felipe: (4) ....
Rosa: ¿Profesión?
Felipe: (5) ....
Rosa: Bueno, ya está; el precio es...

11 Completa la tarjeta con los datos de Felipe.

GIMNASIO PRAGA

Nombre ....
Apellidos ....
....
Domicilio actual ....
....
Número .... Piso .... Puerta ....
Movil ....
Profesión ....
Correo electrónico femartinez@gmail.com

INTERROGATIVOS

¿A **qué** te dedicas?
¿**Cómo** te llamas?
¿De **dónde** eres?
¿**Dónde** vives?
¿**Dónde** trabajas?
¿**Cuál** es tu número de teléfono?

12 Completa las frases con *qué, dónde, cómo, cuál*.

1 ■ ¿De dónde es Gloria Estefan?
 ● De Cuba.
2 ■ ¿............................ trabajas?
 ● En un banco.
3 ■ ¿............................ se llama tu compañero?
 ● Mariano.
4 ■ ¿............................vive Julio?
 ● En Miami.
5 ■ ¿A .... se dedica tu mujer?
 ● Es cantante.
6 ■ ¿De .... son ustedes?
 ● Somos alemanes, de Bonn.
7 ■ ¿............................ significa "saludo"?
 ● «Hola» es un saludo.
8 ■ ¿A ....te dedicas?
 ● Soy pintor.
9 ■ ¿............................ es tu número de teléfono?
 ● 693 22 06 31.

HABLAR

13 Prepara cinco preguntas para un compañero y luego pregúntale. Anota las respuestas.

¿Dónde vives?
¿Cómo se llama tu padre?
¿De dónde eres? ...

Saludos

En español podemos hablar en estilo formal o informal. En **estilo formal** usamos *usted (Ud.)* y *ustedes (Uds.)* para hablar con personas desconocidas, de mayor edad o superiores en el trabajo: un jefe, un profesor, un médico. También en estilo formal utilizamos las fórmulas *señor (Sr.)* y *señora (Sra.)* con el apellido: *Sr. Pérez*.

En **estilo informal** usamos el nombre, y es muy habitual decir *¡hola!* para saludar y *¡hasta luego!*, para despedirse; pero también decimos *¡adiós!*, *¡hasta mañana!* o *¡hasta pronto!*

En **estilo formal** e **informal** es normal saludar también con *¡buenos días!*, por la mañana; *¡buenas tardes!*, por la tarde; y *¡buenas noches!*, por la noche.

LEER

1 **Lee el texto sobre los saludos.**

2 **Marca la forma adecuada.**

		Tú	Usted
1	Hablo con un camarero.	☐	☐
2	Hablo con mi profesor.	☐	☐
3	Hablo con mi tío.	☐	☐
4	Hablo con la vendedora.	☐	☐
5	Hablo con un niño.	☐	☐
6	Hablo con una persona de 70 años desconocida.	☐	☐

3 **Relaciona.**

1 ¡Hola!, ¿qué tal?
2 ¡Adiós!
3 ¡Hola, chico!, ¿cómo estás?
4 ¡Hola!, me llamo Javier.
5 Buenas noches, ¿cómo está usted?
6 Vos sos* Pablo, ¿no?

a ¡Hola!
b Sí, hola. Y vos, Óscar, claro.
c Hola, yo soy Marisa.
d Bien, ¿y tú?, ¿qué tal?
e Bien, ¿y Ud.?
f ¡Adiós, hasta luego!

* En Argentina dicen *vos sos* en lugar de *tú eres*.

ESCUCHAR

4 18 **Escucha cómo se presentan cuatro personas y completa la tabla.**

NOMBRE	PROFESIÓN	CIUDAD	MÓVIL
	estudiante		
Claudia			
		Caracas	
Manuel			

EN PAREJAS

HABLAR

Alumno A (alumno B, ver «En parejas», pág. 196)

5 ¿Conoces a estos personajes famosos? Pregunta a B la información sobre los números 1, 3, 4 y 6.

¿Cómo se llama el número 1? ¿De dónde es? ¿A qué se dedica?

....
....
....
3

....
....
....
1

Benicio del Toro
puertorriqueño
actor
2

José Andrés
español
cocinero
7

....
....
....
4

Jennifer López
estadounidense
actriz / cantante
5

....
....
....
6

Pedro Almodóvar
español
director de cine
8

6 Responde a B la información sobre los números 2, 5, 7 y 8.

El número 2 se llama Benicio del Toro. Es puertorriqueño. Es actor.

ESCRIBIR

7 Completa una ficha con tus datos y otra con los de tu compañero.

Nombre: ______________________
Apellido: ______________________
Nacionalidad: ______________________
Profesión: ______________________
Domicilio: ______________________
Ciudad: ______________________
Teléfono: ______________________
Correo electrónico: ______________________

Nombre: ______________________
Apellido: ______________________
Nacionalidad: ______________________
Profesión: ______________________
Domicilio: ______________________
Ciudad: ______________________
Teléfono: ______________________
Correo electrónico: ______________________

AUTOEVALUACIÓN

1 **Lee los textos y completa las preguntas.**

1 Me llamo Peter Tuck. Soy profesor de inglés. Vivo en Madrid y trabajo en un colegio. Estoy soltero.

2 Yo me llamo Maria Rodrigues; soy brasileña, de Río de Janeiro. Mi marido se llama Bruno y también es brasileño. Somos profesores.

3 Yo me llamo Yoshie Kikkawa y soy japonesa, de Tokio. Estoy casada. Mi marido se llama Mitsuo y tenemos dos hijos, Kimiko y Ken. Los dos estudian en el colegio.

1 ■ ¿Dónde vive Peter?
● En Madrid.
2 ■ ¿............................ Peter?
● En un colegio.
3 ■ ¿............................ Maria?
● Es brasileña.
4 ■ ¿............................ el marido de Maria?
● Bruno.
5 ■ ¿............................ Yoshie?
● De Tokio.
6 ■ ¿Qué .... los hijos de Yoshie?
● Estudian en el colegio.

2 **Completa los diálogos.**

1 ■ Hola, me llamo Manuel, y .... español. ¿Cómo .... tú?
● .... Marta.
2 ■ Buenos días, señor Jiménez, ¿cómo .... usted?
● Bien, gracias, ¿y ....?
3 ■ Mire, señora Rodríguez, le .... al señor Márquez.
● ....
▼ Mucho gusto.
4 ■ Hola, Laura. ¿Qué ....?
● Hola, Manu, muy .... Mira, ... es Marina, una nueva ....
■ Hola, ¿qué ....?
▼ ...., ¿y tú?
■ Muy bien.

3 19 **Escucha los apellidos. ¿En qué orden los escuchas? Escribe el número.**

Díaz	☐	Martínez	☐
Vargas	☐	Díez	☐
Marín	☐	Martín	☐
Serrano	☐	López	☐
Moreno	☐	Romero	☐
Jiménez	☐	García	☐
Pérez	☐		

4 **Lee y señala si hablan de *tú* o de *usted*.**

		Tú	Usted
1	¿Cómo te llamas?	☐	☐
2	¿Dónde vive?	☐	☐
3	¿De dónde es?	☐	☐
4	¿Dónde trabaja?	☐	☐
5	¿De dónde eres?	☐	☐
6	¿Cuál es tu número de teléfono?	☐	☐
7	¿A qué te dedicas?	☐	☐

¿Qué sabes?

	☺	😐	☹
• Saludar y presentar a alguien.	☐	☐	☐
• Decir la nacionalidad y la profesión.	☐	☐	☐
• Los números del 1 al 20.	☐	☐	☐
• Preguntar y decir el domicilio y el número de teléfono.	☐	☐	☐

Familias

2

- Presentar a la familia
- Dar información personal
- Decir dónde están las cosas
- Expresar posesión
- Preguntar y decir la hora
- Cultura: La familia hispana: celebraciones
- Vídeo: *Mi familia*

2 A ¿ESTÁS CASADO?

Hola, soy Marta. Estoy casada y esta es mi familia. Mi marido se llama Jorge y tenemos dos hijos: Isabel, de doce años, y David, de diez. Vivimos en Fuenlabrada, cerca de Madrid. Soy dependienta, trabajo en una tienda de ropa de niños.

Yo soy Luis. No tengo hermanos, no tengo novia, soy soltero y vivo en Mérida con mis papás y mi abuela. Mi papá se llama Manuel y tiene cincuenta y ocho años. Mi mamá se llama Rocío y tiene cincuenta y seis años. Mi abuela tiene setenta y nueve años y se llama Carmen. Soy estudiante de Medicina.

VOCABULARIO

1 **Relaciona.**

1 ¿Estás casado/a?
2 ¿Tienes hijos?
3 ¿Tienes hermanos?

a No, no tengo.
b Sí, un hermano y una hermana.
c No, estoy soltero/a.

2 20 **Marta y Luis hablan de sus familias. Lee los textos y escucha.**

3 **Escribe el nombre de cada uno en las fotos.**

4 **Escribe las preguntas para estas respuestas.**

1 Marta vive cerca de Madrid. ¿Dónde vive Marta?
2 Es dependienta.
3 Se llama Manuel.
4 Estudia Medicina.
5 Tiene setenta y nueve años.

5 **Completa las frases siguientes con las palabras del recuadro.**

mujer • hermana • padre • hijo
abuela • madre • marido

1 Marta es la mujer de Jorge.
2 David es .... de Jorge y Marta.
3 Marta es la .... de Isabel.
4 Isabel es .... de David.
5 Manuel es el .... de Luis.
6 Carmen es .... de Luis.
7 Manuel es el .... de Rocío.

HABLAR

6 **Haz estas preguntas a varios compañeros y luego completa la ficha.**

1 ¿Estás casado/a o soltero/a?
2 ¿Tienes hijos?
3 ¿Tienes novio/a?
4 ¿Cómo se llama tu padre / madre?
5 ¿Tienes hermanos?
6 ¿Tienes abuelos?

	NOMBRE
a Está soltero/a.	
b Está casado/a.	
c Tiene hijos.	
d Tiene novio/a.	
e No tiene hermanos.	
f Tiene abuelos.	

ESCRIBIR

7 **Escribe algunas frases sobre tu familia y léeselas a tu compañero.**

Mi padre se llama Toni y tiene sesenta años. Mi hermana está casada y tiene dos hijos. Mi padre es taxista y mi hermano estudia Arquitectura.

GRAMÁTICA

PLURAL DE LOS NOMBRES	
un mapa	dos mapas
un autobús	dos autobuses

8 **Mira la imagen y señala si es verdadero (V) o falso (F).**

En esta clase tienen:

a tres portátiles ☐
b dos mapas ☐
c cinco sillas ☐
d cinco libros ☐
e cinco estudiantes ☐
f un móvil ☐
g tres mesas ☐
h dos bolígrafos ☐

9 **Escribe en plural.**

1 un coche — dos coches
2 un profesor ....
3 una ventana ....
4 una compañera ....
5 una ciudad ....
6 un cuaderno ....
7 un chico ....
8 un hotel ....
9 un teléfono ....
10 un ordenador ....

10 **Completa.**

SINGULAR	PLURAL
hermano / hermana	hermanos / hermanas
padre /	.... / madres
.... / hija	hijos / ....
abuelo /	abuelos / ....

2 B ¿DÓNDE ESTÁN MIS GAFAS?

VOCABULARIO

1 Mira el dibujo y escribe la letra correspondiente.

1	reloj	☐	7	silla	☐
2	paraguas	☐	8	mesita	☐
3	zapatillas	B	9	gafas	☐
4	ordenador	☐	10	móvil	☐
5	cuadro	☐	11	sillón	☐
6	sofá	☐	12	lámpara	☐

GRAMÁTICA

Marcadores de lugar

MARCADORES DE LUGAR

debajo de	**al lado de**	**encima de**
delante de	**a la derecha de**	**entre**
detrás de	**a la izquierda de**	**en**

*La planta está **debajo de** la ventana.*
*Los libros están **en** la mochila.*

A + el = **al**
De + el = **del**

*El sofá está **al lado del** sillón.*

2 Mira la habitación anterior y completa las frases.

1 El reloj está al lado del cuadro.
2 Las zapatillas están .... de la mesita.
3 El móvil está .... del ordenador.
4 El sillón está .... de la librería.
5 Las gafas están .... el móvil y el ordenador.
6 El gato está .... de David.
7 La ventana está .... de la planta.
8 El paraguas está .... del móvil.
9 El cuadro está .... la estantería y el reloj.
10 El gato está .... del sofá.

3 Mira tu clase o tu habitación y escribe cinco frases.

El diccionario está al lado del cuaderno.
La silla está delante de la mesa.

ADJETIVOS POSESIVOS

sujeto	singular		plural	
yo	**mi**	primo prima	**mis**	primos primas
tú	**tu**	amigo amiga	**tus**	amigos amigas
él/ella/ usted	**su**	hermano hermana	**sus**	hermanos hermanas
nosotros/as	**nuestro** tío **nuestra** tía		**nuestros** tíos **nuestras** tías	
vosotros/as	**vuestro** hijo **vuestra** hija		**vuestros** hijos **vuestras** hijas	
ellos/ellas /ustedes	**su**	abuelo abuela	**sus**	abuelos abuelas

4 **Completa las frases con el posesivo correspondiente.**

1 ¿Cuál es tu número de teléfono? (tú)
2 .... gata se llama Bonita. (ella)
3 ¿Esta es .... chaqueta? (tú)
4 ¿Dónde está .... diccionario? (él)
5 ¿Tienes .... gafas? (yo)
6 .... casa está cerca de aquí. (nosotros)
7 .... primos viven en Barcelona. (ellas)
8 ¿Dónde viven .... padres? (Ud.)
9 ¿Dónde vive .... hermano? (vosotros)
10 ¿Dónde trabaja .... madre? (él)

5 **Completa la conversación con los adjetivos posesivos.**

■ ¿Estos son (1) tus padres?
● Sí, (2) .... madre se llama Julia y (3) .... padre, Miguel.
■ ¿Y estos?
● Son (4) .... tíos, Carlos y Águeda.
■ ¿Esta es (5) .... hija?
● Sí, esa es (6) .... prima Carolina.
■ Pues es muy guapa (7) .... prima.

PRONOMBRES DEMOSTRATIVOS

Este es Pedro.
Esta es Elena.
Estos son Pablo y Amanda.
Estas son Lucía y Graciela.

6 **Completa.**

Mira, (1) estos son mis amigos. (2) .... es Celia, y (3) .... es Gonzalo, su novio. (4) .... de la derecha es Laura. (5) .... de aquí son las hermanas de Gonzalo, Marisa y Pilar.

HABLAR

7 **Mira las imágenes y, con tu compañero, practica microdiálogos, como en el ejemplo.**

■ (yo / cámara)
● ¿fotografía?
■ *Esta soy yo con mi cámara.*
● *¿Eres aficionada a la fotografía?*

1 ■ (Miguel / libros)
● ¿poesía?

2 ■ (nosotros / guitarras)
● ¿música?

3 ■ (Sara / cuadro)
● ¿arte?

4 ■ (María y Juan / bicicletas)
● ¿deporte?

5 ■ (mis hermanas / raquetas)
● ¿tenis?

¿QUÉ HORA ES?

COMUNICACIÓN

- **Las comidas**
  desayunar - comer - cenar
- **Abrir / Cerrar**
  - *En España los bancos* ***abren*** *por la mañana, pero* ***cierran*** *por la tarde.*
  - *Las discotecas* ***abren*** *por la noche.*
  - *Muchos comercios* ***cierran*** *a mediodía.*

VOCABULARIO

1 Mira los relojes. ¿Qué hora es?

1 
las tres y media

2 
las dos menos cuarto

3 
las diez y cuarto

4 
la una

5 
....

6 
....

7 
....

8 
....

9 
....

2 21 Escucha y repite.

3 Dibuja tres horas diferentes en tu cuaderno. En parejas, pregunta y di las horas.

- Perdone, ¿qué hora es?
- Son las siete y veinte.

LEER

4 Lee el texto y señala con V lo que es igual en tu país y con X lo que es diferente.

Horarios

1 En Noruega la gente come a las cinco de la tarde. ☐
2 En Senegal cenan a las ocho o las ocho y media. ☐
3 En México los bancos no abren por la tarde. ☐
4 En España la gente come a las dos del mediodía. ☐
5 Los españoles cenan a las nueve de la noche. ☐
6 En Estados Unidos muchas tiendas abren por la noche. ☐
7 En Francia los restaurantes abren a las 12:00. ☐
8 En Brasil los bancos abren a las diez. ☐
9 En el Reino Unido las farmacias cierran a las cinco de la tarde. ☐
10 En España algunas tiendas cierran de dos a cinco de la tarde. ☐

5 **Habla con tu compañero y compara las afirmaciones anteriores con lo que ocurre en tu país.**

En Noruega comen a las cinco de la tarde y en mi país también.

En Noruega comen a las cinco de la tarde, pero en mi país comemos a la una.

VOCABULARIO

6 **Relaciona.**

1 sesenta segundos
2 veinticuatro horas
3 siete días
4 doce meses
5 sesenta minutos
6 cien años
7 una década

a una hora
b una semana
c un minuto
d un día
e diez años
f un año
g un siglo

ESCUCHAR

7 22 **Escucha y completa con las palabras del recuadro.**

cuarenta • noventa • setenta • seiscientos/as
cuatrocientos/as • trescientos/as • veinticuatro
cincuenta y dos • ciento once

21	veintiuno	90	....
22	veintidós	100	cien
23	veintitrés	103	ciento tres*
24	....	111	....
30	treinta	200	doscientos/as
31	treinta y uno	300	....
40	....	400	....
50	cincuenta	500	quinientos/as
52	....	600	....
60	sesenta	1000	mil
70	....	2000	dos mil**
80	ochenta	5000	cinco mil

* Cuando *cien* va seguido de unidades y decenas se dice: *ciento, ciento uno, ciento dos...*

** No decimos *dos miles*.

8 23 **Escucha y señala el número que oyes.**

a 2 / 12
b 25 / 35
c 90 / 50
d 36 / 37
e 623 / 323
f 135 / 125
g 830 / 850
h 1589 / 1389
i 1988 / 1998
j 1975 / 1985

9 24 **Escucha y escribe el número.**

1 edad de la niña: 12 años.
2 precio de las naranjas: ....
3 precio del paquete de café: ....
4 año de nacimiento: ....
5 distancia entre Madrid y Barcelona: .... km.
6 precio del café y la cerveza: ....
7 hora: ....
8 páginas del libro: ....
9 días del mes de marzo: ....
10 número de la calle: ....

PRONUNCIACIÓN Y ORTOGRAFÍA

Acentuación

1 25 Escucha.

teléfono lápiz ventana hotel
profesor hermano familia música

2 25 Escucha otra vez y repite. Observa las sílabas fuertes.

3 26 Escucha estas palabras y subraya la sílaba fuerte.

profesora	vivir	alemán
español	hablar	brasileña
café	médico	familia
gramática	autobús	libro
mesa	Pilar	examen

4 Escribe las palabras de la actividad anterior en la columna correspondiente.

música	ventana	hotel

La familia hispana

Cuando una persona de España o Hispanoamérica habla de su familia, no habla solamente de sus padres y de sus hermanos, habla también de sus abuelos, de sus tíos, de sus primos y de otros parientes.
Además, las reuniones familiares son frecuentes. Todos se juntan para celebrar las fiestas más importantes, como los cumpleaños, la Navidad, el Día del Padre y el Día de la Madre. Ese día comen todos en una casa o en un restaurante.
Por otro lado, en algunos países de Hispanoamérica es normal celebrar el día en que las chicas cumplen quince años de una manera especial. Les hacen muchos regalos y toda la familia y amigos van a comer a un restaurante.

Dos apellidos

En la mayoría de los países hispanoamericanos, todas las personas tienen dos apellidos. Normalmente el primero es el apellido del padre y el segundo es el de la madre. Estos dos apellidos aparecen en todos los documentos y no cambian al casarse, son para toda la vida.

LEER

1 Lee el texto de "La familia hispana" y señala verdadero (V) o falso (F).

1 La familia hispana está compuesta de padres e hijos. ☐ F
2 Las familias españolas e hispanoamericanas se reúnen muchas veces. ☐
3 Las celebraciones familiares siempre se hacen en un restaurante. ☐
4 El Día de la Madre es una fiesta muy popular en España. ☐
5 Las chicas hispanoamericanas se casan a los quince años. ☐

2 Ahora lee el texto de los apellidos y completa los datos.

¿Cuáles son los apellidos de Santiago?
Santiago ....

Me llamo Santiago. Mi papá se llama Enrique Lozano Linares y mi mamá Luisa Pardo Pérez.

3 Lee los textos otra vez y contesta a las preguntas.

1 ¿Qué personas forman parte de la familia en España?
2 ¿Para qué se reúnen las familias españolas? ¿Cómo son sus celebraciones?
3 ¿Cómo se celebra en algunos países hispanoamericanos el cumpleaños de las niñas de quince años?
4 ¿Qué apellidos tienen las personas en la mayoría de los países hispanoamericanos?

HABLAR

4 Comenta con tus compañeros.

- ¿Cuántos apellidos tienes?
- ¿Cambia en tu país el apellido de las mujeres cuando se casan?
- ¿Te parece bien la costumbre de tener dos apellidos?

Yo tengo un apellido y...

ESCRIBIR

5 Dibuja el árbol genealógico de tu familia. Después escribe un pequeño texto y comenta cómo se llaman, quiénes son, cuántos años tienen, dónde viven y en qué época del año os reunís para las celebraciones familiares.

ESCUCHAR

6 27 Escucha y completa.

1

Dos de los actores españoles más famosos en el mundo son Penélope Cruz y su (1) ...., Javier Bardem. Mónica, la (2) .... de Penélope, y Pilar y Carlos, la (3) .... y el (4) .... de Javier, también son actores.

2

La familia Alcántara celebra la primera comunión de su (5) .... María. Junto a la niña están sus (6) ...., Antonio y Merche, sus (7) ...., Carlitos y Toni, y su (8) ...., Herminia.

EN PAREJAS

HABLAR

Alumno A (alumno B, ver «En parejas», pág. 197)

7 Pregunta a B dónde están los objetos del recuadro.

¿Dónde están las gafas?

gafas

zapatillas deportivas

bolígrafo

cuaderno

agenda

libro

8 Responde a B dónde están sus objetos.

El móvil está al lado del ordenador.

AUTOEVALUACIÓN

1 **Relaciona.**

1 ¿Dónde está mi bolígrafo?
2 ¿Estás casado?
3 ¿Tienes hijos?
4 ¿Cuántos hermanos tienes?
5 ¿Qué hora es?
6 ¿A qué hora comen en tu país?

a No, estoy soltero.
b Tres.
c Encima de la mesa.
d Sí, una niña.
e A la una.
f Las dos menos cuarto.

2 **Escribe los números.**

a 27 veintisiete
b 52 ....
c 116 ....
d 238 ....
e 456 ....
f 510 ....
g 1987 ....
h 2003 ....
i 2999 ....
j 4100 ....

3 **Escribe en plural.**

1 Este hotel es muy caro.
Estos hoteles son muy caros.
2 Mi hermana está casada.
....
3 Mi hermano tiene un hijo.
.... dos ....
4 Mi compañero es japonés.
....
5 Esta profesora es simpática.
....
6 Este libro no es interesante.
....
7 Este profesor no es español.
....
8 Esta chica está soltera.
....
9 Mi gato es joven.
....
10 ¿Tu padre es catalán?
....

4 **Completa con los verbos *estar* o *tener*.**

1 Las zapatillas están debajo de la silla.
2 Marieli .... dos hijos.
3 Mi hermano .... casado.
4 Yo no .... abuelos.
5 ¿Carmen y Ana .... hermanos?
6 ¿Dónde .... la carpeta roja?
7 Mi marido no .... en casa.
8 Nosotros no .... coche.
9 Luis y Pepe .... trabajo.

5 28 **Escucha y escribe las horas de salida y llegada de los trenes.**

SALIDAS			
tren	**andén**	**destino**	**hora**
Altaria	3	Zaragoza	
Talgo	6	Málaga	
AVE	2	Sevilla	
LLEGADAS			
tren	**andén**	**procedencia**	**hora**
AVE	11	Sevilla	
Alaris	8	Valencia	
Talgo	4	Vigo	

¿Qué sabes?

	☺	😐	☹
• Hablar de la familia.	☐	☐	☐
• Formar el plural de los nombres.	☐	☐	☐
• Decir dónde están las cosas.	☐	☐	☐
• Preguntar y decir la hora.	☐	☐	☐
• Contar hasta 5000.	☐	☐	☐

El trabajo

3

- Hablar de rutinas diarias
- Hablar del trabajo: lugar, profesión y horario
- Pedir un desayuno
- Cultura: Hábitos y horarios de los españoles
- Vídeo: *Mi rutina*

3 A ROSA SE LEVANTA A LAS SIETE

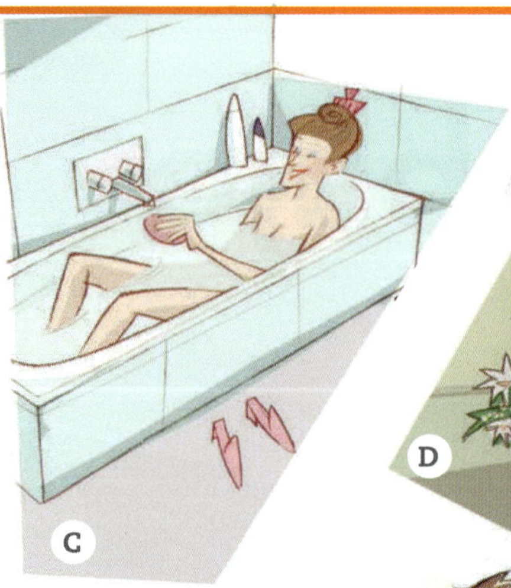

VOCABULARIO

1 Relaciona las frases con los dibujos.

1 Carlos y Ana se casan. ☐
2 Roberto se afeita todos los días. ☐
3 Rosa se levanta a las siete. ☐
4 Mercedes se baña. ☐
5 José se ducha. ☐
6 Mis vecinos se acuestan temprano. ☐

2 Responde.

1 ¿A qué hora te levantas?
2 ¿A qué hora te acuestas?

GRAMÁTICA

VERBOS REFLEXIVOS

		levantarse	acostarse*
yo	me	levanto	acuesto
tú	te	levantas	acuestas
él/ella/Ud.	se	levanta	acuesta
nosotros/as	nos	levantamos	acostamos
vosotros/as	os	levantáis	acostáis
ellos/ellas/Uds.	se	levantan	acuestan

* Verbo irregular

COMUNICACIÓN

Temprano / Pronto ≠ Tarde

- Los lunes me levanto muy **temprano** / **pronto**, a las seis de la mañana.
- ¿Y los domingos?
- Los domingos me levanto muy **tarde**, a las once o las doce.

3 Completa la siguiente conversación con los verbos del recuadro.

levantarse • acostarse • ducharse

- Y tú, Juan, ¿a qué hora te levantas?
- Bueno, yo .... pronto, a las siete, más o menos, ... rápidamente y tomo un café.
- Y tu mujer, ¿a qué hora ....?
- Pues a las siete y media. Ella también .... más tarde, sobre las doce de la noche.
- ¿Y tus hijos?
- Ellos cenan, ven un poco la tele y .... temprano, a las diez.
- ¿Y a qué hora ....?
- A las ocho, porque entran al colegio a las nueve.
- ¿Y los días de fiesta también .... todos temprano?
- ¡Ah, no!, ni hablar, los domingos .... más tarde, a las diez, porque, claro, también .... más tarde.

4 29 Escucha y comprueba.

VERBOS IRREGULARES EN PRESENTE

empezar	volver	ir	salir
empiezo	vuelvo	voy	salgo
empiezas	vuelves	vas	sales
empieza	vuelve	va	sale
empezamos	volvemos	vamos	salimos
empezáis	volvéis	vais	salís
empiezan	vuelven	van	salen

5 Forma frases.

1 Carmen / empezar / su trabajo / a las ocho
Carmen empieza su trabajo a las ocho.
2 ¿A qué hora / empezar / la película?
3 Mi padre / ir / al trabajo / en autobús
4 Yo / volver / a mi casa / a las siete
5 ¿Cuándo / volver / de vacaciones tus hermanos?
6 ¿Ir (nosotros) / a casa de la abuela?
7 ¿Cómo / ir (tú) / al trabajo?
8 ¿Ir (vosotros) / al colegio / en autobús?
9 ¿A qué hora / salir (tú) / de casa?
10 ¿A qué hora / empezar / las clases?

PREPOSICIONES DE TIEMPO

Días

El lunes Hoy El sábado	**por**	la mañana la tarde la noche

*Yo solo trabajo **por** la mañana.*
*Julia se ducha **por** la tarde.*
*Los sábados **por** la noche vamos a la discoteca.*

Horas

Son **A**	las diez las cinco las tres	**de**	la mañana la tarde la noche la madrugada

*Se levanta **a** las seis **de** la mañana.*
*Ella trabaja **desde** las ocho **hasta** las tres.*
*Ella trabaja **de** ocho **a** tres.*
*Hoy **por** la tarde no tengo clase.*
*El sábado **por** la noche vamos **a** la discoteca.*

COMUNICACIÓN

Cuantificadores
- *Todos los camareros del hotel hablan inglés.*
- *La mayoría de los españoles se acuesta tarde.*
- *Muchas personas en el mundo estudian español.*
- *Algunos alumnos van al colegio en autobús.*

Escuela Provincial de *Ballet* Alejo Carpentier
(La Habana, Cuba)

En la escuela de *ballet* estudian los alumnos desde los nueve hasta los catorce años. El ritmo de trabajo es muy duro, tienen clase por la mañana y por la tarde. Por la mañana, las clases empiezan a las siete y cuarto todos los días, y algunos alumnos se levantan a las cinco de la mañana. Las clases de baile terminan a las doce, y a esa hora los alumnos van a otra escuela que está cerca. Allí estudian las mismas asignaturas (Lengua, Matemáticas, Geografía, etc.) que los demás niños de su edad. Terminan las clases a las seis de la tarde y a veces vuelven otra vez a la escuela de *ballet*, hasta las ocho.

(Texto adaptado de Mauricio Vicent para *El País*)

6 Lee el artículo y contesta a las preguntas.

1 ¿Cuántas horas de *ballet* tienen cada día?
2 ¿Estudian en la misma escuela otras asignaturas?
3 ¿Qué edad tienen los alumnos de esta escuela?
4 ¿A qué hora terminan las clases por la tarde?

7 Lee el texto otra vez y completa las frases con las preposiciones del recuadro.

a • de • desde • hasta • por

1 En la escuela de *ballet* estudian los niños .... los nueve .... los catorce años.
2 Algunos alumnos se levantan muy pronto, ... las cinco .... la mañana.
3 .... la mañana, los niños están en la escuela de *ballet* .... las siete y cuarto .... las doce.
4 En la escuela de *ballet* los alumnos tienen clase .... la mañana y .... la tarde.
5 Los alumnos de *ballet* van a otra escuela .... las doce .... las seis de la tarde.
6 Por la tarde, las clases de *ballet* son .... las ocho.

LEER

1 **Escribe los días de la semana en el orden adecuado.**

MARTES LUNES JUEVES SÁBADO VIERNES DOMINGO MIÉRCOLES

1 lunes.......... 2 .... 3 .... 4 .... 5 ....
6 .... 7 ....

¿Qué día es hoy? ....

2 30 **Lee y escucha los textos de Lucía y Carlos.**

LUCÍA ES TÉCNICO DE SONIDO y trabaja en una emisora de radio, la Cadena Día. Tiene veintinueve años y no está casada. Vive en Valencia, y habla inglés y francés perfectamente. Todos los días trabaja de ocho a tres, menos los sábados y domingos. Los días laborables se levanta a las siete y sale de casa a las siete y media. Va al trabajo en autobús. Los sábados por la noche siempre sale con sus amigos a cenar y a bailar, por eso se acuesta muy tarde, a las tres o las cuatro de la madrugada.

CARLOS ES BOMBERO. Trabaja en el Ayuntamiento de Toledo. Vive en un pueblo cerca de Toledo y va al trabajo en tren. Tiene treinta y cuatro años, está casado y no tiene hijos. Trabaja en turnos de veinticuatro horas, un día sí y otro no. Si trabaja el sábado o el domingo, después tiene dos días libres. Siempre se levanta muy temprano, a las siete o las ocho de la mañana, por eso normalmente no sale por las noches. Cena a las diez, después ve la tele y a las once y media se acuesta.

3 **Lee otra vez y completa las frases.**

Lucía

1 Lucía es técnico de sonido.
2 Trabaja .... ocho .... tres.
3 Normalmente .... a las siete.
4 .... al trabajo .... autobús.
5 Los sábados .... la noche .... con sus amigos.
6 Los sábados .... la noche .... muy tarde.

Carlos

1 Carlos vive en un pueblo pequeño cerca de Toledo.
2 No .... hijos.
3 Se levanta muy ...., ... las siete o las ocho .... la mañana.
4 Carlos normalmente no .... por la noche y .... a las once y media.

HABLAR

4 **Escribe las siguientes preguntas y luego pregunta a tu compañero. Toma nota de sus respuestas.**

1 ¿Hora / levantarse / normalmente?
¿A qué hora te levantas normalmente?
2 ¿Hora / empezar las clases o el trabajo?
3 ¿Hora / terminar las clases o el trabajo?
4 ¿Hora / llegar a casa?
5 ¿Cómo / ir a la escuela o al trabajo?
6 ¿Hacer / después de cenar?
7 ¿Cuándo / ver / la televisión?
8 ¿Ducharse por la mañana o por la noche?
9 ¿Hora / acostarse / normalmente?
10 ¿Hora / levantarse / los domingos?
11 ¿Hora / acostarse / los sábados?
12 ¿Salir / los sábados por la noche?

ESCRIBIR

5 Escribe un párrafo sobre la vida de tu compañero.

Michael es ...., trabaja
en ....
Va al trabajo en ....

VOCABULARIO

6 ¿Dónde trabajan? Escribe cada profesión en la columna correspondiente.

médico/a • estudiante • enfermero/a • cajero/a
informático/a • dependiente/a • secretario/a
profesor/a • cocinero/a • camarero/a

HOSPITAL	UNIVERSIDAD	OFICINA

SUPERMERCADO	RESTAURANTE

7 ¿Qué hace? Relaciona las dos columnas.

1 El / La dependiente/a
2 El / La recepcionista
3 El / La auxiliar de vuelo
4 El / La enfermero/a
5 El / La profesor/a
6 El / La cocinero/a
7 El / La camarero/a
8 El / La cajero/a

a hace la comida.
b cuida enfermos.
c cobra a los clientes.
d atiende a los clientes.
e enseña a los alumnos.
f atiende a los pasajeros.
g recibe a los turistas.
h vende ropa.

HABLAR

8 Piensa en tres o cuatro personas conocidas y comenta con tus compañeros a qué se dedican, dónde trabajan, qué hacen...

Ángel es dependiente, trabaja en unos grandes almacenes, vende muebles...

9 En grupos de cuatro. Uno representa con mímica una profesión y el resto adivina de qué profesión se trata.

3 C ¿QUÉ DESAYUNAS?

VOCABULARIO

1 ¿Qué bebes para desayunar?

leche | café (con leche) | té (con limón) | chocolate | zumo de frutas

PREPOSICIONES

Con/sin

- Me gusta el café **con** leche y **sin** azúcar
- Pues a mí me gusta el café solo y **con** azúcar

De

*Zumo **de** naranja*
*Mermelada **de** fresa*
*Aceite **de** oliva*

2 Relaciona.

1 Café con leche y galletas ☐
2 Chocolate con churros ☐
3 Tostada con mantequilla y mermelada ☐
4 Tostada con aceite y tomate ☐
5 Cereales con leche ☐
6 Zumo de naranja ☐

A

B

C

D

E

F

ESCUCHAR

3 🔊31 Escucha a estas cuatro personas de diferentes países hablar de su desayuno y completa la tabla.

	NACIONALIDAD	DESAYUNO
1 Philip	*alemán*	*pan con mantequilla y salami y un huevo, o muesli con yogur, y té o café*
2 Claudia		
3 Elizabeth		
4 Manuel		

4 Completa el texto con las palabras del cuadro.

de • ~~con~~ • tostada • zumo • aceite

Yo, normalmente, tomo un café (1) con leche y unas galletas (2) .... chocolate, pero los domingos tomo una (3) .... con tomate y (4) .... de oliva y un (5) .... de naranja, además del café con leche, claro.

HABLAR

5 En grupos. Cada uno cuenta qué desayuna normalmente y qué desayuna los domingos.

ESCUCHAR

6 Ordena el siguiente diálogo.

Camarera: Buenos días, ¿qué desean? ☐
Hijo: Yo solo quiero un zumo. ☐
Madre: Yo quiero un desayuno andaluz, ¿y tú, hijo? ☐
Hijo: No, mamá, solo quiero un zumo de naranja. ☐
Madre: Toma algo más: un bollo o una tostada. ☐
Madre: Bueno, pues un andaluz y un zumo de naranja. ☐
Camarera: Muy bien. ☐

7 🔊32 Escucha y comprueba.

HABLAR

8 En grupos de tres. Fíjate en la carta de la Cafetería Teide y practica otras conversaciones. Uno es el camarero y los otros dos van a desayunar o merendar.

- *¿Qué desean?*
- *Un desayuno continental, por favor.*
- *Yo, un café con leche y una tostada con mantequilla y mermelada.*

Cafetería Teide

DESAYUNOS (Hasta las 12:00)
MERIENDAS (Desde las 17:00 hasta las 19:00)

Continental 1,75 € — Café + bollería o tostada con mantequilla y mermelada

Madrileño 2,10 € — Churros con chocolate

Europeo 2,35 € — Sándwich mixto caliente + café

Andaluz 2 € — Tostada de pan con tomate y aceite de oliva + café o refresco

PRONUNCIACIÓN Y ORTOGRAFÍA

g / gu

1 🔊33 Escucha y repite.

gato agua gota guerra guion

¿Qué sonido se repite en todas las palabras?

El sonido /g/ se escribe **g** antes de **a, o** y se escribe **gu** antes de **e, i**.

2 Completa con *g* o *gu*.

1 __uapo	5 pa__ar
2 ci__arrillos	6 __erra
3 __itarra	7 __uatemala
4 __afas	8 __oma

3 🔊34 Escucha y repite.

COMIDAS Y HORARIOS

El desayuno de los españoles normalmente es un café con leche acompañado de galletas, cereales, pan tostado o bollos. Muchas personas toman el desayuno en un bar o en una cafetería. En esos casos es muy popular el café o el chocolate con churros.

La comida se hace normalmente más tarde que en otros países: entre las dos y las cuatro de la tarde. Es la comida principal del día y muchos restaurantes tienen menús bastante baratos.

La cena también se hace más tarde que en otros países, entre las ocho y las diez de la noche aproximadamente.

La mayoría de las tiendas y los negocios están abiertos por las mañanas desde las diez hasta las dos de la tarde, y desde las cinco hasta las ocho. Sin embargo, en los últimos años hay muchas tiendas que abren durante todo el día.

- **¿Sabes cuál es la comida más importante para los españoles?**
- **¿Sabes a qué hora cenan en España?**
- **¿Sabes a qué hora cierran las tiendas?**

LEER

1 Lee el texto sobre comidas y horarios en España.

2 Ahora contesta verdadero (V) o falso (F).

1 Los españoles nunca desayunan en los bares. ☐
2 La mayoría de los españoles come fuera de casa. ☐
3 El horario de las comidas en España es igual que en los demás países europeos. ☐
4 Los españoles cenan bastante tarde. ☐
5 La mayoría de los negocios españoles no abre por la tarde. ☐
6 Hay muchas tiendas que no cierran a mediodía. ☐

HABLAR

3 Comenta con tu compañero.

1 ¿A qué hora se levanta la gente en tu país?
2 ¿A qué hora se acuesta?
3 ¿Cuál es el desayuno típico?
4 ¿Cuál es la comida más importante del día?
5 ¿A qué hora cenan?
6 ¿Qué horario tienen las tiendas?

ESCUCHAR

4 (35) Adriana es argentina y nos habla de la vida en Buenos Aires. Escucha y contesta a las preguntas.

1 ¿A qué hora se levantan en Buenos Aires?
2 ¿A qué hora almuerzan* normalmente?
3 ¿Qué horario tienen las tiendas?
4 ¿Abren los bancos por la tarde?
5 ¿A qué hora cenan?
6 ¿Estudian los niños por la mañana y por la tarde?

* En Argentina el almuerzo equivale a la comida en España (el almuerzo en España es una comida ligera a media mañana, entre el desayuno y la comida).

ESCRIBIR

5 Escribe un párrafo sobre tu rutina diaria. Para ello, utiliza los verbos del recuadro.

levantarse • ducharse • desayunar
empezar • terminar • comer • volver
cenar • acostarse • salir

Yo me levanto a las .... Me ducho .... Salgo de casa ....

EN PAREJAS

HABLAR

Alumno A (alumno B, ver «En parejas», pág. 197)

7 **Pregunta a B y completa la siguiente ficha.**

NOMBRE:	
EDAD:	
PROFESIÓN:	
PAÍS:	
CIUDAD:	
TRABAJO:	
TRANSPORTE:	
FAMILIA:	

8 **Responde a las preguntas de B.**

NOMBRE:	Elena Boschmonar
EDAD:	28 años
PROFESIÓN:	Azafata
PAÍS:	Uruguay
CIUDAD:	Montevideo
TRABAJO:	Aerolíneas
TRANSPORTE:	Autobús de la empresa
FAMILIA:	Soltera. Vive con sus padres

ESCUCHAR

6 36 **Escucha y completa la página de *Profesiones*. Después, contesta a la siguiente pregunta.**

¿Sabes a qué se dedica?

Susana es ....

Emilio es ....

Jaime es ....

Profesiones

Susana (1) se levanta normalmente a las siete, (2) ...., se viste, (3) .... algo rápido y sale de casa a las (4) ....
Su trabajo empieza a las nueve. Primero va a la compra y después prepara la (5) .... para unas treinta personas.

Emilio (6) .... tarde porque no trabaja por la mañana. Desayuna un café con leche y dos (7) .... mientras lee el periódico. Come pronto porque (8) .... de casa a las tres. Va a la (9) .... en tren. Sus clases (10) .... a las cuatro y terminan a las ocho de la tarde.

Jaime se levanta (11) .... temprano porque prepara el (12) .... de sus hijos y los lleva al colegio. Después va en (13) .... a su trabajo, que está a las afueras de la ciudad. (14) .... en unos grandes almacenes atendiendo a los clientes. Su (15) .... es de nueve de la mañana a cinco de la tarde.
Cuando sale del trabajo, recoge a los (16) .... y los lleva a casa.

AUTOEVALUACIÓN

1 Relaciona.

1 ¿A qué te dedicas?
2 ¿Qué horario tienes?
3 ¿Tienes algún día libre?
4 ¿Dónde trabajas?
5 ¿Cómo vas al trabajo?
6 ¿Estás casado?
7 ¿Cuántos años tienes?

a Soy bombero.
b En el Ayuntamiento.
c Sí, los domingos.
d No, estoy soltero.
e Trabajo de nueve a cinco.
f 37.
g Voy en tren.

2 Escribe el verbo.

1 empezar (él): empieza
2 volver (yo): ....
3 ir (nosotros): ....
4 empezar (vosotros): ....
5 ir (ellos): ....
6 volver (usted): ....
7 volver (tú): ....

3 Completa con el verbo entre paréntesis en presente de indicativo.

1 Pepe se ducha con agua fría. (ducharse)
2 Celia .... a las once y media. (acostarse)
3 ■ ¿Tú .... todos los días? (afeitarse)
● No, solo los domingos.
4 Yo no .... en la piscina, prefiero la playa. (bañarse)
5 Mi hija tiene seis años y ya .... sola. (vestirse)
6 ¿A qué hora .... vosotros los domingos? (acostarse)
7 Luis y Rosa .... muy temprano. (levantarse)
8 ¿A qué hora .... tú? (levantarse)
9 Yo .... por la noche. (ducharse)

4 Completa con la preposición adecuada (*a, de, desde, hasta, por*).

1 Yo empiezo a trabajar a las ocho de la mañana.
2 José no trabaja .... la tarde.
3 Paloma trabaja .... las ocho .... las tres.
4 Los domingos .... la mañana voy al parque.
5 Los sábados .... la noche voy .... la discoteca.
6 Juan vuelve .... casa .... las ocho .... la tarde.
7 Mi hija va .... la escuela .... la mañana y .... la tarde.

5 Ordena el siguiente diálogo.

☐1 ■ Buenos días, ¿qué desean?
☐ ◆ No, no, no me gusta.
☐ ◆ Yo un zumo de naranja y un sándwich mixto.
☐ ● ¿No quieres café?
☐ ● Yo quiero un café con leche y una tostada, ¿y tú?
☐ ■ Muy bien.

6 Completa con el verbo entre paréntesis en presente de indicativo.

Los horarios de los españoles (1) .... (ser) diferentes a los de otros países, tanto en la ciudad como en el campo. La mayoría (2) .... (levantarse) entre las siete y las ocho de la mañana y (3) .... (acostarse) entre las doce de la noche y la una de la madrugada. Muchos de ellos dicen que no (4) .... (dormir) lo necesario porque apenas superan las seis horas de sueño. En las grandes ciudades la distancia entre la casa y el trabajo (5) .... (ser) bastante grande, por eso la mayoría (6) .... (ir) al trabajo en transporte público (metro o autobús). En general, los españoles (7) .... (perder) entre noventa y ciento veinte minutos al día solo para ir al trabajo y volver a casa.
Los niños españoles (8) .... (tener) muchas veces los mismos problemas que sus padres porque también (9) .... (acostarse) más tarde y (10) .... (dormir) menos horas de las necesarias. Los colegios españoles normalmente (11) .... (empezar) a las nueve de la mañana, (12) .... (tener) una pausa para comer a la una y, por la tarde, (13) .... (terminar) las clases a las cinco.

¿Qué sabes?

	☺	😐	☹
• Hablar de rutinas.	☐	☐	☐
• Hablar de horarios.	☐	☐	☐
• Pedir un desayuno.	☐	☐	☐
• Hablar de profesiones y el lugar de trabajo.	☐	☐	☐
• Los verbos reflexivos.	☐	☐	☐
• Las preposiciones *a, de, por, desde, hasta*.	☐	☐	☐

La casa

4

- Describir las partes de una casa
- Nombres de los muebles y electrodomésticos
- Indicar el lugar y la existencia
- Hacer una reserva en un hotel
- Cultura: Tipos de vivienda en España
- Vídeo: *Una casa especial*

VOCABULARIO

1 ¿Dónde vives?

- ☐ En un piso.
- ☐ En un chalé adosado.
- ☐ En un estudio.
- ☐ En un loft.
- ☐ En un ático.
- ☐ ....

2 37 **Lee y escucha.**

Rosa y Miguel tienen una tienda de ropa en el centro de Madrid. Tienen dos hijos y viven fuera de la ciudad en un chalé adosado con dos plantas.
En la planta baja hay un recibidor, una cocina con un pequeño comedor, un salón grande y un aseo.
En la planta de arriba hay tres dormitorios y un cuarto de baño. La casa tiene también un jardín pequeño.

3 **Lee las frases y escribe verdadero (V) o falso (F).**

1 Rosa y Miguel trabajan fuera de Madrid. F
2 Viven al lado de su tienda. ☐
3 La cocina está en la planta baja. ☐
4 El salón es muy grande. ☐
5 La casa tiene un garaje. ☐
6 En la planta baja hay tres dormitorios. ☐
7 Los dormitorios están en el piso de arriba. ☐
8 No hay jardín. ☐
9 Hay un pequeño aseo en la planta baja. ☐
10 El salón está en la planta de arriba. ☐

4 38 **Completa la siguiente conversación de Rosa con su amiga Laura. Después, escucha y comprueba.**

Laura: ¿Cuántas (1) .... tiene tu casa?
Rosa: Dos. Es un chalé adosado.
Laura: ¿Dónde está el (2) ....?
Rosa: En la planta de arriba. Y en la planta baja hay un pequeño aseo.
Laura: ¿Tiene (3) ....?
Rosa: Sí, uno pequeño, al lado de la cocina.
Laura: ¿Cuántos (4) .... tiene?
Rosa: Tres, están todos en la planta de arriba.
Laura: ¿Tenéis (5) ....?
Rosa: No, aparcamos en la calle.

5 39 **Escucha a Manuel hablar de su casa. Contesta a las preguntas.**

1 ¿Cómo es el piso de Manu?
2 ¿Cuántos dormitorios tiene?
3 ¿Dónde está el cuarto de baño?
4 ¿Tiene terraza? ¿Cómo es?

HABLAR

6 Dibuja en tu cuaderno el plano de tu casa y explica después a tu compañero cómo es: cuántas habitaciones tiene, dónde están, etc.

> Mi casa es pequeña, tiene dos habitaciones, un cuarto de baño...

7 Escribe la descripción de la casa de tu compañero y utiliza el vocabulario del recuadro.

salón • comedor • cocina • jardín
cuarto de baño • dormitorio • garaje

La casa de .... es pequeña / grande. Tiene .... dormitorios.

GRAMÁTICA

8 40 **Escucha y repite.**

NÚMEROS ORDINALES	
1.º / 1.ª primero/a	**6.º / 6.ª** sexto/a
2.º / 2.ª segundo/a	**7.º / 7.ª** séptimo/a
3.º / 3.ª tercero/a	**8.º / 8.ª** octavo/a
4.º / 4.ª cuarto/a	**9.º / 9.ª** noveno/a
5.º / 5.ª quinto/a	**10.º / 10.ª** décimo/a

COMUNICACIÓN

Los ordinales **primero** y **tercero** pierden la *-o* delante de un nombre masculino singular.
piso primero / primer piso
piso tercero / tercer piso

■ *¿Es la primera vez que estudias en esta facultad?*
● *No... Es el **tercer** año que repito este curso.*
■ *Vivo en el **primer** piso.*
● *Y yo en el **tercero**.*

9 Completa las frases con un adjetivo del recuadro.

primera • tercera • quinta • segundo • ~~primer~~

1 El ascensor está en el primer piso.
2 ■ ¿Luis, tú qué estudias?
● Estoy en .... de Económicas.
3 ¡Qué impresionante! Es la .... vez que veo el mar.
4 Nosotras somos tres hermanas, yo soy la ....
5 El departamento de contabilidad está en la .... planta.

10 41 **Escucha y completa.**

	PISO	PUERTA
1 Sr. González	4.°	derecha
2 Sra. Rodríguez		
3 Srta. Herrero		
4 Sr. Acedo		
5 Sr. de la Fuente		
6 Sres. Barroso		

11 Pregunta y contesta a cuatro compañeros, según el modelo.

> ¿En qué piso vives?

> En el cuarto derecha.

a	vitrocerámica	**e**	frigorífico
b	lavavajillas	**f**	horno
c	fregadero	**g**	microondas
d	armario		

a	sofá	**d**	estantería	**g**	lámpara
b	sillón	**e**	cuadro	**h**	cojín
c	mesita	**f**	televisión	**i**	alfombra

VOCABULARIO

1 **Fíjate en las fotos y completa con las palabras de los recuadros.**

Esta es mi casa.
Mi cocina es pequeña y luminosa y tenemos un (1) frigorífico nuevo. Al lado hay un (2) .... y debajo de este hay un (3) .... Hay muchos (4) .... y una (5) ...., un fregadero y un (6) ....
En el salón-comedor tenemos un (7) sofá muy cómodo y dos (8) .... grandes.
La (9) .... está en un mueble de madera blanco.
En el centro del salón hay una (10) .... y una (11) .... verde.
El cuarto de baño es muy luminoso también.
Hay una (12) ducha y un mueble con cajones.
El (13) .... está encima del (14) ....

2 **Completa las frases con la forma correcta de los verbos del recuadro.**

escuchar • guardar • ver • lavarse • ducharse
dormir • calentar • comer • ~~hacer~~ • leer

1 En la cocina tú haces la comida.
2 En el cuarto de baño tú ....
3 En el salón tú .... la televisión.
4 En el comedor tú ....
5 En el dormitorio tú ....
6 En el salón tú .... música.
7 En los armarios de la cocina tú .... los platos y las tazas.
8 En el cuarto de baño tú .... los dientes.
9 En el salón tú .... un libro.
10 En el microondas tú .... la comida.

ARTÍCULOS

Determinados: el / la / los / las

- Para algo que conocemos.
  *¿Dónde está **el** gato?*

Indeterminados: un / una / unos / unas

- Para algo que mencionamos por primera vez.
  *Hay **un** gato en el jardín.*

a lavabo	**c** espejo	**e** ducha
b mueble	**d** toalla	

3 Señala el artículo más adecuado.

1 El / **Un** ordenador está en mi dormitorio.
2 En mi clase hay **un / el** mapa del mundo.
3 ¿Hay **la / una** película buena en la tele?
4 **Los / Unos** libros están en mi mochila.
5 En el patio hay **unos / los** niños.
6 **Las / Unas** llaves están en la mesa de la cocina.
7 **La / Una** bañera está en el cuarto de baño.
8 En la cocina hay **el / un** fregadero.

HAY* y *ESTÁ(N)

HAY + un, una, unos, unas + nombre
*En el cuarto de baño **hay** una toalla.*

HAY + muchos/as, pocos/as, algunos/as... + nombre
***Hay** muchos armarios en la cocina.*

HAY + dos, tres, cuatro... + nombre
*En el salón **hay** dos sillones.*

HAY + nombre
*¿**Hay** café en la cocina?*

El, la, los, las + nombre + ESTÁ(N)
*El café **está** en el armario de la cocina.*

ESTÁ(N) + preposición
*El espejo **está** encima del lavabo.*

ESTÁ + nombre propio
■ *¿**Está** Juan?*
● *No, está en casa de sus abuelos.*

4 Completa las frases con *hay / está / están*.

1 Perdone, ¿hay un supermercado cerca de aquí?
2 Por favor, ¿dónde .... los Cines Ideal?
3 Mañana no .... clase, es fiesta.
4 No .... agua en la botella.
5 El comedor .... al lado de la cocina.
6 ¿Dónde .... las llaves?
7 ¿.................... Jesús en la oficina?
8 ¿.................... leche en la nevera?

5 Describe qué hay en tu cocina, tu cuarto de baño y tu salón. Compara la descripción con la de tu compañero.

6 42 Escucha la información sobre las casas en venta y completa la tabla.

	metros	dormitorios	baños
1			
2			
3			

7 Observa la fotografía durante treinta segundos.

Ahora cierra el libro y escribe qué cosas hay en el salón y dónde están. Compara tus resultados con los de tus compañeros. ¿Quién tiene más aciertos?

Hay una planta. Está al lado de la ventana.

VOCABULARIO

1 **Relaciona las siguientes palabras con los símbolos de las instalaciones del hotel.**

1 piscina [B]
2 habitación individual [ ]
3 internet [ ]
4 bar-restaurante [ ]
5 gimnasio [ ]
6 garaje [ ]
7 alquiler de bicicletas [ ]
8 *spa* [ ]

2 43 **Escucha y completa el siguiente diálogo.**

Recepcionista: Parador de Córdoba, ¿dígame?
Carlos: Buenas tardes. ¿Puede decirme si hay habitaciones libres para el próximo fin de semana?
Recepcionista: Sí. ¿Qué desea, una habitación (1) .... o (2) ....?
Carlos: Una doble, por favor. ¿Qué precio tiene?
Recepcionista: (3) .... por noche más IVA.
Carlos: De acuerdo. Hágame la reserva, por favor.
Recepcionista: ¿Cuántas noches?
Carlos: (4) .... y (5) ...., si es posible.
Recepcionista: No hay problema.
Carlos: ¿Hay (6) ....?
Recepcionista: Sí, señor, hay una.
Carlos: ¿Admiten tarjetas de crédito?
Recepcionista: Sí, por supuesto.

3 **Practica el diálogo con tu compañero.**

4 44 **Escucha el final del diálogo anterior y completa la ficha de reserva.**

RESERVAS

NOMBRE:	Carlos
APELLIDOS:	
DIRECCIÓN:	
CIUDAD:	
N.º DE TELÉFONO:	
INDIVIDUAL O DOBLE:	
N.º DE NOCHES:	

Los patios

Los patios son lugares comunes para encontrarse, para jugar, para charlar, para descansar.

Hay muchos tipos de patios: el patio del colegio, donde los niños pasan el recreo; el patio andaluz, en el sur de España, lleno de macetas con flores, que en verano protege del calor y es un lugar de descanso y de conversación.

En las ciudades tenemos el patio interior, donde la gente tiende la ropa y habla con los vecinos de enfrente.

En Hispanoamérica muchas casas coloniales conservan bellos patios llenos de plantas tropicales que ayudan a pasar las horas más calurosas del día.

En la ciudad andaluza de Córdoba, el segundo fin de semana de mayo se celebra el Festival de los Patios. Los vecinos abren sus casas, y vecinos y turistas pueden visitar sus hermosos patios.

LEER

5 45 **Lee y escucha.**

6 **¿Verdadero (V) o falso (F)?**

1. En los colegios hay un patio. [V]
2. En las ciudades no hay patios. [ ]
3. En los patios coloniales hay plantas tropicales. [ ]
4. Córdoba está en el norte de España. [ ]
5. El Festival de los Patios de Córdoba es el 1 de mayo. [ ]
6. Los turistas siempre pueden visitar los patios cordobeses. [ ]

PRONUNCIACIÓN Y ORTOGRAFÍA

c / qu

1 46 Escucha y repite.

queso	cuanto	casa
cuarto	quinto	comedor

2 ¿Qué sonido se repite en todas las palabras?

El sonido /k/ se escribe ***qu*** antes de ***e, i*** y se escribe ***c*** antes de ***a, o, u.***

3 Completa con *qu* o c.

1	__uando	9	médi__o
2	__ién	10	E__uador
3	__uatro	11	pe__eño
4	tran__ilo	12	__inientos
5	__ocina	13	__ampo
6	__erer	14	a__ostarse
7	__ímica	15	pelu__ero
8	__omer	16	__uince

¿En el norte o en el sur?

1 En el sur de España, Andalucía, las casas son blancas y con terrazas. Muchas tienen un patio y están decoradas con plantas y flores. ☐

2 En el norte, la mayoría de las casas son de piedra, con gruesos muros para protegerlas del frío y tejados inclinados para evitar la acumulación de nieve y agua. La mayoría tiene una huerta para cultivar los productos de la tierra. ☐

3 Una gran parte de la población vive en las ciudades. En ellas encontramos bloques de pisos y apartamentos. Las urbanizaciones de chalés adosados son cada vez más frecuentes en las afueras de la ciudad. ☐

4 En la costa mediterránea hay muchas viviendas destinadas al turismo: pequeñas urbanizaciones de chalés y apartamentos y grandes hoteles se mezclan con las viviendas tradicionales. ☐

HABLAR

1 **¿En qué lugar puedes encontrar las viviendas que aparecen en las fotos? Coméntalo con tu compañero.**

1 En un pueblo. ☐
2 En una ciudad. ☐
3 En la montaña. ☐
4 En la playa. ☐

LEER

2 **Lee los textos y relaciónalos con las fotos.**

3 **Completa las frases.**

1 Andalucía está ....
2 En los patios andaluces hay ....
3 En el norte de España muchas casas ....
4 En la costa mediterránea hay ....
5 En las ciudades mucha gente ....

4 **Contesta a las siguientes preguntas.**

1 ¿En qué zona de España muchas casas tienen patio?
2 ¿De qué material son las casas del norte de España?
3 ¿Dónde hay muchos apartamentos, chalés y hoteles?
4 ¿Dónde vive la mayoría de la población?
5 ¿Dónde se encuentran los chalés adosados?

HABLAR

5 **Imagina que estás de vacaciones en alguna de las diferentes zonas de España. Contesta a las preguntas de tu compañero.**

1 ¿En qué parte de España estás?
2 ¿En qué tipo de casa?
3 Describe la casa.

ESCRIBIR

6 **Escribe un correo electrónico a tu familia o a algún amigo y describe la casa en la que pasas tus vacaciones. Utiliza las ideas de la actividad anterior.**

Hola, ...:

Estoy de vacaciones en .... con ....
Estoy en un / una .... Está cerca de .... La casa es grande / pequeña / luminosa...
Tiene .... habitaciones, ..., ..., ... y ....
En este momento, estoy en ....
¡Hasta pronto!
Muchos besos

ESCUCHAR

7 47 **Escucha la entrevista con Patricia y elige la opción correcta.**

1 ¿Con quién pasa Patricia las vacaciones?
a) Con su marido y sus hijos.
b) Con su amigo Juan y su mujer.
c) Con su marido, su amigo Juan y su mujer.

2 ¿Dónde se aloja?
a) En un hotel.
b) En un *camping*.
c) En su casa.

3 Su casa es:
a) un chalé.
b) un apartamento.
c) un piso.

4 ¿Dónde pasa las vacaciones?
a) En la montaña.
b) En la playa.
c) En un crucero en el mar.

5 Su casa tiene:
a) tres dormitorios y dos baños.
b) dos baños y dos dormitorios.
c) tres dormitorios y un baño.

6 También tiene:
a) garaje y terraza.
b) jardín y garaje.
c) jardín y terraza.

EN PAREJAS

HABLAR

Alumno A (alumno B, ver «En parejas», pág. 198)

8 **Pregunta a B la información que falta en el anuncio del Hotel Miramar.**

1 ¿En qué planta están: el restaurante, la recepción, la peluquería y el garaje?
2 Pregunta el precio de la habitación individual: *¿Cuánto cuesta...?*
3 Pregunta el horario del desayuno: *¿A qué hora se puede desayunar?*

9 **Responde a las preguntas de B.**

PRECIOS

Habitación individual:	
Habitación doble:	**145 €**

COMIDAS

Desayunos:	
Comidas:	**de 13:00 a 15:00**
Cenas:	**de 20:00 a 23:00**

EN EL HOTEL

Quinta planta:	**cafetería**
Cuarta planta:	
Tercera planta:	**sauna y gimnasio**
Segunda planta:	
Primera planta:	**salón de conferencias**
Planta baja:	
Sótano:	

AUTOEVALUACIÓN

1 ¿En qué parte de la casa están normalmente las siguientes cosas?

1 cama: en el dormitorio
2 microondas: ....
3 sillones: ....
4 sofá: ....
5 espejo: ....
6 lavavajillas: ....
7 ducha: ....
8 televisión/televisor: ....

2 ¿Qué hay en cada parte de la casa?

1 salón-comedor	sillones,
2 cocina	
3 dormitorio	
4 cuarto de baño	

3 Completa la siguiente serie de ordinales.

Primero, ..., tercero, ..., ..., sexto, ..., octavo, noveno, ...

4 Elige la forma correcta.

1 En la clase **hay / están** muchos estudiantes.
2 En mi casa la televisión no **hay / está** en el salón.
3 **Hay / Está** una cafetería aquí cerca.
4 ¿Dónde **hay / están** las llaves?
5 En la nevera **hay / está** carne.
6 La información **hay / está** en internet.
7 ¿Dónde **hay / está** el bolígrafo rojo?

5 Completa con *un / una / unos / unas / el / la / los / las*.

1 Esta noche no salimos. Nos quedamos en casa y ponemos una película en internet.
2 En .... cocina hay cosas para comer. Podemos hacer .... bocadillos.
3 ■ ¿Tienes queso?
● Sí, hay .... paquete en .... nevera.
4 ■ ¿Hay jamón?
● No, pero tengo .... anchoas muy ricas.
5 ■ ¿Ponemos .... poco de tomate?
● Sí, aquí hay .... tomate bastante grande.
6 ■ ¿Dónde están .... servilletas?
● En .... cajón de la derecha.
7 ■ ¿Quieres .... cerveza?
● No, prefiero .... refresco.
8 Aquí están .... vasos pequeños.

6 Relaciona cada pregunta con su respuesta.

1 ¿Qué tipo de habitación desea?
2 Buenas tardes, ¿hay habitaciones libres?
3 ¿Admiten tarjetas de crédito?
4 ¿Para cuántas noches?
5 ¿Cuál es el precio de la habitación?

a Para el fin de semana.
b Sí, por supuesto.
c Una doble.
d Con desayuno, 90 euros.
e Sí, tenemos una individual y dos dobles.

7 Ordena en tu cuaderno el diálogo de la actividad anterior.

¿Qué sabes?

	☺	😐	☹
• Describir las partes de la casa.	☐	☐	☐
• Los números ordinales del 1.° al 10.°.	☐	☐	☐
• La diferencia entre *hay* y *está*.	☐	☐	☐
• Reservar una habitación en un hotel.	☐	☐	☐
• Escribir sobre las vacaciones.	☐	☐	☐

Comer

5

- Pedir la comida en un restaurante
- Hablar de gustos
- Actividades de tiempo libre
- Comprender una receta de cocina
- Cultura: Comidas de España e Hispanoamérica
- Vídeo: *Mi receta de gazpacho*

5 A COMER FUERA DE CASA

VOCABULARIO

1 ¿Conoces algún plato español? Relaciona los nombres con la fotografía correspondiente.

1 Gazpacho ☐
2 Tortilla de patatas ☐
3 Arroz a la cubana ☐
4 Carne con salsa de tomate ☐

2 48 **Observa el menú del restaurante La Morenita, después escucha el diálogo y completa la tabla.**

	TERESA	JUAN
primer plato	ensalada mixta	
segundo plato		
bebida		
postre		

COMUNICACIÓN

- ■ ¿Qué van a tomar de primero?
- ● Yo de primero quiero...
- ▲ Pues yo...
- ■ ¿Y de segundo? (...)
- ■ ¿Qué quieren para beber? (...)
- ■ ¿Y de postre? (...)
- ● ¿Me trae la cuenta, por favor?
- ■ Sí, ahora mismo.

3 **Mira la carta del menú y elige qué quieres comer de primer plato, segundo plato, bebida y postre. Luego, en grupos de tres, practica varias veces. Uno hace de camarero y los otros, de clientes.**

Mesón restaurante
LA MORENITA

12€
incluido pan, bebida y café

Primeros
- Sopa de marisco
- Gazpacho
- Ensalada mixta
- Paella

Segundos
- Huevos con chorizo
- Merluza al horno
- Filete de pollo a la plancha
- Carne con tomate

Postre
- Helado
- Natillas
- Tarta de queso
- Arroz con leche

Bebidas
- Vino de la casa
- Refresco
- Cerveza
- Agua mineral

4 Relaciona.

1	taza	☐	7	cuchara	☐
2	tenedor	☐	8	vaso	☐
3	cucharilla	☐	9	servilleta	☐
4	copa	☐	10	jarrón	☐
5	cuchillo	☐	11	plato	☐
6	mantel	☐	12	jarra	☐

5 Completa con la palabra adecuada.

1 una copa de vino
2 una .... de café
3 una .... para la sopa
4 un .... de agua
5 un .... de flores
6 una .... de agua
7 un .... para la sopa
8 un .... para la mesa

HABLAR

6 Practica con tu compañero.

■ ¿Me trae una servilleta, por favor?
● Sí, ahora mismo.

LEER

7 49 Lee y escucha.

HOY COMEMOS FUERA

En España nos gusta comer fuera de casa con amigos, familiares, compañeros de trabajo o estudio. Para la mayoría de los españoles es más importante la compañía que el tipo de restaurante. Lo que más preocupa cuando se elige un restaurante es la limpieza, la calidad de los alimentos y la dieta equilibrada.
En un país como España, con un clima agradable de largos días con luz, comer o cenar fuera de casa es un hábito extendido, sobre todo durante los días festivos.

8 Marca si estas afirmaciones son verdaderas (V) o falsas (F).

1 A los españoles les gusta comer solos. ☐
2 Cuando comen fuera de casa les gusta hacerlo con familiares y amigos. ☐
3 Para los españoles lo más importante es el tipo de restaurante. ☐
4 Hay más gente en los restaurantes los días laborables. ☐
5 Los españoles cenan fuera de casa con frecuencia. ☐

HABLAR

9 Responde a estas preguntas y luego pregunta a tu compañero.

1 ¿Te gusta comer fuera de casa?
2 ¿Qué comes habitualmente fuera de casa: bocadillos, tapas, comidas completas, comida rápida (hamburguesa, salchichas...)?
3 ¿Cuántas veces al mes sales a comer o cenar?
4 ¿Meriendas todos los días? ¿Qué meriendas?

¿TE GUSTA EL CINE?

VOCABULARIO

1 ¿Te gusta el cine? ¿Qué tipo de películas te gustan? Coméntalo con tus compañeros.

a) las comedias
b) los dramas
c) los musicales
d) las películas románticas
e) las películas policíacas
f) las películas de terror
g) las películas de ciencia-ficción
h) las películas de aventuras

- *A mí me gustan las películas de terror y de ciencia-ficción.* ☺
- *Pues a mí no me gustan las películas de terror.* ☹

2 Relaciona estas actividades con las fotos.

1 bailar ☐
2 montar en bicicleta ☐
3 andar ☐
4 ir de compras ☐
5 navegar por internet ☐
6 pintar ☐
7 grabar vídeos ☐
8 nadar ☐
9 jugar al fútbol ☐
10 escuchar música ☐
11 leer ☐
12 viajar ☐

3 50 Escucha a Elena hablar de sus gustos y de los de su marido. Escribe *sí* o *no*.

	ELENA	LUIS
el cine		
andar por el campo		
ir de compras		
navegar por internet		
leer		
el fútbol		
la música		

GRAMÁTICA

VERBO *GUSTAR*		
(a mí)	me	
(a ti)	te	
(a él/ella/usted)	le	
(a nosotros/as)	nos	gusta(n)
(a vosotros/as)	os	
(a ellos/ellas/ustedes)	les	

*A Elena **le gusta** viajar.*
*A Jaime **le gustan** los deportes.*
*A nosotros no **nos gusta** el fútbol.*

A

B

C

D

E

F

G

H

I

J

K

L

4 **Completa las frases con un pronombre (*me, te, le...*) y *gusta* o *gustan*.**

1 A María le gusta mucho nadar.
2 A mi marido .... ir al cine.
3 A mí no .... las películas de terror.
4 A los españoles .... mucho salir y hablar con los amigos.
5 A nosotros .... los animales.
6 ¿A vosotros .... la música tecno?
7 ¿A Ud. .... la paella?
8 ¿A ti .... los deportes de riesgo?
9 A mis padres no .... teatro.
10 A Jorge no .... nada estudiar.

5 **Escribe tres frases sobre tus gustos.**

Me gusta mucho...

6 **Pregunta a dos compañeros sobre sus gustos. Utiliza el vocabulario de la actividad 2.**

■ ¿Os gusta el cine?
● A mí no mucho, me gusta más leer.
▲ A mí tampoco.

7 **Escribe unas frases con las respuestas de tus compañeros.**

A Peter no le gusta mucho el cine, pero le gusta / encanta leer.
A Nadia no le gusta nada andar, prefiere ir a la discoteca.

GUSTAR

\+ Me encanta escuchar música.
Me gusta **mucho** cocinar.
Me gusta **bastante** leer.
No me gusta**n** **mucho** los deportes.
No me gusta bailar.
– No me gusta **nada** ir de compras.

TAMBIÉN / TAMPOCO - SÍ / NO

● *Me encanta el cine.* ☺
■ *A mí **también**.* ☺
▲ *Pues a mí **no**.* ☹
● *No me gusta montar en bicicleta.* ☹
■ *A mí **tampoco**.* ☹
▲ *Pues a mí **sí**.* ☺

LEER

8 **Lee los perfiles de las personas de la página web *Gente como tú* y responde a las preguntas.**

1 ¿Quién estudia en la universidad?
2 ¿A quién le gusta la fotografía?
3 ¿Quién es de Argentina?
4 ¿A quiénes les gustan los videojuegos?
5 ¿Cómo se llama el madrileño?
6 ¿Quién va a la playa habitualmente?

9 **Imagina que quieres ser miembro de esta web y escribe un texto sobre ti, pero sin poner tu nombre. Después dáselo a tu profesor.**
Entre todos tenéis que descubrir de quiénes son los textos que vuestro profesor os enseña.

Gente como tú

NOSOTROS | REGÍSTRATE | ENLACES

¿Quieres conocer gente nueva? Entra en nuestra web y busca a personas que son como tú

Me llamo Marisol, tengo 26 años y estoy soltera. Estudio Economía y trabajo en un gimnasio de mi barrio. Me gusta viajar, conocer sitios nuevos y chatear. Busco amigos para viajar juntos por España. Sevilla.

Me llamo Miguel, tengo 25 años. Estudio Artes Gráficas en un instituto. Me encanta jugar al fútbol, jugar con videojuegos, ir a la discoteca... Busco chicos y chicas con aficiones similares. Madrid.

Me llamo Tiago, soy brasileño, de Río de Janeiro. Me gusta ir a la playa, navegar por internet, jugar con videojuegos... También me gusta ver partidos de baloncesto en la tele. ¿Por qué no me escribes? Río de Janeiro.

Me llamo Olga, tengo 32 años y soy periodista. Trabajo en el periódico local de mi pueblo. Me gusta el cine, salir de copas, bailar tangos y hacer fotografías de las ciudades que visito. Escríbeme. Buenos Aires.

VOCABULARIO

1 ¿Te gusta cocinar? ¿Qué sabes hacer?

2 Completa la lista de ingredientes para hacer un batido de plátano con las palabras del recuadro.

azúcar • hielo • limón • leche • vainilla • plátanos

Batido de plátano

Ingredientes:

3 ....
1 vaso de ....
1/4 de taza de ....
1/4 de taza de zumo de ....
1/2 cucharadita de ....
8 cubitos de ....

3 Ordena las instrucciones para su preparación.

a Añade los cubitos de hielo y mézclalos con los otros ingredientes. ☐
b Pela los plátanos y córtalos en rodajas. 1
c Reparte la mezcla en cuatro vasos. ☐
d Mezcla los plátanos, la leche, el azúcar, el zumo de limón y la vainilla en una batidora. ☐
e Invita a tus amigos. ☐

4 51 Escucha y comprueba.

GRAMÁTICA

IMPERATIVO

	cortar	comer	abrir
tú	corta	come	abre
usted	corte	coma	abra

El **imperativo** se utiliza para dar órdenes, dar instrucciones, pedir un favor y recomendar.

5 Completa las siguientes instrucciones para llevar una vida sana. Utiliza los verbos del recuadro en imperativo.

caminar • tomar • descansar • comer • evitar • ~~beber~~

Si quieres llevar una vida sana, sigue estas instrucciones. Todos los días:

1 Bebe más de un litro de agua.
2 .... tres piezas de fruta.
3 .... durante media hora.
4 .... más de siete horas.
5 .... fumar.
6 .... bebidas sin alcohol.

6 Escribe en forma de órdenes (*tú* y *usted*) y practica en voz alta.

1 Hablar más bajo.
Habla más bajo, por favor. (tú)
Hable más bajo, por favor. (usted)
2 Escribir tu / su nombre.
3 Terminar el trabajo.
4 Abrir la puerta.
5 Cerrar la ventana.
6 Escuchar lo que digo.
7 Tomar más verduras.
8 Ordenar tu / su cuarto.
9 Añadir azúcar al zumo.
10 Limpiar la mesa.

7 Escribe en tu cuaderno la receta de tu ensalada preferida. Después, explícasela a tu compañero.

Mi receta preferida es.... Los ingredientes son... Y estas son las instrucciones: ...

ESCUCHAR

8 ¿De dónde crees que son originalmente estos productos?

¿Productos de América?

Muchos de los alimentos que se comen hoy en el mundo proceden de América: el maíz, el cacao, el aguacate... Pero también hay productos que se consumen en América y que son originarios de otros lugares. Por ejemplo, la uva, la naranja o el limón son de origen europeo.

¿De dónde son originarios estos productos?

1 LA PIÑA
- ◯ Hawái
- ◯ Cuba y Puerto Rico

2 EL CACAHUETE (MANÍ)
- ◯ Georgia (Estados Unidos)
- ◯ Bolivia y Perú

3 EL TOMATE
- ◯ México
- ◯ Italia

4 EL PLÁTANO
- ◯ Ecuador
- ◯ Sudeste de Ásia

5 EL CAFÉ
- ◯ Etiopía
- ◯ Brasil

6 LA PATATA
- ◯ Perú y Ecuador
- ◯ Irlanda

9 52 Escucha y comprueba.

PRONUNCIACIÓN Y ORTOGRAFÍA

b / v

1 53 Escucha y repite.

Isabel vivir vino bueno Ávila viajar
botella abuelo hablar muy bien beber

La ***b*** y la ***v*** se pronuncian igual.

2 54 Escucha y repite.

1 ¿Dónde vive Isabel?
2 Cuba es una isla preciosa.
3 Vicente es abogado y trabaja en Sevilla.
4 Las bebidas están en la nevera.
5 Este vino es muy bueno.
6 Valeriano viaja mucho en avión.
7 Beatriz es de Venezuela.
8 Esta bicicleta es muy barata.
9 En Valencia no hay bastantes ambulancias.
10 La abuela de Bibiana está muy bien.

3 Completa con *b* o *v*.

1 Yo ......i......o en ......arcelona.
2 Este ......atido tiene ......ainilla.
3 Camarero, un ......aso de agua, por fa......or.
4 A Isa......el le gusta ......iajar y ......ailar tangos.
5 ......e......er agua es muy ......ueno.
6 ¿Este ......erano ......as de ......acaciones?
7 La ......otella está ......acía.
8 El ......anco a......re a las nue......e.

4 55 Escucha y repite.

5 56 Escucha y subraya la palabra que oyes.

1	pala / bala	6	pera / vera
2	poca / boca	7	paca / vaca
3	parra / barra	8	pisa / visa
4	peso / beso	9	pata / bata
5	pino / vino	10	pez / vez

LEER

1 **Lee estos anuncios de los restaurantes y después contesta a las preguntas.**

1 ¿En qué estación de metro está el restaurante peruano?
2 ¿En qué restaurante podemos celebrar una reunión con nuestra familia o de negocios?
3 ¿Qué tipo de comida ofrece el restaurante Vida natural?
4 ¿Dónde podemos comer carne argentina?
5 ¿Dónde podemos tomar tapas?
6 ¿Dónde podemos comer pescado?
7 ¿Qué restaurantes ofrecen aparcacoches?
8 ¿Cuánto cuesta el menú en Casa Pepe?
9 ¿Dónde podemos tomar *pizza*?
10 ¿Qué restaurante tiene platos asturianos?

ESCUCHAR

2 57 **Mira los mapas, escucha y relaciona.**

1 México
2 Perú
3 Argentina
4 Colombia y Venezuela
5 Galicia
6 Valencia
7 Andalucía
8 Asturias

a paella
b cebiche
c arepas
d fabada
e carne asada
f gazpacho
g guacamole
h pescado y marisco

ESCRIBIR

3 Escribe un párrafo sobre la comida típica de tu país o ciudad.

En mi ciudad, los platos más típicos son: ...
Este plato está elaborado con estos ingredientes: ...

EN PAREJAS

HABLAR

Alumno A (alumno B, ver «En parejas», pág. 198)

4 Pregunta a B sobre sus gustos.

¿Te gusta el chocolate?
¿Te gustan las piñas?

5 Responde a B las preguntas sobre tus gustos.

Sí, mucho. / Sí, bastante. / No, no mucho. / No, nada.

	mucho	bastante	no mucho	nada
el chocolate				
las piñas				
el cordero asado				
el café con leche				
las patatas				
la carne				
el queso				
la fruta				
las ensaladas				

AUTOEVALUACIÓN

1 **Con estos ingredientes vamos a elaborar un menú. ¿Cuáles son los ingredientes principales de los siguientes platos?**

huevos • ~~tomates~~ • arroz • pollo • leche
gambas • pepinos • calamares • azúcar
aceite • vinagre • pimientos

MENÚ

1.er plato

gazpacho: tomates, ...,
................................, ...,
....

2.º plato

paella: ...., ...,
................................, ...

Postre

flan: ...., ...,
....

2 **Elabora un menú con platos típicos de tu país y haz la lista de ingredientes que necesitas para su elaboración.**

3 **Escribe el pronombre correcto (*me, te, le, nos, os, les*).**

1 A ellos les gusta la música clásica.
2 A nosotros .... gusta salir de noche.
3 A su hermana .... gusta la paella.
4 A mí no .... gustan los toros.
5 ¿A ti .... gusta el fútbol?
6 ¿A vosotros .... gustan las gambas?
7 A Luisa no .... gusta viajar.

4 **Haz frases como en el ejemplo.**

1 Rosa / no gustar / animales
A Rosa no le gustan los animales.
2 Ellos / gustar / salir
3 Nosotros / gustar / ver la tele
4 Yo / no gustar / fútbol
5 ¿Tú / gustar / flan?
6 Pepe / no gustar / la fruta
7 ¿Vosotros / gustar / nadar?

5 **Escribe en imperativo las órdenes que da Maribel a su hijo.**

1 ¡Baja la tele! (bajar)
2 ¡.......................... más verdura! (comer)
3 ¡.......................... la ventana de tu dormitorio! (abrir)
4 ¡.......................... una nota para tu profesor! (escribir)
5 ¡.......................... cuando te hablo! (escuchar)
6 ¡.......................... a tu hermana! (ayudar)
7 ¡.......................... más leche! (beber)

6 **Relaciona cada pregunta con su respuesta.**

1 ¿Qué desea para beber? d
2 ¿Y de segundo?
3 ¿Me deja la carta, por favor?
4 ¿Y de postre?
5 ¿Qué quiere el señor de primero?
6 ¿Desea algo más?

a Sí, ahora mismo. Un momento.
b Una sopa de fideos, por favor.
c Un helado de vainilla.
d Agua mineral.
e No, muchas gracias.
f Pollo con patatas.

7 **Ahora ordena en tu cuaderno el diálogo anterior.**

¿Qué sabes?

	☺	😐	☹
• Pedir en un restaurante.	☐	☐	☐
• Hablar de gustos.	☐	☐	☐
• Hablar del tiempo libre.	☐	☐	☐
• Comprender y dar instrucciones sencillas.	☐	☐	☐

El barrio

6

- Pedir información para viajar en transporte público
- Dar instrucciones
- Pedir favores
- Describir el barrio donde vivimos
- Cultura: Ciudades españolas
- Vídeo: *Un paseo por mi ciudad*

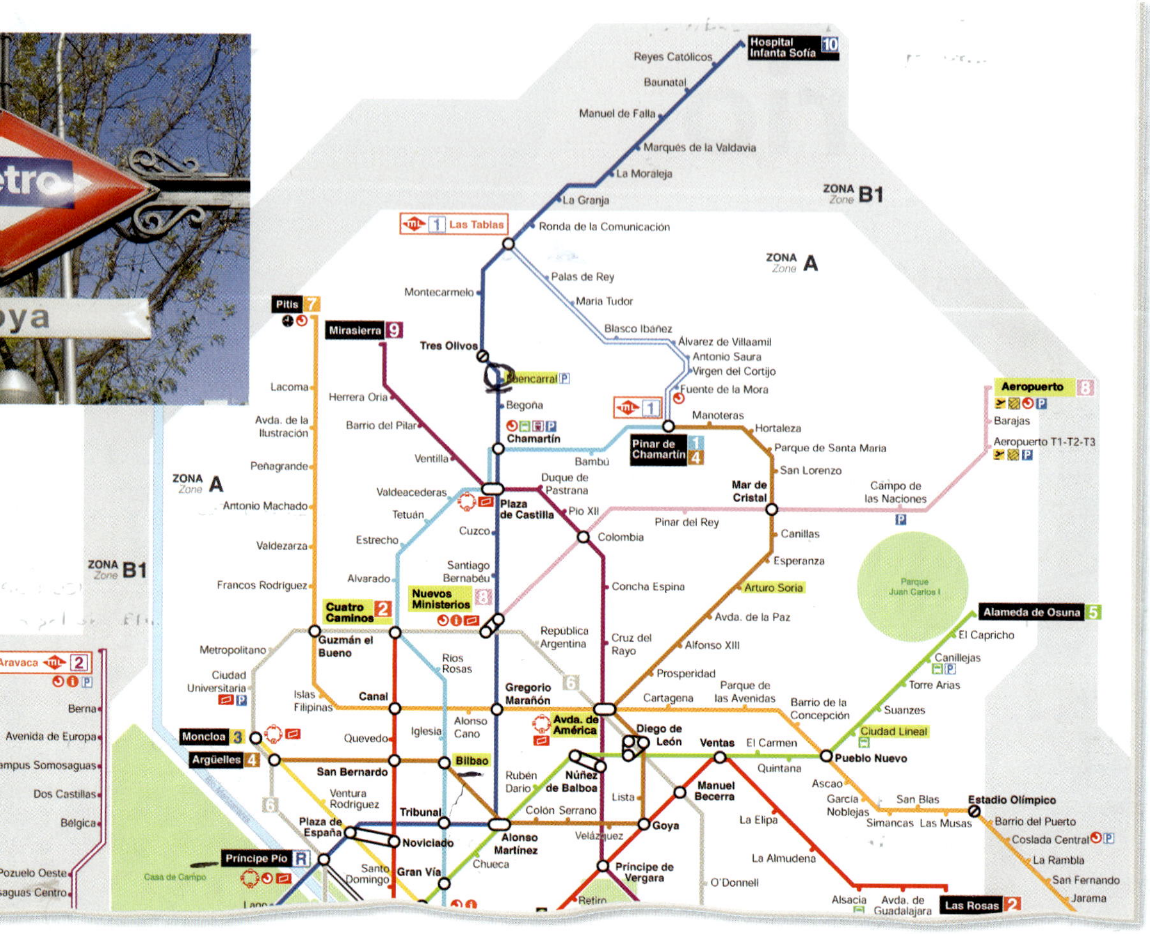

ESCUCHAR

1 **Mira el dibujo y responde. ¿Qué están haciendo Sergio y Beatriz?**

a Están llamando a un taxi.
b Están pidiendo un plano del metro.
c Están sacando su coche del aparcamiento.

2 **Dos turistas llegan al aeropuerto de Madrid y piden información sobre los transportes. Completa la conversación con las expresiones del recuadro.**

cuánto cuesta • cómo se va • Puede darme
décima estación • billetes

Sergio: Perdone, venimos una semana de vacaciones a Madrid. ¿Qué (1) .... tenemos que comprar?
Información: Pueden comprar la tarjeta turística que sirve para el metro, el autobús y los trenes de cercanías.
Sergio: ¿Y (2) ....?
Información: Para una semana, 35 euros.
Sergio: Perfecto. ¿Dónde las podemos comprar?
Información: En la entrada de la estación tienen una máquina.
Sergio: Muchas gracias. Perdone, ¿puede decirme (3) .... de Aeropuerto a Goya?
Información: Pues desde aquí es muy fácil: tome usted la línea 8 hasta Mar de Cristal y cambie a la línea 4 dirección Argüelles. La (4) .... es Goya.
Sergio: Muchas gracias. ¿(5) .... un plano del metro?
Información: Sí, claro, tome.

3 58 **Escucha y comprueba.**

4 Lee de nuevo el diálogo de la actividad 2 y completa el siguiente cuadro.

FORMAL (USTED)
■ (1) .... ¿puede decirme cómo se va de Aeropuerto a Goya? ● (2) .... la línea 8 hasta Mar de Cristal y (3) .... a la línea 4 dirección Argüelles.
INFORMAL (TÚ)
■ Perdona, ¿puedes decirme cómo voy / se va de Aeropuerto a Goya? ● Toma la línea 8 hasta Mar de Cristal y cambia a la línea 4 dirección Argüelles.

5 Observa la diferencia entre las formas *tú* y *usted*.

HABLAR

6 Mira otra vez el plano, fíjate en las estaciones destacadas en amarillo y practica con tu compañero.

- De Aeropuerto a Arturo Soria
- De Cuatro Caminos a Fuencarral
- De Nuevos Ministerios a Ciudad Lineal
- De Bilbao a Fuencarral
- De Avenida de América a Aeropuerto

■ Perdona, ¿cómo se va de Aeropuerto a Arturo Soria?
● Toma la línea 8 hasta Mar de Cristal, allí cambia a la línea 4 dirección Argüelles. Es la tercera parada.

LEER

7 Lee el texto y responde a las preguntas.

Madrid en metro

El metro de Madrid tiene unos 294 kilómetros. En total hay 12 líneas y 302 estaciones. El horario de servicio al público es de seis de la mañana a una y media de la madrugada, todos los días del año. Durante las horas de cierre del metro existe un servicio de autobuses nocturno que sale de la plaza de Cibeles.

La frecuencia entre trenes depende del día y la línea, pero normalmente es de 3 a 6 minutos en hora punta. A partir de las 22:00 horas es de 10 a 15 minutos.

Para entrar en el metro o el autobús necesitas una Tarjeta de Transporte Público que puedes comprar en las máquinas de las estaciones o en los estancos.

Bibliometro

En las principales estaciones de metro hay pequeñas bibliotecas para todas las personas que utilizan este transporte público. En total hay más de 1700 obras de literatura universal.

El horario de Bibliometro es de lunes a viernes de 13:30 a 20:00.

www.metrodemadrid.es

1 Son las seis y media, tienes que ir al trabajo, ¿está abierto ya el metro? ¿Desde qué hora?
2 Son las dos de la madrugada, ¿puedes volver a casa en metro? ¿Por qué? ¿Puedes volver en autobús?
3 Llegas a la estación a las 23:30, ¿cuánto tiempo tienes que esperar la llegada del metro?
4 ¿Puedes usar la Tarjeta de Transporte Público en el autobús?
5 ¿Dónde se compra esa tarjeta?
6 ¿Puedes utilizar Bibliometro durante los fines de semana?

GRAMÁTICA

1 59 **Escucha y relaciona los dibujos con las frases.**

1 ■ Carlos, siéntate en tu sitio, por favor.
● Voy. [j]

2 ■ Venga a mi oficina, quiero hablar con usted.
● Ahora mismo. [ ]

3 ■ Pon la televisión, empieza el partido de fútbol.
● Vale. [ ]

4 ■ Cierra la ventana, por favor, tengo frío.
● Sí, claro. [ ]

5 ■ Tome la primera a la derecha y después siga recto.
● Muchas gracias. [ ]

6 ■ Tuerce a la derecha, esa es la calle.
● Ah, sí, tienes razón. [ ]

7 ■ Haz los deberes antes de cenar.
● Vale, mamá. [ ]

8 ■ Por favor, siéntese. Ahora le atiende el doctor.
● Bien, gracias. [ ]

9 ■ ¿Dígame?
● ¿Está el señor López? [ ]

10 ■ Alejandro, contesta al teléfono, por favor.
● Vale. [ ]

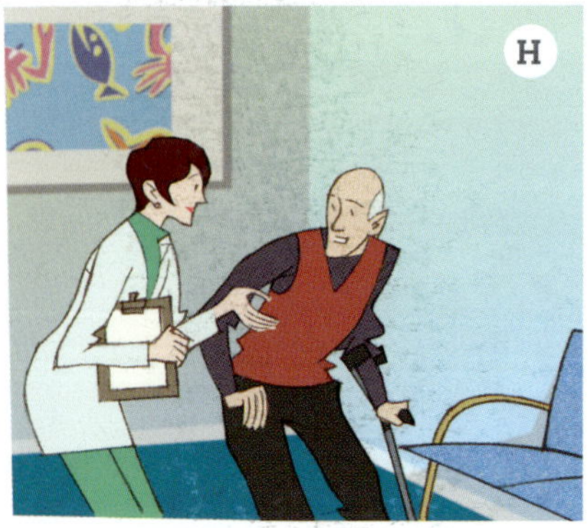

IMPERATIVO IRREGULAR

hacer	poner	venir	seguir
haz	pon	ven	sigue
haga	ponga	venga	siga
torcer	**cerrar**	**sentarse**	**decir**
tuerce	cierra	siéntate	di
tuerza	cierre	siéntese	diga

2 Completa con el verbo en imperativo.

1 El hospital está muy cerca, (torcer, tú) tuerce a la derecha por esa calle y luego (seguir, tú) .... todo recto.
2 (Hacer) .... tú la ensalada, mientras yo pongo la mesa.
3 ¡Carlos! (Venir, tú) .... a tu habitación ahora mismo.
4 (Cerrar, tú) .... la puerta, por favor, hay mucho ruido.
5 Pedro, (decir, tú) .... la verdad. No me gustan las mentiras.
6 (Sentarse, usted) .... un momento, ahora vuelvo.
7 Señor Ramírez, (poner) .... el informe en la carpeta roja.
8 (Hacer, usted) .... el trabajo este martes, por favor.

3 Completa con los verbos del recuadro.

hacer • sentarse • poner • ~~pasar~~ • cerrar

Jefe: Señor Hernández, ¿puede venir a mi oficina, por favor?
Sr. Hernández: Sí, claro.
[...]
Sr. Hernández: ¿Se puede?
Jefe: Sí, sí, (1) pase y (2) .... la puerta, por favor... (3) .... Tengo una reunión en el banco el próximo lunes y necesito la información de su departamento.
Sr. Hernández: No hay problema, está todo preparado.
Jefe: Bien, (4) .... el informe antes del lunes y (5) .... todos los datos de este año.

4 60 Escucha y comprueba.

COMUNICACIÓN

+ DIRECTO	– DIRECTO
Ven un momento.	¿Puedes venir un momento?
Haga ya la comida.	¿Puede hacer ya la comida?

5 Transforma las frases como en el ejemplo.

1 Venga a mi oficina.
¿Puede venir a mi oficina?
2 Pon la televisión, empieza la película.
3 Cierre la ventana, por favor.
4 Hoy haz tú la cena.
5 Dime la hora, por favor.
6 Salga a la pizarra, por favor.
7 Pásame la sal. Está al fondo del armario.
8 Encienda el ordenador. Hay mucha información en internet.
9 Despiértame a las ocho, por favor.
10 Llame a Luis la semana próxima.

ESCRIBIR

6 Piensa en un compañero sentado lejos de ti en la clase y escribe una petición en un papel. Luego léelo en voz alta.

Para Svieta:
Déjame tu libro, por favor.
Olga.

Puedes pedirle:

Prestar dinero / un bolígrafo / un lápiz / un diccionario.
Abrir / Cerrar la ventana.
Sentarse más cerca de ti.
Esperar a la salida de clase.
Encender / Apagar la luz.

6 C MI BARRIO ES TRANQUILO

LEER

1 **¿Cómo es tu barrio? ¿Es tranquilo o ruidoso? ¿Está cerca de tu trabajo o del lugar donde estudias español? ¿O está lejos?**

2 **Lee los mensajes.**

¡Por fin tengo piso! Está en un barrio céntrico pero tranquilo. Me encanta, es muy bonito. Es un poco pequeño, solo tiene dos habitaciones, pero no me importa. Toma nota: está en la calle Mayor, n.º 25 – 3.º izquierda. ¿Puedes venir esta tarde?

Clara

Vale, voy esta tarde a las siete. ¿El piso está en la calle Mayor y es tranquilo? Me extraña, esa es una calle muy ruidosa. ¿Cómo voy desde mi casa? Creo que no hay ninguna parada de autobús cerca, ¿no? Bueno, mejor voy en metro, es más rápido.

Eva

3 **Contesta a las preguntas.**

1 ¿Cómo es el piso de Clara?
2 ¿Dónde está?
3 ¿Qué piensa Eva de la calle Mayor?
4 ¿Cómo va a ir Eva a visitar a Clara?

GRAMÁTICA

VERBO *SER*	
es / son	grande(s) – pequeño(s) tranquilo(s) – ruidoso(s) rápido(s) – lento(s)
es	bueno / malo

VERBO *ESTAR*	
está / están	abierto(s) – cerrado(s) a la izquierda a la derecha cerca – lejos en la calle… enfrente de…
está	bien / mal

4 **Subraya la forma adecuada.**

1 El piso **es / está** en un barrio céntrico y **es / está** pequeño, solo tiene dos habitaciones.
2 Su casa **es / está** en la calle Goya, enfrente de la estación del metro.
3 El metro **es / está** más rápido que el autobús.
4 Fumar no **es / está** bueno.
5 El hospital **es / está** lejos de mi casa, en un barrio que **es / está** muy tranquilo porque **es / está** a las afueras de la ciudad.
6 Este ejercicio **es / está** mal.
7 Esta escuela **es / está** al lado de la parada del autobús.
8 Mi casa no **es / está** muy grande.
9 ¿**Son / Están** tus hijos en el colegio?
10 El banco **está / es** enfrente de mi oficina. Por las tardes no **es / está** abierto.

5 Haz frases con los elementos de cada columna.

Los coches	es	tranquilo.
Esta calle	está	baratos.
Los billetes de metro	están	lejos.
La parada de autobús	son	ruidosa.
La estación de metro		cerca de mi casa.
Las calles		muy tranquila.
Mi barrio		en el garaje.
		estrechas.

HABLAR

6 En parejas. Habla con tu compañero sobre tu barrio.

- ¿Te gusta?
- ¿Es tranquilo o animado?
- ¿Tiene mucho tráfico?
- ¿Está bien comunicado (autobús, metro...)?
- ¿Tiene tiendas?
- ¿Hay un colegio para los niños?

PRONUNCIACIÓN Y ORTOGRAFÍA

r / rr

1 61 Escucha y repite.

rey arroz perro reloj rojo arriba caro pero diario soltera para

El sonido /**rr**/ (fuerte) se escribe simple ***(r)*** a principio de palabra y doble ***(rr)*** en medio de dos vocales. El sonido /**r**/ (suave) se escribe siempre simple ***(r)***.

2 62 Escucha y completa con *r* o *rr*.

1 ....oma	6 ....osa
2 Inglate.......a	7 piza.......a
3 Pe.......ú	8 te.......aza
4 carte.......o	9 arma.......io
5 compañe.......o	10 ....uido

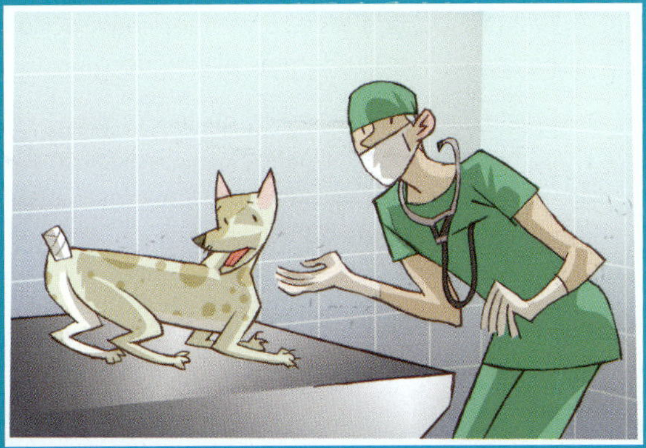

3 Dicta a tu compañero estos trabalenguas.

El perro de san Roque no tiene rabo porque Ramón Rodríguez se lo ha cortado.

Erre con erre, guitarra; erre con erre, barril; rápido ruedan las ruedas del ferrocarril.

LA CONDESA

1 Esta colonia es muy famosa por su ambiente bohemio y su vida cultural y nocturna. Es tan popular como el barrio de Malasaña en Madrid, el Barrio Alto de Lisboa o el East Village en Nueva York.

2 Está situada de 4 a 5 km al oeste del Zócalo en la Ciudad de México y en las construcciones modernas predomina el arte decó.

3 Por las noches, las calles de la Condesa, así como sus múltiples cafés, bares, restaurantes y galerías se llenan de gente. Por eso muchos vecinos se quejan del ruido y la suciedad que originan los visitantes.

4 La colonia debe su nombre a la familia de la Condesa de Miravalle, que tenía ahí su hacienda. El desarrollo de esta zona comienza a principios del siglo XX con la construcción de bulevares, glorietas y dos grandes parques.

5 Desde su fundación, en esta parte de la ciudad ha vivido gente interesante y personajes famosos en la historia de México como la actriz y diva Dolores del Río, el compositor Agustín Lara, el actor Mario Moreno "Cantinflas" y el escritor Juan José Arreola, entre muchos más.

LEER

1 Lee el texto sobre la Condesa, un barrio de Ciudad de México, y relaciona los párrafos 1-5 con los siguientes temas.

a vida nocturna
b barrios famosos
c personajes famosos
d su historia
e localización

2 ¿Verdadero (V) o falso (F)?

1 La Condesa es una colonia tranquila.
2 La Condesa está al lado del Zócalo.
3 Todos los vecinos de la Condesa se quejan del ruido.
4 La Condesa es famosa desde inicios del siglo XX.
5 La Condesa es un barrio de artistas.

ESCUCHAR

3 63 Pilar vive ahora en Cozumel, en el Caribe mexicano. Escucha y completa su conversación con Andrés.

1 Pilar está muy .... en Cozumel.
2 Cozumel es una ciudad .... y ....
3 Cozumel está rodeada de ....
4 Hay ...., ... y ....
5 Pilar se mueve por la ciudad en .... y en ....
6 Habitualmente hace ....
7 Pilar vive con ....
8 Algunos sábados Pilar .... para hacer ejercicio.
9 Otros días va con sus amigos a conocer .... y a la ....
10 Andrés no va ahora a Cozumel porque ....

ESCRIBIR

4 Lee el texto y observa el uso de *y, pero, porque*.

San Miguel de Allende

San Miguel de Allende es una ciudad colonial del estado de Guanajuato **y** está situada en el centro de la República mexicana. Tiene clima templado y la temperatura promedio es de los 16 °C a los 18 °C. En 2008 fue nombrada Patrimonio Cultural de la Humanidad por la Unesco por su cultura, su arquitectura **y** su importancia en la lucha de la independencia de México.

Me gusta San Miguel de Allende **porque** es una ciudad muy acogedora con muchos lugares interesantes para visitar. Tiene muchas iglesias, **pero** la más bonita es la parroquia de San Miguel Arcángel, símbolo de la ciudad. Si quieres comprar artesanías, tienes que visitar el Mercado de Artesanías **porque** tiene una gran variedad de objetos típicos hechos con metales, papel maché, vidrio soplado **y** más.

No tiene metro, **pero** hay taxis **y** autobuses locales que recorren toda la ciudad a una tarifa muy económica. Caminar por sus calles pequeñas **y** empedradas es lo más recomendable para admirar la riqueza arquitectónica de la ciudad.

5 Completa las siguientes frases con *y, pero, porque*.

1 Me gustan sus iglesias .... sus mercados de artesanías.
2 Tiene autobuses, ... no tiene metro.
3 Voy a ir al Mercado de Artesanías .... quiero comprar objetos de papel maché.
4 Mi ciudad es acogedora .... tiene muchos lugares turísticos.
5 Puedes tomar un taxi, ... es mejor caminar.
6 Tiene una cultura .... una arquitectura muy interesantes.
7 San Miguel de Allende me gusta .... tiene mucha historia.

ESCRIBIR

6 Escribe una descripción de una ciudad. Puedes utilizar las frases del recuadro.

- Es una ciudad situada en el norte / sur / oeste / este de...
- Tiene una población de...
- Lo que más me gusta es...
- Hay muchos / pocos espectáculos musicales, teatros, cines, discotecas...
- Es (muy) tranquila / pequeña / grande...

HABLAR

7 En grupos de tres, cada alumno elige una profesión del recuadro. Los otros dos compañeros elaboran una lista de consejos para ser un buen profesional, con imperativos.

deportista • profesor/a • médico/a • peluquero/a • taxista • bailarín/a

Para ser un buen deportista:
- haz ejercicio todos los días
- come pasta todos los días
- bebe mucha agua
- duerme ocho horas diarias
- ...

1 **Completa esta nota que Juan escribe para un compañero del trabajo. Utiliza los verbos del recuadro.**

guardar • ~~hacer~~ • conectar • apagar • cerrar

Carlos:
Me marcho dentro de diez minutos. El informe está en mi mesa, por favor (1) ...haz... las fotocopias y (2) .... todo en el primer cajón. Después (3) .... el despacho con llave y (4) .... la alarma. Ah, antes de salir, (5) .... todas las luces.
Gracias por todo,
Juan

2 **Relaciona los adjetivos contrarios.**

1	ruidoso	a	antiguo
2	bueno	b	caro
3	barato	c	tranquilo
4	bonito	d	pequeño
5	rápido	e	malo
6	nuevo	f	viejo
7	grande	g	lento
8	moderno	h	feo

3 **Completa las frases con *ser* o *estar*.**

1 Mi piso nuevo es bastante grande.
2 Esa oficina .... bastante lejos de aquí.
3 Las fotocopias no .... bien.
4 La catedral .... en el centro.
5 Mi barrio .... antiguo.
6 Este restaurante .... muy ruidoso, no me gusta nada.
7 Las llaves .... en el cajón.
8 Federico no .... en su casa.
9 Luisa .... muy amable.
10 Este barrio .... muy céntrico.

4 **Lee este correo y contesta verdadero (V) o falso (F).**

Querida Gloria:
Te escribo desde La Habana. Esta ciudad es fantástica. Mi hotel está en un barrio precioso que se llama El Vedado. Se puede pasear tranquilamente por sus calles, hay mercadillos de artesanía, algunas tiendas y restaurantes, y está al lado del mar. La mayoría de las casas son de una o dos plantas y de muchos colores: azules, amarillas, de color rosa... Otro barrio interesante es La Habana Vieja, que es la zona más antigua. Tiene algunos edificios (la catedral, el Hotel Inglaterra, el Capitolio) muy bien conservados. Las calles son más estrechas y hay bastante tráfico, pero es muy agradable pasear por allí, tomar un helado y sentarse en cualquiera de las plazas.
¡Tengo muchas fotos!
Besos,
Yolanda

1 El hotel de Yolanda está en La Habana Vieja. ☐
2 El Vedado está al lado del mar. ☐
3 En El Vedado hay muchos edificios altos. ☐
4 La catedral está en La Habana Vieja. ☐
5 En la zona antigua no hay tráfico. ☐

5 **Escribe un párrafo sobre tu barrio.**

¿Es grande / pequeño / no muy grande?
¿Tiene mucho / poco tráfico?
¿Hay muchas / pocas / bastantes tiendas?
¿Cómo son los edificios: nuevos / antiguos?

¿Qué sabes?

	☺	😐	☹
• Preguntar cómo ir en metro de un lugar a otro.	☐	☐	☐
• Dar instrucciones y pedir favores.	☐	☐	☐
• Describir un barrio.	☐	☐	☐
• La diferencia entre *ser* y *estar*.	☐	☐	☐
• Escribir sobre una ciudad.	☐	☐	☐

Salir con los amigos

7

- Hablar por teléfono
- Concertar una cita
- Hablar de acciones en desarrollo
- Descripciones físicas y de carácter
- Cultura: El tiempo libre de los jóvenes españoles e hispanoamericanos
- Vídeo: *Un chico simpático*

¿DÓNDE QUEDAMOS?

HABLAR

1 **¿Te gusta salir con tus amigos? ¿Dónde vais? Coméntalo con tus compañeros.**

al cine • a casa de otros amigos • a tomar algo
a comer • a bailar • a jugar al baloncesto

2 64 **Lee y escucha.**

- Hola, Luisa, ¿qué tal?
- Hola, ¿qué haces?
- Nada, estoy viendo una serie.
- Oye, ¿vamos al centro esta tarde?
- Estupendo, podemos ir al cine.
- Vale, ¿cómo quedamos?
- ¿A las cinco en la puerta del metro?
- No, mejor a las seis. ¿Te parece bien?
- De acuerdo. Quedamos a las seis. ¡Hasta luego!

3 **Contesta a las preguntas.**

1 ¿Qué van a hacer Luisa y su amiga?
2 ¿Dónde quedan?
3 ¿A qué hora?

4 **Completa el diálogo con las expresiones del cuadro.**

Estupendo • Lo siento • ¿te parece bien?

- Hola, Roberto, ¿qué tal estás?
- Muy bien, Susana, ¿qué tal vosotros?
- Fenomenal. Oye, te llamo porque Luis y yo vamos a ir el sábado a comer en el campo con unos amigos. ¿Por qué no vienes con nosotros?
- ¿El sábado? (1) ...., no puedo. Es el cumpleaños de mi madre y voy a comer a su casa.
- Vaya, qué pena.
- Pero podemos quedar otro día. Podéis venir a casa a cenar el domingo, (2) ....
- ¿A cenar el domingo? Vale, hablo con Luis y le pregunto. Te llamo un poco más tarde.
- (3) .... Tengo muchas ganas de veros.
- Nosotros también, Roberto.
- Bueno, espero tu llamada. Hasta luego.

5 65 **Escucha y comprueba.**

COMUNICACIÓN

Invitar o proponer	Aceptar	Rechazar y proponer alternativa
¿Vamos al centro esta tarde?	*Vale.*	*No puedo. ¿Te parece bien mañana?*
¿Por qué no vienes con nosotros?	*Estupendo.*	*Lo siento, no puedo, tengo que trabajar.*
¿Te parece bien a las seis?	*De acuerdo.*	*No, mejor a las seis.*

HABLAR

6 **Imagina que vives en Barcelona. Practica con tus compañeros con estos datos.**

PROPUESTA	¿CUÁNDO?	¿HORA?	¿DÓNDE?
a ir a la playa	mañana	10:00	**a** playa de la Barceloneta
b tomar un cava, un refresco o un vino	el sábado	20:00	**b** paseo del Born
c ir de compras	esta tarde	17:30	**c** plaza del Pi
d cenar	esta noche	21:30	**d** restaurante La Rambla
e ir al cine	este domingo	18:00	**e** Aribau Multicines

- ¿Vamos a la playa mañana?
- Vale, ¿a cuál vamos?
- A la Barceloneta, ¿te parece bien?
- Sí, claro. ¿Dónde quedamos?
- Al final del paseo Marítimo.
- Vale, ¿a qué hora?
- ¿A las nueve?
- No, es muy pronto, mejor a las diez.
- Vale.
- Muy bien, entonces quedamos a las diez al final del paseo Marítimo.

7 **Ordena la siguiente conversación telefónica.**

- No está en este momento. ¿Quiere dejarle un recado? ☐
- Muy bien, le dejo una nota. ☐
- Inmobiliaria Miramar. Buenos días. 1
- Muchas gracias. Adiós. ☐
- Adiós. ☐
- Sí, por favor, dígale que la señora García va mañana a las once y media para hablar con él. ☐
- Buenos días. ¿Puedo hablar con el señor Álvarez? ☐

8 66 **Escucha y comprueba.**

COMUNICACIÓN

Dejar recados

- *No está en este momento. ¿Quiere dejarle un recado?*
- *Sí, por favor, dígale que…*

HABLAR

9 **Practica con tu compañero las siguientes conversaciones telefónicas.**

Estudiante A

1 Llamas a Carlos para ir al cine el próximo sábado a las 17:00.
2 Llamas a Paloma para ir al teatro mañana a las 20:00.
3 Llamas a Manuel para ir a comer el próximo domingo a las 14:00.

Estudiante B

1 Eres Carlos, quieres ir al cine y quedas con tu compañero/a.
2 Eres Paloma, no puedes mañana, quieres ir el sábado por la tarde.
3 Eres Manuel, quieres ir a comer pero prefieres a las 13:00.

7 B ¿QUÉ ESTÁS HACIENDO?

GRAMÁTICA

1 Mira el dibujo y señala si las siguientes frases son verdaderas (V) o falsas (F).

1. El chico del bañador amarillo está duchándose. ☐
2. El señor con gafas de sol está leyendo un libro. ☐
3. La señora del bañador verde está abriendo la sombrilla. ☐
4. Los chicos de la toalla blanca están jugando a las cartas. ☐
5. La joven del sombrero rojo está paseando. ☐
6. Una señora está durmiendo sobre la tumbona. ☐
7. Dos señoras están hablando en la orilla. ☐
8. Un grupo de chicas está jugando a la pelota. ☐
9. La chica del bañador rosa está secándose el pelo. ☐
10. La señora pelirroja está peinándose. ☐

ESTAR + GERUNDIO	
estoy	hablando
estás	
está	
estamos	
estáis	
están	

INFINITIVO	GERUNDIO
llorar	llorando
comer	comiendo
escribir	escribiendo

GERUNDIOS IRREGULARES	
leer	leyendo
dormir	durmiendo

2 **Mira las fotos y escribe qué están haciendo. Fíjate en el ejemplo.**

1 dormir / escuchar
No está durmiendo, está escuchando música.

2 escribir / pintar

3 hablar / cantar

4 estudiar / ver la tele

5 leer / navegar por internet

6 discutir / hablar

COMUNICACIÓN

ESTAR + GERUNDIO (VERBOS REFLEXIVOS)
Estoy lavándo**me**. / **Me** estoy lavando.
Estás lavándo**te**. / **Te** estás lavando.
Está lavándo**se**. / **Se** está lavando.
Estamos lavándo**nos**. / **Nos** estamos lavando.
Estáis lavándo**os**. / **Os** estáis lavando.
Están lavándo**se**. / **Se** están lavando.

3 **Completa las frases con el pronombre reflexivo adecuado.**

1 ■ Rosa, ¿qué estás haciendo?
● ¿Ahora mismo? Estoy peinándo*me* porque voy a salir.

2 ■ ¡Luis, al teléfono!
● ¡No puedo, estoy duchándo.........!

3 ■ Niños, ¿qué hacéis?
● ¡Nada, mamá, ... estamos lavando las manos!

4 ■ ¡Qué ruido hacen los vecinos!
● Sí, están levantándo......... ahora porque salen de viaje.

5 ■ ¡Hola! ¿Está Roberto?
● Sí, pero está afeitándo........., llama más tarde.

6 ■ ¿Y Clara? ¿Dónde está?
● En el baño, está duchándo.........

7 ■ Joana, ¿qué haces?
● .... estoy pintando para salir.

8 ● Pero hija, ¿todavía .... estás vistiendo?
■ Vas a llegar tarde al colegio.

9 ■ ¿Está libre el baño?
● No, Jordi .... está bañando.

10 ■ ¿Qué haces, Laura?
● .... estoy lavando los dientes, enseguida acabo.

4 67 **Escucha y comprueba.**

PRONUNCIACIÓN Y ORTOGRAFÍA

Entonación exclamativa

1 68 **Escucha y repite.**

¡Vale! ¡Hasta luego! ¡Qué bien!
¡Qué va! ¡Qué bonito!
¡Es horrible! ¡Estupendo!

2 69 **Escucha las siguientes frases y reacciona con una de las exclamaciones anteriores.**

1 ¡Qué va!
2 ....
3 ....
4 ....
5 ....
6 ....
7 ....

3 70 **Ahora, escucha y comprueba.**

COMUNICACIÓN

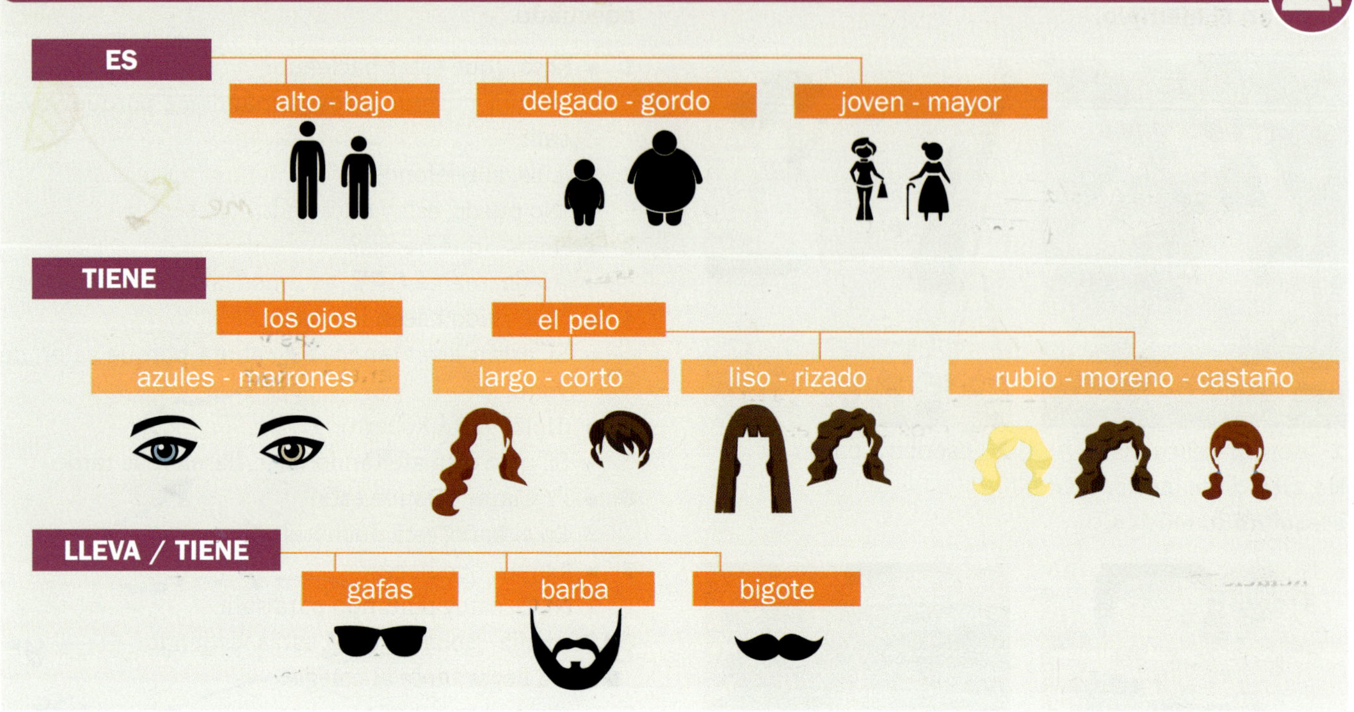

VOCABULARIO

1 **Señala en estas personas las siguientes características físicas.**

1 pelo corto y moreno ☐
2 pelo largo y rubio ☐
3 ojos claros ☐
4 ojos oscuros ☐
5 bigote ☐
6 barba ☐
7 gafas ☐

2 71 **Ahora completa con las características físicas anteriores las siguientes descripciones de los personajes del ejercicio 1. Después, escucha y comprueba.**

1 Tiene el .... largo y rubio. Tiene los .... verdes. ¡No tiene ....!
2 Tiene los .... oscuros. Tiene el .... corto y la .... negra.

3 72 **Escucha las descripciones y relaciónalas con las siguientes fotografías.**

4 Piensa en un compañero de clase y toma nota sobre su físico sin escribir su nombre.

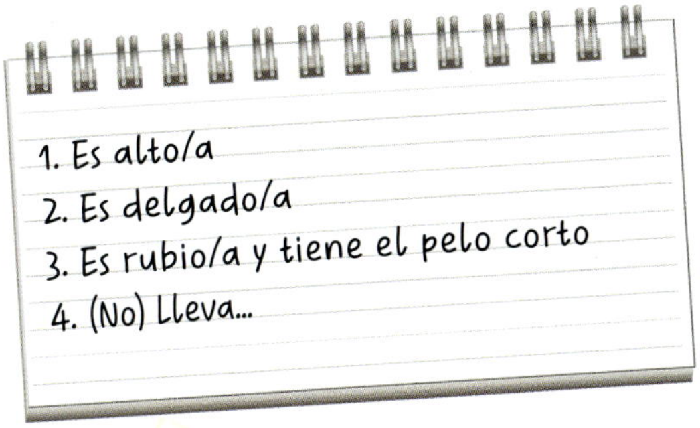

5 Utiliza esas notas para describir a esa persona en voz alta. ¿Saben tus compañeros quién es?

VOCABULARIO

6 Relaciona.

1 tacaño	a alegre
2 antipático	b generoso
3 maleducado	c simpático
4 serio	d aburrido
5 hablador	e educado
6 divertido	f callado

7 ¿Qué palabra utilizas para describir el carácter de estas personas?

1 Nunca gasta dinero.
2 Nunca habla.
3 Siempre está hablando.
4 Siempre está sonriendo.
5 Actúa con mucha educación.
6 Hace muchos regalos.

8 Completa el párrafo con los verbos del recuadro.

gusta • gustan (x 2) • es • favorita • odia • generosas

Dolores Fuentes es periodista. Ella dice que (1) es simpática, alegre y muy habladora. Le gustan las personas (2) .... En su tiempo libre le (3) .... mucho pasear por la playa y mirar el mar. Su comida (4) .... es el cocido madrileño, que normalmente toma con una copa de vino tinto.
Dos de sus aficiones son el cine y la música clásica. Le (5) .... mucho las películas antiguas, su favorita es *Tiempos modernos*, de Charlie Chaplin.
(6) .... las guerras y tampoco le (7) .... nada las personas antipáticas y maleducadas.

HABLAR

9 Primero lee las preguntas y luego haz la encuesta a tu compañero. Utiliza el vocabulario que has aprendido.

1 ¿Cómo eres tú? Simpático y hablador.
2 ¿Cómo te gustan las personas?
3 ¿Qué tipo de personas no te gustan?
4 ¿Qué prefieres hacer en tu tiempo libre?
5 ¿Cuál es tu comida preferida?
6 ¿Cuál es tu bebida preferida?
7 ¿Cuál es tu deporte favorito?
8 ¿Qué tipo de música prefieres?
9 ¿Cuál es tu película favorita?

ESCRIBIR

10 Escribe un párrafo sobre tu compañero con la información obtenida en la actividad anterior.

Fátima es simpática y generosa.
Le gustan las personas alegres...

ESCUCHAR

11 73 ¿Conoces la canción "Guantanamera"? Escúchala. Anota todas las frases que entiendas y, con tus compañeros, intenta escribirla.

Los sábados por la noche

Para los jóvenes la noche del sábado es muy especial. No tienen que estudiar, no tienen que trabajar, no tienen que aprender los verbos irregulares... Entonces, ¿qué hacen los sábados por la noche? Depende. No todos tienen los mismos gustos.

RAFAEL
VEINTITRÉS AÑOS, ESPAÑA

Yo siempre salgo con mi novia y mis amigos. Normalmente vamos al cine y a tomar algo. A veces nos reunimos en casa de alguien y jugamos con los videojuegos.

CAROLINA
DIECISIETE AÑOS, PERÚ

Yo no salgo mucho porque mis papás son muy estrictos. Casi nunca me dan permiso para salir de noche. Así que me quedo en casa viendo películas o leyendo.

TOMÁS
DIECIOCHO AÑOS, COSTA RICA

Conozco a muchas chicas de mi edad, pero normalmente prefiero salir con mis amigos. Hay muchas cosas que nos gusta hacer juntos: jugar al baloncesto en el parque, ir al centro de la ciudad, ir a la bolera o quedarnos en casa escuchando música y viendo series.

LEER

1 **Lee el texto anterior y señala verdadero (V) o falso (F).**

1 Los jóvenes tienen que estudiar los sábados por la noche. ☐
2 No todos los jóvenes tienen los mismos gustos. ☐
3 Tomás juega al baloncesto con sus amigos. ☐
4 Normalmente, Carolina no sale los sábados. ☐
5 Rafael sale solo con sus amigos. ☐
6 A Tomás le gustan las series. ☐
7 Los padres de Carolina son muy permisivos. ☐
8 Rafael tiene novia. ☐

HABLAR

2 **En grupos de cuatro, habla con tus compañeros.**

- ¿Te gusta salir los fines de semana?
- ¿Qué prefieres, salir el sábado o el domingo? ¿Por qué?
- ¿Qué tipo de actividades haces?
- ¿Con quién sales?
- ¿Dónde te gusta ir?
- ¿Te gusta comer o cenar fuera de casa?
- ¿Te gusta ir al cine o prefieres ver películas en casa?
- ¿Te gusta salir fuera de la ciudad? ¿Dónde vas normalmente?
- ¿Qué actividades te gusta hacer si te quedas en casa?

ESCUCHAR

3 74 **Un programa de radio quiere saber qué hacen los madrileños los fines de semana. Escucha las dos entrevistas y marca con una cruz quién hace las siguientes actividades.**

		ELLA	ÉL
1	Los sábados por la tarde va al cine.	☐	☐
2	Los sábados por la mañana juega al fútbol.	☐	☐
3	Los viernes por la noche sale con sus amigas.	☐	☐
4	Los viernes por la noche va al cine.	☐	☐
5	Los domingos va al Rastro o visita una exposición.	☐	☐
6	El domingo duerme casi todo el día.	☐	☐

ESCRIBIR

4 Señala las actividades de tiempo libre que haces normalmente.

ir al cine / teatro ○ tocar un instrumento de música ○
conectarme a internet ○ practicar algún deporte ○
ver una película en internet ○ bailar ○ ver la tele ○
salir con los amigos ○ cenar fuera de casa ○ leer ○
jugar con los videojuegos ○ invitar a amigos a mi casa ○

5 ¿Cuáles de ellas haces los días laborables y cuáles los fines de semana?

DÍAS LABORABLES	FINES DE SEMANA

6 ¿Con quién las haces?

con mi familia
con mis compañeros
con mis amigos
yo solo

7 Con toda la información anterior, escribe un texto sobre las actividades que realizas en tu tiempo libre. Utiliza las palabras del recuadro.

los días laborables • siempre
los fines de semana • normalmente
nunca • además • también

1 **Mira esta página sobre espectáculos y busca la siguiente información.**

GUIA ESPECTÁCULOS

	TELEVISIÓN	CINE	TEATRO	MÚSICA
viernes 12	La 2, 22:00: Documental *Exiliados*.	Cine Plaza, 21:30: *Nuestras madres*, de César Díaz.	Teatro Lope de Vega, 23:00: *El fantasma de la ópera* (musical).	Palacio de Vistalegre, 21:30: *Nabucco*, de Verdi.
sábado 13	Movistar + 20:30: *Las niñas*, de Pilar Palomero.	Cine Verdi: *Adú*, de Salvador Calvo.	Teatro Infanta Isabel: *La fiesta del chivo*, de Carlos Saura (basada en la obra de Mario Vargas Llosa).	Tablao flamenco Las Tablas, 22:30: Concierto flamenco.
domingo 14	Antena 3, 16:30: *Fútbol*, Real Madrid-Barcelona.	Cine Golem, 20:15: *Verano de 1993*, de Carla Simón.	Teatro Fígaro, 22:30: *Bodas de sangre*, de García Lorca.	Palacio de Congresos, 21:00: Concierto de Rosalía.

a ¿Qué ponen en la tele el viernes?
b ¿Dónde ponen *El fantasma de la ópera*?
c ¿Qué podemos ver en el tablao Las Tablas?
d ¿A qué hora empieza la película de Pilar Palomero?
e ¿Qué equipos juegan al fútbol el domingo por la tarde?
f ¿Qué película podemos ver el domingo?
g ¿Qué obra ponen en el Teatro Fígaro?
h ¿Quién canta el domingo en el Palacio de Congresos?

2 **Lee esta conversación y completa con adjetivos de carácter.**

- El hermano de Luisa me gusta mucho, siempre está sonriendo y puedo hablar con él de todo.
- Es verdad. Luisa dice que hace regalos a todo el mundo y que tiene muchos amigos.
- Sin embargo, su novio es completamente distinto, no le gusta nada gastar dinero y tampoco habla mucho.
- Sí, es muy serio, pero siempre se comporta con mucha educación y a ella eso le gusta.

El hermano de Luisa es (1) .... ,
(2) .... y (3) ....
El novio de Luisa es (4) .... ,
(5) .... y (6) ....

3 **Describe lo que están haciendo los personajes del dibujo. Utiliza los verbos del recuadro.**

~~reírse~~ • comer • discutir • escuchar • hablar

Ana se está riendo.

¿Qué sabes?

	☺	😐	☹
• Hablar por teléfono.	☐	☐	☐
• Concertar una cita.	☐	☐	☐
• Hablar de acciones en desarrollo.	☐	☐	☐
• Describir personas.	☐	☐	☐

De vacaciones 8

- Preguntar e indicar cómo se va a un lugar
- Hablar del pasado (ayer)
- Hablar del tiempo meteorológico
- Los meses y las estaciones del año
- Cultura: De vacaciones por España
- Vídeo: *¿Qué hiciste ayer?*

8 A POR FAVOR, ¿PARA IR A LA CATEDRAL?

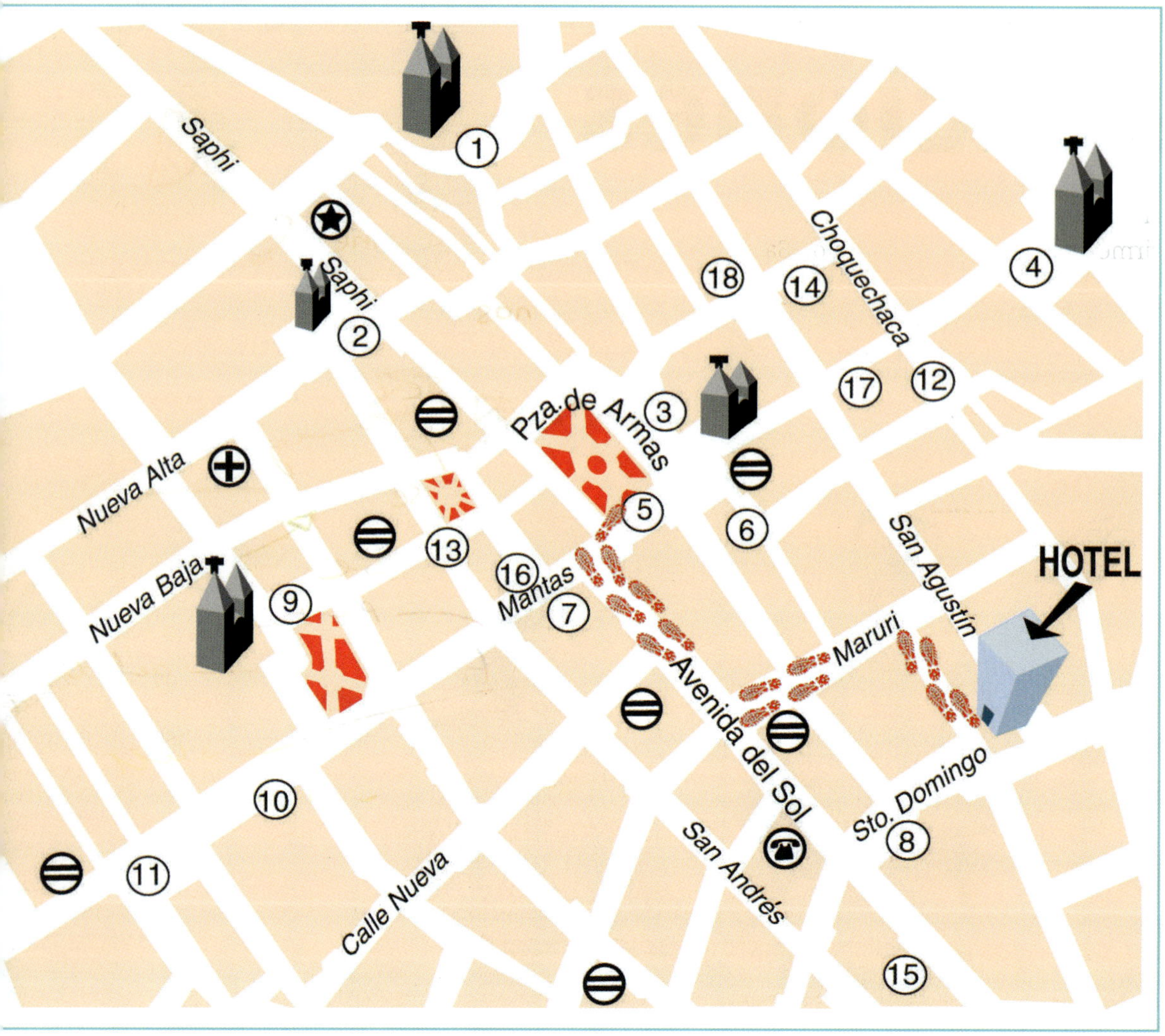

1 San Cristóbal
2 Santa Teresa
3 Catedral
4 San Blas
5 La Compañía
6 Santa Catalina
7 La Merced
8 Santo Domingo
9 San Francisco
10 Santa Clara
11 San Pedro
12 Piedra de los 12 Ángulos
13 Casa de Garcilaso
14 Monasterio de Nazarenas
15 Centro de Arte Nativo
16 Oficina de correos
17 Museo de Arte
18 Museo Arqueológico

Farmacia
Central telefónica
Posta sanitaria*
Estación de policía

*Dispensario.

HABLAR

1 **Mira el plano de Cuzco y encuentra:**

una farmacia | el Museo de Arte | la oficina de correos | la iglesia de San Francisco | una posta sanitaria

2 **Escribe frases como en el ejemplo.**

Hay una farmacia en la calle...
La iglesia de San Francisco está en la calle...

COMUNICACIÓN

- sigue (siga) todo recto
- toma (tome) la 2.ª a la derecha
- gira (gire) a la izquierda
- gira (gire) a la derecha

3 75 **Luis está en el hotel y quiere ir a la plaza de Armas. Lee y escucha el diálogo. Sigue el recorrido en el plano.**

Luis: Buenos días, perdone, ¿puede decirme cómo se va a la plaza de Armas?

Recepcionista: Sí, ¡cómo no! Es muy sencillo. Al salir del hotel gire a la derecha y siga todo recto hasta el final de la calle. Entonces gire a la izquierda. Siga recto y tome la tercera calle a la derecha, la avenida del Sol, y al final de la avenida, a la derecha, se encuentra la plaza de Armas.

Luis: Entonces, salgo a la derecha, giro a la izquierda y en la avenida del Sol giro a la derecha. La plaza está al final de la calle, a la derecha, ¿no es así?

Recepcionista: Así es, señor. En quince minutos puede estar allí.

Luis: Muchas gracias. ¡Hasta luego!

4 Mira el plano y completa los diálogos.

1 Desde el hotel:
- ■ Perdone, ¿puede decirme dónde está la farmacia más cercana?
- ● .... la calle Santo Domingo, gire a la primera .... y, después, la primera ....

2 Desde la iglesia de San Francisco:
- ■ Por favor, ¿puede decirme cómo se va a la iglesia de Santa Teresa?
- ● Gire ...., después tome la segunda calle ...., la calle Nueva Alta, y al final de la calle, ..., está la iglesia de Santa Teresa.

Plaza de Armas

5 76 Escucha y comprueba.

6 Estáis en la iglesia de Santa Teresa. Mirando el plano de Cuzco, haz las siguientes preguntas a tu compañero. Luego él te hará otras.

1 Perdone, por favor, ¿para ir a la catedral?
2 ¿Puede decirme cómo se va a la plaza de Armas, por favor?
3 ¿La iglesia de San Francisco, por favor?
4 Disculpe, ¿la posta sanitaria, por favor?

VOCABULARIO

7 Mira las fotos y escribe la letra correspondiente.

1 medicinas ☐	3 revistas ☐	5 sellos, tabaco... ☐
2 fruta y verdura ☐	4 cartas y paquetes ☐	6 pasaporte ☐

A

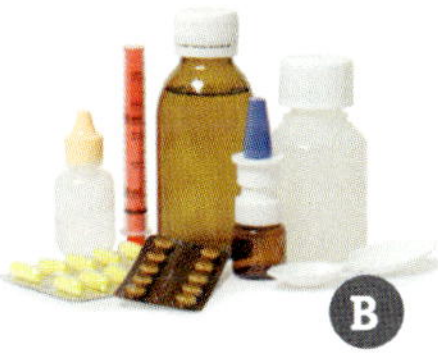
B

C

D

E

F

8 Relaciona los establecimientos con el vocabulario anterior.

1 correos ☐

2 quiosco ☐

3 farmacia ☐

4 mercado ☐

5 estanco ☐

6 comisaría ☐

¿QUÉ HIZO ROSA AYER?

GRAMÁTICA

1 ¿Adónde fuiste el sábado?

■ Yo fui a...
● Yo no salí, me quedé en casa.

2 ¿Qué hizo la doctora Ramírez ayer? Relaciona las frases con las imágenes.

1 Salió de casa a las ocho de la mañana. D
2 Empezó a trabajar a las ocho y media. ☐
3 Comió en la cafetería del hospital. ☐
4 Terminó de trabajar a las cinco de la tarde. ☐
5 Por la tarde, fue al supermercado. ☐
6 Compró algo de fruta para la cena. ☐

PRETÉRITO INDEFINIDO

Verbos regulares

	trabajar	comer	salir
yo	trabajé	comí	salí
tú	trabajaste	comiste	saliste
él/ella/Ud.	trabajó	comió	salió
nosotros/as	trabajamos	comimos	salimos
vosotros/as	trabajasteis	comisteis	salisteis
ellos/ellas/Uds.	trabajaron	comieron	salieron

3 Escribe las siguientes frases en pretérito indefinido.

1 Ayer / no leer / el periódico. (yo)
Ayer no leí el periódico.
2 El lunes / Juan y yo / comer / en un restaurante nuevo.
3 Anoche / cenar / con María. (nosotros)
4 Mis amigos / no trabajar / el sábado por la noche.
5 ¿Comprar / ayer / el periódico? (tú)
6 Eduardo / llevar / al niño al colegio.
7 ¿Salir / el viernes por la noche? (vosotros)
8 La semana pasada / conocer / a los padres de Juan. (yo)
9 ¿Llamar / a Juan / ayer? (tú)
10 El sábado pasado / ver / una película. (nosotros)

4 Completa las frases con la forma correcta de los verbos del recuadro.

comer • nacer • salir • cambiar • viajar

1 ■ ¿Dónde .... (tú)?
● En Córdoba.
2 Ayer .... (nosotros) en un restaurante peruano.
3 El año pasado .... (yo) en avión por primera vez.
4 ■ ¿Cuándo .... (vosotros) de casa?
● A las ocho de la mañana.
5 El mes pasado .... (ellos) de coche.

5 **¿Qué hizo Rosa ayer? Completa los huecos con el pretérito indefinido de los verbos.**

acabar • cenar • visitar • pasar • llegar • ~~atender~~ • invitar

Ayer, como todos los días, me levanté a las siete de la mañana y me preparé para ir a trabajar. Al llegar al hospital, como todos los días, (1) atendí a los enfermos de la consulta y (2)........................ a los pacientes de las habitaciones. A las cinco de la tarde, como todos los días, (3)........................ de trabajar y (4)........................ por el supermercado a comprar algo para la cena. A las seis de la tarde (5)........................ por fin a casa, muy cansada, como todos los días. Pero ayer fue diferente: mi marido me (6)........................ a un concierto y después (7)........................ en mi restaurante favorito.

6 77 **Escucha y comprueba.**

PRETÉRITO INDEFINIDO

Verbos irregulares

	ir / ser	estar
yo	fui	estuve
tú	fuiste	estuviste
él/ella/Ud.	fue	estuvo
nosotros/as	fuimos	estuvimos
vosotros/as	fuisteis	estuvisteis
ellos/ellas/Uds.	fueron	estuvieron

7 **Elige la forma correcta.**

1 Juan y María estuvieron / fueron en el parque ayer.
2 Mi hermano estuvo / fue el capitán del equipo el año pasado.
3 ¿Fuiste / Estuviste a la oficina de correos ayer?
4 Ayer fue / estuvo mi cumpleaños.
5 ¿Dónde estuvieron / fueron los últimos Juegos Olímpicos?

ESCUCHAR

8 78 **Soledad y Federico son dos ejecutivos. Escúchalos y completa el cuadro con las ciudades en las que estuvieron la semana pasada.**

	Soledad	Federico
lunes		
martes		
miércoles		
jueves		
viernes		

• Lima
• Madrid
• Buenos Aires
• Río de Janeiro
• Caracas

HABLAR

9 **Completa las preguntas con el pretérito indefinido.**

1 ¿A qué hora (levantarse) te levantaste ayer?
2 ¿A qué hora (empezar) .... a trabajar?
3 ¿A qué hora (salir) ....?
4 ¿Dónde (ir) .... a comer?
5 ¿Con quién (comer) ....?
6 ¿Dónde (estar) .... después de comer?
7 ¿Cuándo (llegar) .... a casa?
8 ¿Qué (cenar) ....?
9 ¿Qué (ver) .... en la televisión?
10 ¿A qué hora (acostarse) ....?

10 **Haz las preguntas anteriores a tu compañero. Después, escribe lo que dice.**

Ayer mi compañero se levantó a las...

PRONUNCIACIÓN Y ORTOGRAFÍA

Acentuación

1 79 **Escucha y señala lo que oyes.**

1 **a)** Llevo gafas. ☐
b) Llevó gafas. ☐
2 **a)** Como mucho. ☐
b) Comió mucho. ☐
3 **a)** ¿Abro la puerta? ☐
b) ¿Abrió la puerta? ☐
4 **a)** ¿Hablo más alto? ☐
b) ¿Habló más alto? ☐
5 **a)** Entro a las ocho. ☐
b) Entró a las ocho. ☐
6 **a)** Trabajo por la mañana. ☐
b) Trabajó por la mañana. ☐
7 **a)** Estudio Geografía. ☐
b) Estudió Geografía. ☐

2 79 **Escucha otra vez y repite.**

¿QUÉ TIEMPO HACE HOY?

VOCABULARIO

1 **Relaciona las siguientes expresiones con las imágenes.**

	HOY	AYER	
1	hace frío	hizo frío	B
2	hace calor	hizo calor	
3	hace viento	hizo viento	
4	está nublado	estuvo nublado	
5	llueve	llovió	
6	nieva	nevó	

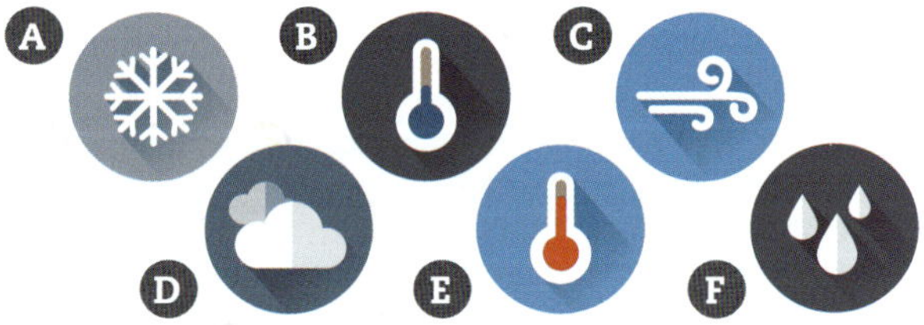

2 **Contesta a las siguientes preguntas.**

1 ¿Qué tiempo hace hoy?
2 ¿Qué tiempo hizo ayer?
3 ¿Hizo frío el fin de semana pasado?
4 ¿Qué tal tiempo hace en tu país en primavera / verano / otoño / invierno?
5 ¿Qué tiempo te gusta más? *Me gusta cuando…*

COMUNICACIÓN

3 **Completa el siguiente calendario con el tiempo que suele hacer en tu ciudad en los distintos meses del año.**

enero		julio	
febrero		agosto	
marzo		septiembre	
abril		octubre	
mayo		noviembre	
junio		diciembre	

ESCUCHAR

4 **Completa el texto con las palabras del recuadro.**

veces • mucho • hace (x 2) • primavera
altas • enero • noviembre • julio

Revista de VIAJES

En Toledo, durante los meses de invierno (diciembre, (1) .... y febrero) (2) .... mucho frío y algunas (3) .... nieva.
Durante la (4) .... (marzo, abril y mayo), suben las temperaturas y empieza a hacer buen tiempo. En verano (junio, (5) .... y agosto), hace (6) .... calor: todos los días hace mucho sol y las temperaturas son muy (7) ....
En otoño (septiembre, octubre y (8) ....), los días son más cortos, el cielo está nublado y a veces llueve y (9) .... viento.

5 80 **Escucha y comprueba.**

ESCRIBIR

6 **Escribe un párrafo sobre el tiempo en tu país.**

7 81 **Escucha el informe meteorológico y completa la tabla.**

	Brasil	Caribe	México
tiempo			
temperatura			

LEER

8 **Lee el texto de México y contesta a las preguntas.**

¿En qué festividades...
1 ... reciben regalos los niños?
2 ... las celebraciones duran dos semanas?
3 ... se encienden velas?
4 ... se utilizan trajes regionales?
5 ... se baila en las calles?
6 ... se representa la muerte de Jesucristo?

HABLAR

9 **Pregunta a tu compañero.**

1 ¿En qué época del año es tu cumpleaños?
Mi cumpleaños es en otoño, el 10 de octubre.
2 ¿Qué época del año te gusta más? ¿Por qué?
3 ¿Cuál es la fiesta más importante de tu país?
4 ¿Qué se celebra?
5 ¿Cuándo es esa fiesta?
6 ¿Qué hacéis para celebrarla (bailar, cantar, preparar platos especiales, etc.)?

MÉXICO

Ven a disfrutar de tus vacaciones en México y participa con nosotros en nuestras fiestas tradicionales

CARNAVAL: Los festejos de Carnaval se celebran en febrero. Empiezan el viernes y terminan el martes de la semana siguiente. Durante estos días la gente baila en las calles, en los hoteles y en las casas de la ciudad, en un ambiente muy alegre. Las mujeres se visten con hermosos trajes regionales y bailan sus danzas tradicionales.

SEMANA SANTA: La Semana Santa se celebra en marzo o en abril. Los habitantes de los pueblos hacen procesiones, llevan velas y ofrecen flores. También se realizan representaciones de los principales hechos de la pasión y muerte de Jesucristo.

DÍA DE LOS MUERTOS: El 1 de noviembre pueblos enteros van a las tumbas de sus muertos, les llevan dulces, comida y flores. El espectáculo es impresionante por la noche cuando se encienden las velas en los cementerios.

FIESTAS DE NAVIDAD Y AÑO NUEVO: Estas fiestas empiezan el 24 de diciembre y terminan el 6 de enero, cuando los tres Reyes Magos dejan juguetes y golosinas en los zapatos de los niños.

CARNAVAL

ALTAR DE MUERTOS

Molinos de viento en La Mancha

Barcelona

Playas de Almería

La Alhambra, Granada

VACACIONES EN ESPAÑA

Hay tantas cosas que ver en España que es difícil seleccionar las más interesantes. Si empezamos por el noroeste, podemos visitar Galicia y allí pararnos a ver Santiago de Compostela y su catedral. Siguiendo por la costa cantábrica, el viajero descubre paisajes inolvidables de praderas suaves y pequeñas playas entre acantilados. Desde el País Vasco nos dirigimos a Cataluña, que mira al Mediterráneo. La ciudad catalana más importante es Barcelona, puerto de mar y punto de partida y llegada de barcos de todo el mundo. Podemos seguir nuestro viaje por la costa mediterránea para disfrutar de las ciudades y playas que llegan hasta Almería y Málaga, en Andalucía. También la comunidad andaluza merece una atención especial por los restos de cultura árabe que se pueden ver en Córdoba, Sevilla y Granada, especialmente. Desde Córdoba podemos ir a Madrid, atravesando La Mancha, la tierra de Don Quijote, el héroe de Cervantes. Aquí acaba nuestro viaje por esta vez, pero aún nos quedan por ver muchos otros paisajes y ciudades.

LEER

1 **Con tu compañero elabora una lista de ciudades y monumentos españoles.**

2 82 **Lee el texto «Vacaciones en España» y después escucha.**

3 **Señala verdadero (V) o falso (F).**

1 La catedral de Santiago está en Galicia. ☐
2 Barcelona está en la costa cantábrica. ☐
3 En Córdoba hay restos árabes. ☐
4 Almería no tiene playa. ☐
5 La Mancha está al sur de Madrid. ☐

4 **Señala en el mapa el recorrido del viaje propuesto en el texto.**

ESCRIBIR

5 **Lee el blog de Sara. ¿Dónde estuvo de vacaciones? ¿Con quién fue? ¿Qué tiempo suele hacer en esa zona de España?**

La Semana Santa pasada fui con mis amigos a Granada, en el sur de España. El viaje fue muy interesante. Es una ciudad de origen árabe. Visitamos La Alhambra. Sus edificios y jardines forman el conjunto más importante de arte musulmán en Europa. Por la noche cenamos en el barrio del Sacromonte y vimos un espectáculo flamenco. Al día siguiente subimos a Sierra Nevada. Pasamos el día esquiando con un tiempo estupendo. Otro día estuvimos en la costa. Sus habitantes dicen que allí hace sol más de 320 días al año. Nos bañamos en las playas de Almuñécar y comimos un arroz buenísimo en un restaurante junto al mar. Fueron unos días estupendos. Os recomiendo a todos este viaje.

6 **Prepara unas notas sobre tus últimas vacaciones.**

MIS ÚLTIMAS VACACIONES

- ¿Qué tiempo hizo?
- ¿Con quién viajaste?
- ¿Dónde estuviste?
- ¿Qué comiste?
- ¿Qué sitios visitaste?
- ¿Qué actividades realizaste?

7 **Ahora escribe una descripción del lugar donde pasaste tus últimas vacaciones.**

ESCUCHAR

8 83 **Escucha este programa de radio sobre Barcelona. ¿Las frases siguientes son verdaderas (V) o falsas (F)? Corrige las falsas.**

1 Barcelona está en el interior de España. ☐
2 Montserrat Caballé fue una cantante de *rock*. ☐
3 Montserrat Caballé grabó con Freddie Mercury la canción «Barcelona». ☐
4 Podemos ver las mejores obras de Miró en Palma de Mallorca. ☐
5 Las obras más importantes de Gaudí están en Barcelona. ☐
6 Mari Pepa Colomer e Irene Polo realizaron su actividad profesional a finales del siglo XX. ☐

EN PAREJAS

HABLAR

Alumno A (alumno B, ver «En parejas», pág. 199)

9 **Tú y tu compañero os encontráis en la esquina de la calle Argentina con la calle Ecuador. Pregunta a B cómo se va a los siguientes lugares.**

el colegio • el estanco • el supermercado
el hotel • el restaurante

■ ¿Puedes decirme cómo se va al colegio?
● Ve por la calle Argentina y toma la primera a la derecha, la calle Mayor. Sigue recto y, después de cruzar la calle Colombia, a la izquierda, junto a la parada del autobús, está el colegio.

10 **Tú y tu compañero os encontráis en la esquina de la calle Argentina con la calle Ecuador. Escucha a B y dile cómo se va a los lugares que te pregunta.**

1 ¿Dónde se puede(n) encontrar...

1 ... sellos? En el estanco.
2 ... revistas? ....
3 ... aspirinas? ....
4 ... carne y pescado? ....
5 ... un médico? ....
6 ... un policía? ....

2 ¿Verdadero (V) o falso (F)?

1 En el desierto llueve mucho. [F]
2 Cuando hace calor, no llevo abrigo. [ ]
3 Siempre nieva en verano. [ ]
4 En otoño caen las hojas de los árboles. [ ]
5 Cuando hace mucho viento, es difícil abrir el paraguas. [ ]
6 Cuando llueve, está nublado. [ ]

3 Ordena los párrafos de la postal que Carolina escribe a Rosa.

Rosa García Iglesias
c/ Príncipe, 15 – 1.º izda.
28080 Madrid

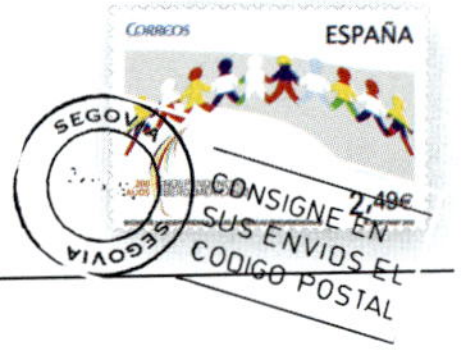

Querida Rosa:

☐ a) Después ellos fueron a la plaza Mayor a tomar un aperitivo y yo me fui de compras con Ana, mi compañera de piso.

☐ b) Segovia es una ciudad preciosa. Ayer estuve allí de excursión con unos amigos.

☐ c) Al final del día, Ana y yo hicimos unas fotos del acueducto. El tiempo se pasó muy rápido, pero fueron unas horas inolvidables.

☐ d) Por la mañana visitamos la catedral y el alcázar.

☐ e) Por la tarde, todos bajamos al río. Dimos un paseo muy agradable.

¡Hasta pronto!
Carolina

4 Completa el siguiente texto con el pretérito indefinido de los verbos.

BLOG

Ayer me (1) levanté (levantar) a las seis y media de la mañana. Mi marido y yo (2) .... (desayunar) juntos y después él se (3) .... (ir) a trabajar en tren y yo me (4) .... (ir) en coche. Mis hijos (5) .... (estar) en el colegio hasta las tres. Luego, todos (6) .... (comer) juntos. Por la tarde, mi marido (7) .... (preparar) la cena y yo (8) .... (ayudar) a mi hijo pequeño con los deberes. A las once nos (9) .... (ir) todos a dormir.

5 84 Escucha a Sara, Lucía y Carlos hablando de sus últimas vacaciones y completa el cuadro.

1 ¿Dónde estuvieron?
2 ¿Qué transporte utilizaron?
3 ¿Con quién estuvieron?
4 ¿Cuánto tiempo estuvieron?

Sara
1
2
3
4
Lucía
1
2
3
4
Carlos
1
2
3
4

¿Qué sabes?

	☺	😐	☹
• Preguntar e indicar cómo se va a un lugar.	☐	☐	☐
• Nombres de establecimientos.	☐	☐	☐
• Hablar del pasado.	☐	☐	☐
• Hablar del tiempo meteorológico.	☐	☐	☐
• Los meses y las estaciones del año.	☐	☐	☐

Compras

9

- Recursos para ir de compras
- Los colores
- Describir la ropa
- Hacer comparaciones
- Cultura: Ciudades y arte español e hispanoamericano
- Vídeo: *¿Qué meto en la maleta?*

9 A ¿CUÁNTO CUESTAN ESTOS ZAPATOS?

HABLAR

1 Pregunta a tus compañeros.

1 ¿Te gusta ir de compras?
2 ¿Dónde compras normalmente, en tiendas pequeñas o en centros comerciales?
3 ¿Te gusta ir solo o prefieres ir acompañado?
4 ¿Con qué frecuencia vas de compras?

2 Celia y Álvaro van de compras. Completa el diálogo con las palabras del recuadro.

cuánto cuestan • No están mal • Gracias • preciosos

Celia: Mira estos zapatos, Álvaro, son (1) ....
Álvaro: (2) ...., pero a mí me gustan más aquellos marrones.
Celia: Oiga, ¿(3) .... estos zapatos negros?
Dependiente: Noventa euros.
Celia: ¿Y aquellos marrones?
Dependiente: Ciento quince euros.
Celia: ¿Ciento quince euros? (4) ...., tengo que pensarlo.

a mí tampoco • talla • Vale • qué te parece • me la llevo

Álvaro: Celia, ¿(5) .... esta camisa para mí?
Celia: Bien, ¿cuánto cuesta?
Álvaro: Solo sesenta euros. Voy a probármela.
Celia: (6) ....
(...)
Celia: A ver... pues no te queda bien, ¿eh?
Álvaro: No, no, (7) .... me gusta.
Celia: Toma, pruébate esta chaqueta, es muy bonita.
Álvaro: A ver... Pues sí, parece que me queda bien, ¿no?
Celia: Muy bien, es tu (8) ....
Álvaro: ¿Cuánto cuesta?
Celia: Ciento veinte euros, es un poco cara.
Álvaro: Bueno, pero me gusta mucho, (9) ....

me lo llevo • En efectivo • ¿Cómo me queda?

Celia: Mira, ¿qué te parece este gorro? (10) ....
Álvaro: Bien, muy bien.
Celia: Pues (11) ...., solo cuesta cinco euros.
(...)
Dependiente: Una chaqueta y un gorro de lana... Muy bien, son ciento veinticinco euros. ¿Pagan en efectivo o con tarjeta?
Álvaro: (12) ....

3 85 **Escucha y comprueba.**

4 En parejas. Practica con tu compañero la conversación anterior: uno es el vendedor y el otro es el cliente.

VENDEDOR

Buenos días, ¿qué desea?

¿Puedo ayudarle?

¿Va a pagar en efectivo o con tarjeta?

CLIENTE

Puedes comprar

chaqueta

camisa

zapatos de tacón

gorro

pantalones

zapatos

vestido

bolso

¡No olvides preguntar cuánto cuesta!

COMUNICACIÓN

Pedir opinión sobre ropa

- ■ ¿Cómo me queda esta falda?
- ● (No) Te queda bien / mal.
- ■ Pues yo creo que me queda muy larga / corta / ancha / estrecha.
- ● ¿No te la llevas?

GRAMÁTICA

PRONOMBRES DE OBJETO DIRECTO (3.ª PERSONA)

- ■ ¿Conoces a Ismael?
- ● No, no **lo** conozco.
- ■ ¿Conoces a mi mujer?
- ● No, no **la** conozco.
- ■ ¿Conoces a los vecinos de arriba?
- ● No, no **los** conozco.
- ■ ¿Conoces a mis hermanas?
- ● No, no **las** conozco.

Lo compro (el jersey).
La compro (la chaqueta).
Los compro (los pantalones).
Las compro (las gafas).

- El pronombre va detrás del imperativo: *pruébate**lo***
- Puede ir delante o detrás de perífrasis de infinitivo o gerundio:
  *Quiero comprar**lo**. / **Lo** quiero comprar.*
  *Estoy probándome**lo**. / Me **lo** estoy probando.*

5 Responde afirmativamente con el pronombre de objeto directo.

1 ¿Te gusta esta camisa?
Sí, me la llevo.
2 ¿Te gustan estos zapatos?
3 ¿Te gusta esta falda?
4 ¿Te gustan estos pantalones?
5 ¿Te gusta este anillo?
6 ¿Te gusta la cartera negra de piel?

6 Completa las frases con los pronombres *lo, la, los, las*.

1 Me gusta mucho este jersey, me lo llevo.
2 ¿Sabes dónde están mis gafas? No .... veo.
3 ■ ¿Quién es ese?
● No lo sé, no .... conozco.
■ ¿Y aquella chica?
● Tampoco .... conozco.
4 ■ Y tus amigos Pepa y Jaime, ¿qué tal están?
● No sé, hace tiempo que no .... veo.
5 ■ ¿Te quedan bien los vaqueros?
● Sí, me .... llevo.
6 ■ Ahí está Rosa, ¿................ invitas a un café?
● Vale.

PRONOMBRES PERSONALES DE OBJETO DIRECTO

singular		plural	
yo	**me**	nosotros/as	**nos**
tú	**te**	vosotros/as	**os**
él	**lo / le**	ellos	**los / les**
ella	**la**	ellas	**las**
Ud.	**la / lo / le**	Uds.	**las / los / les**

*Yo **te** quiero, ¿tú **me** quieres?*
*¿Ismael **os** quiere?*

7 Construye frases con los pronombres.

1 Yo / invitar / a ti
Yo te invito.
2 ¿Tú / invitar / a mí?
3 Ellos / invitar / a nosotros
4 Nosotros / invitamos / a ellas
5 ¿Vosotros / invitar / a mí?
6 Ella / invitar / a Belén y Jorge
7 Mario / invitar / a vosotros
8 Diego / invitar / a ti
9 ¿Uds. / invitar / a Irene?
10 Alberto / no invitar / a mí

VOCABULARIO

1 Responde.

a ¿De qué color llevas hoy la camiseta / camisa?
b ¿De qué color son los autobuses en tu ciudad?

2 Mira el dibujo. ¿A qué persona corresponde cada una de las descripciones?

1 Lleva un vestido verde y unos zapatos blancos.
2 Lleva unos pantalones rojos, una camisa blanca y unas playeras amarillas.
3 Lleva una camisa azul, muy elegante, y una corbata blanca. También lleva un traje oscuro.
4 Lleva unos pantalones verdes, una camiseta roja y un collar a juego con los pendientes.
5 Lleva unos vaqueros, una camisa de lunares y unas zapatillas marrones.

3 86 **Escucha y comprueba.**

ADJETIVOS

singular		plural	
masculino	**femenino**	**masculino**	**femenino**
blanc**o**	blanc**a**	blanc**os**	blanc**as**
verde	verde	verde**s**	verde**s**
azul	azul	azul**es**	azul**es**

Hay colores que son nombres de plantas, flores y frutos que normalmente no cambian en género ni en número:
pantalones ***rosa***
zapatos (de color) ***naranja***

HABLAR

4 Elige a dos compañeros y describe qué ropa llevan. Lee el texto en voz alta. El resto de la clase tiene que adivinar quiénes son.

Hoy lleva pantalones vaqueros y un jersey rojo.
También lleva zapatos negros.

5 Responde al cuestionario «Tu ropa y tú».

Tu ropa y tú

1 ¿Cómo prefieres la ropa?
- a Cómoda.
- b Elegante.
- c Moderna.

2 ¿Con quién vas a comprarla?
- a Con mi madre.
- b Solo/a.
- c Con un amigo/a.

3 ¿Cuándo compras ropa?
- a Todos los meses.
- b Una vez al año.
- c Cuando necesito algo.

4 ¿Dónde compras la ropa?
- a En tiendas.
- b En mercadillos.
- c Por internet.

5 Si vas a una entrevista de trabajo, ¿qué te pones?
- a Algo formal: un traje, por ejemplo.
- b Algo cómodo: pantalones vaqueros.
- c Algo informal, pero elegante: una falda bonita / una americana moderna.

6 Cuando vas a la fiesta de cumpleaños de un/a amigo/a, ¿qué llevas?
- a Algo cómodo: camiseta y vaqueros.
- b Algo elegante: vestido largo / camisa y pantalón negros.
- c Me da igual, lo primero que encuentro.

7 ¿Qué color es el más elegante?
- a Negro.
- b Rojo.
- c Blanco.
- d Otro: ________

8 ¿Cuál es tu color preferido para la ropa? ________________

6 Compara tus respuestas con las de tu compañero.

7 Relaciona los adjetivos contrarios.

1 caro	a oscuro
2 cómodo	b estrecho
3 claro	c incómodo
4 ancho	d grande
5 corto	e sucio
6 limpio	f antiguo
7 moderno	g barato
8 pequeño	h largo

ESCRIBIR

8 Observa a tus compañeros y escribe cinco frases utilizando los adjetivos anteriores. Fíjate en el modelo.

María lleva una falda larga y unos zapatos marrones.

HABLAR

9 En parejas. Lee las frases anteriores a tu compañero, que tiene que decidir si las frases son correctas o no.

- *María lleva una falda larga y unos zapatos marrones.*
- *¡Falso! Los zapatos son negros.*

PRONUNCIACIÓN Y ORTOGRAFÍA

g / j

/x/	ja, je, ji, jo, ju
	ge, gi
/g/	ga, go, gu
	gue, gui

1 87 Escucha y repite.

jamón	jirafa	guitarra
jugar	geranio	guapo
rojo	genio	águila
julio	gato	Guadalajara
joven	goma	gota
gimnasia	agua	
jefe	guerra	

2 88 Escucha y señala lo que oyes.

GUSTO / JUSTO   HAGO / AJO
GABÓN / JABÓN
PAGAR / PAJAR   HIGO / HIJO

9 C SANTIAGO DE CHILE Y SANTIAGO DE COMPOSTELA

Santiago de Chile

Santiago de Compostela

VOCABULARIO

1 **¿Vives en un pueblo o en una ciudad? Subraya los adjetivos que describen tu pueblo o ciudad.**

moderno/a • ruidoso/a • tranquilo/a • grande • antiguo/a
limpio/a • pequeño/a • interesante • aburrido/a

2 **Mira las fotos de Santiago de Chile y de Santiago de Compostela, lee las frases y señala si las afirmaciones son verdaderas (V) o falsas (F).**

		V	F
1	Santiago de Chile es más moderna que Santiago de Compostela.	☐	☐
2	Santiago de Compostela es más pequeña que Santiago de Chile.	☐	☐
3	Las calles de Santiago de Chile son más anchas que las calles de Santiago de Compostela.	☐	☐
4	La ciudad española es más ruidosa que la ciudad chilena.	☐	☐
5	Santiago de Chile tiene más contaminación que Santiago de Compostela.	☐	☐
6	Los edificios de la ciudad chilena son tan modernos como los de la ciudad española.	☐	☐

3 **Completa las frases con *más, menos, que, tan, como*.**

1 Tu coche no es tan rápido como el de Ana.
2 Ese vestido es más caro .... este.
3 El taxi no es .... barato .... el metro.
4 ¿Vuestra casa es tan grande .... la de mis padres?
5 ¿Te gustan más estos pantalones .... esos?
6 El avión es .... rápido .... el coche.
7 La bicicleta es .... ruidosa .... el tren.

GRAMÁTICA

COMPARATIVOS

más + adjetivo + que
*Juan es **más simpático que** Pedro.*

menos + adjetivo + que
*Pedro es **menos simpático que** Juan.*

tan + adjetivo + como
*Juan (no) es **tan alto como** Pedro.*

COMPARATIVOS IRREGULARES

bueno	**mejor / mejores + que** *Esta película es **mejor que** esa.*
malo	**peor / peores + que** *Esos pasteles son **peores que** estos.*
grande	**mayor / mayores + que** *Yo soy **mayor que** ella.*
pequeño	**menor / menores + que** *Cinco es **menor que** ocho.*

4 **Completa el diálogo con los comparativos *peor(es), mejor(es)*.**

Luis: Voy a preparar mi maleta para el viaje, a ver… ¿qué llevo? Mira, estos zapatos están bien, ¿no?
Carla: No, para ir a la montaña, las botas son (1) .... que los zapatos.
Luis: Tienes razón. ¿Llevo los vaqueros?
Carla: No, para el frío son (2) .... los pantalones de pana.
Luis: Bueno, llevo los dos y ya está.
Carla: ¿Por qué llevas la maleta azul?
Luis: Pues porque es (3) .... que la gris, tiene ruedas.
Carla: Yo prefiero la gris, caben más cosas. Toma el paraguas, guárdalo.
Luis: ¿El rojo? No, este es (4) .... que el negro.
Carla: Lo siento, el negro ya está en mi maleta.

5 89 **Escucha y comprueba.**

6 **Observa la imagen y elige la opción correcta.**

1 Carlos es mayor / menor que Clara.
2 Clara es mayor / menor que Carlos.
3 Clarita es mayor / menor que Carlitos.
4 Carlitos es mayor / menor que Clarita.

Carlos 40 años
Carlitos 7 años
Clarita 4 años
Clara 42 años

7 **Relaciona. Hay más de una opción.**

1 música
2 playas
3 canción
4 comida
5 montaña
6 persona
7 restaurante

a rica
b clásica
c inteligente
d alta
e caro
f desiertas
g bonita

8 **Escribe frases para comparar.**

1 El tren y el avión. (rápido / lento)
El avión es más rápido que el tren.
2 Nueva York y París. (grande / pequeño)
3 Los coches y las motos. (seguros / inseguros)
4 Vivir en el campo y vivir en la ciudad. (aburrido / divertido)
5 La comida casera y la comida rápida. (buena / mala)
6 El tiempo en verano y en invierno. (bueno / malo)

HABLAR

9 **Pregunta a tu compañero por las respuestas de la actividad anterior.**

■ ¿Qué ciudad es más grande, Nueva York o París?
● Nueva York es más grande que París.

GRAMÁTICA

DEMOSTRATIVOS (ADJETIVOS Y PRONOMBRES)

singular		plural	
masculino	**femenino**	**masculino**	**femenino**
este	esta	estos	estas
ese	esa	esos	esas
aquel	aquella	aquellos	aquellas

PRONOMBRES DEMOSTRATIVOS (NEUTROS)

esto	eso	aquello

10 **Subraya el demostrativo adecuado.**

1 ¿Te gustan **estos / estas** gafas de sol?
2 ¿Cuánto cuesta **este / esto** anillo?
3 ¿De quién es **esta / esto**?
4 ¿De quién es **esta / este** cartera?
5 Luis, trae **aquel / aquello** bolso.
6 ¿Qué es **aquellos / aquello**?
7 Dame **esa / ese** caja de ahí.
8 **Eso / Esos** no me gusta.

ESCUCHAR

1 90 **María y Jordi nos cuentan cómo es su ciudad favorita. Escucha y completa el resumen de los textos.**

A María le gusta vivir en una ciudad (1) .... porque tiene (2) .... oferta cultural y de ocio. Sin embargo, no le gusta el ruido ni la (3) .... Piensa que, para tener una ciudad más limpia, lo mejor es usar transporte (4) ....

Jordi prefiere vivir en una ciudad pequeña porque tiene más (5) .... y sus hijos viven más en contacto con la (6) .... Seguro que cambia de ciudad en el (7) .... si sus hijos van a la (8) ....

HABLAR

2 **Habla con tu compañero sobre cómo es la ciudad que te gusta. Mientras tú hablas, tu compañero toma notas sobre la información más importante.**

parques • espectáculos • transporte público
playa • contaminación • museos
bibliotecas • vida nocturna

moderna • antigua • tranquila • ruidosa
grande • pequeña • bien comunicada
turística • limpia • segura

- A mí me gustan las ciudades turísticas porque siempre hay mucha gente y tienen muchos lugares interesantes y mucha vida nocturna.
- Pues yo prefiero las ciudades tranquilas...
- En España a mí me gusta Barcelona, por ejemplo...
- Pues a mí me gusta más una ciudad como Santander.

Museo Lázaro Galdiano

MEDIACIÓN ORAL

3 **Utiliza las notas de la actividad anterior para hacer un resumen y contar a la clase, con tus propias palabras, cómo es la ciudad que le gusta a tu compañero:**

A Peter le gustan las ciudades pequeñas y tranquilas...

ESCRIBIR

4 **Escribe un texto de unas cien palabras sobre cómo es tu ciudad favorita. Utiliza todo el vocabulario que ya conoces.**

LEER

5 **Antes de revisar el texto de la página siguiente contesta a las preguntas.**

1 ¿Conoces algún cuadro o pintor de algún país de habla hispana?
2 ¿Conoces algún museo famoso en algún país de habla hispana?

Museo Mural Diego Rivera

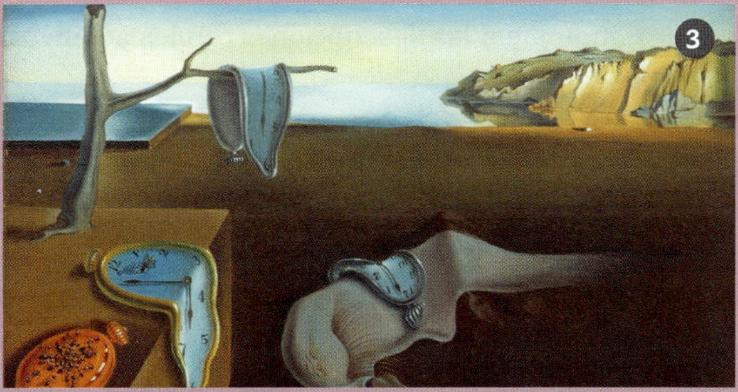

The Granger Collection, New York

6 Mira los cuadros y relaciona los títulos con sus autores.

1 *El aquelarre*
2 *Murales de la Alameda*
3 *La persistencia de la memoria*
4 *Guernica*

a Pablo Picasso (1881 - 1973)
b Diego Rivera (1886 - 1957)
c Salvador Dalí (1904 - 1989)
e Francisco de Goya (1746 - 1828)

7 Lee el texto sobre la historia del *Guernica*.

8 ¿Verdadero (V) o falso (F)?

1 El gobierno español encargó un cuadro a Picasso. [V]
2 En París se celebró una Exposición Universal. [ ]
3 En París hubo un bombardeo. [ ]
4 Picasso pintó el cuadro en Guernica. [ ]
5 El cuadro estuvo en Nueva York más de treinta años. [ ]
6 Picasso quería que el cuadro estuviera en Nueva York. [ ]
7 Ahora el cuadro está en Madrid. [ ]

9 Comenta con tus compañeros.

- ¿Te gusta la pintura?
- ¿Qué cuadro te gusta más?
- ¿Cuál te gusta menos?
- ¿Vas a museos con frecuencia?

BREVE HISTORIA DEL *GUERNICA* DE PICASSO

En 1937, en plena Guerra Civil española, el gobierno de la República española encargó a Pablo Picasso un cuadro para exponerlo en el pabellón de España de la Exposición Universal de París. En esos días se produjo un ataque de la aviación nazi contra Guernica, un pueblo del País Vasco,, en el norte de España. El pueblo quedó prácticamente destruido y hubo muchos muertos.

Picasso pintó su cuadro para reflejar el dolor y el sufrimiento de la gente en la guerra.

Durante la II Guerra Mundial el *Guernica* fue trasladado al Museo de Arte Moderno de Nueva York (MOMA).

En 1981, ya con un gobierno democrático, el cuadro llegó a España, como era el deseo de Picasso.

Actualmente se expone en el Museo Nacional de Arte Contemporáneo Reina Sofía, de la capital española, y cada año lo ven millones de personas.

AUTOEVALUACIÓN

1 Completa las descripciones con los adjetivos del recuadro.

negro • negros • ~~marrones~~
blanca • marrón

Rafael viene hoy muy elegante. Lleva unos pantalones (1) marrones, una camisa (2) .... y una corbata a rayas. La chaqueta es (3) ...., del mismo color que los pantalones. Los zapatos son (4) .... y lleva un sombrero también (5) ....

moderno • negras • negros
azul • roja • negra

Marina viene hoy a clase con ropa deportiva. Lleva unos pantalones de color (6) ...., una camiseta (7) .... con un estampado muy (8) ...., unos calcetines (9) ...., unas zapatillas deportivas (10) .... y, en el pelo, una cinta también (11) ....

2 Relaciona.

1 Buenos días, ¿puedo ayudarle?
2 ¿Puedo probarme estos pantalones?
3 ¿Cómo paga, con tarjeta o en efectivo?
4 Álvaro, ¿te gustan estos zapatos?
5 ¿No tiene otro más barato?
6 ¿Cómo le queda la falda?

a Bien, me la llevo.
b No mucho, me gustan más aquellos.
c Sí, claro, allí están los probadores.
d Con tarjeta.
e Sí, este solo cuesta treinta euros.
f Sí, ¿cuánto cuestan estas gafas?

3 Completa con los pronombres *lo*, *la*, *los*, *las*.

Julia: ¿Qué llevas en esa bolsa?
Cristina: Los regalos de Navidad.
Julia: ¿Puedo (1) verlos?
Cristina: Bueno, estos paquetes son para los abuelos.
Julia: ¿Y esas cajas blancas?
Cristina: Son para mamá y papá.
Julia: ¿Puedo (2) abrir..........?
Cristina: No, es una sorpresa.
Julia: ¿Y ese coche rojo? ¿Es para Raúl?
Cristina: Sí, tengo que (3) envolver.......... primero. ¿Tienes papel de regalo?
Julia: Sí, (4) .... tengo en el primer cajón de la mesa. ¿Para quién es esta raqueta? ¿Para mí?
Cristina: No, es para Raúl, (5) .... voy a envolver también.
Julia: ¿Y para mí?
Cristina: Es este paquete, ¿(6) .... quieres ver ahora? ¿No prefieres esperar?
Julia: No, ahora, (7) ábre.........., por favor.
Cristina: No, mejor mejor (8) ábre .... tú.
Julia: ¡Un cinturón negro! Me encanta. ¿Puedo (9) ponérme.......... hoy?

4 Selecciona la opción correcta.

1 ■ ¿Qué es **esto** / **este**? (esto)
● Es un cuaderno, ¿te gusta?
2 ■ ¿Quién es **eso** / **ese** chico?
● Es mi hermano **mayor** / **más** grande.
3 ■ ¡Mira! Están robando una moto del garaje.
● ¿Cuál?
■ **Esta** / **Aquella** moto del fondo, la azul.
4 ■ ¿Cuánto valen **estas** / **aquellas** bolsas de caramelos, las de allí?
● Tres euros, pero **estas** / **esas** otras de aquí son **más** / **menos** baratas, valen dos euros.

5 Escribe el adjetivo contrario.

1 antiguo ....
2 sucio ....
3 tranquilo ....
4 claro ....
5 barato ....
6 largo ....

¿Qué sabes?

	☺	😐	☹
• Ir de compras.	☐	☐	☐
• Describir la ropa.	☐	☐	☐
• Concordancia de nombres y adjetivos de color.	☐	☐	☐
• Hacer comparaciones.	☐	☐	☐
• Algunas obras de pintores hispanos.			

Salud y enfermedad

10

- Las partes del cuerpo
- Hablar de enfermedades
- Hablar de hábitos en el pasado
- Expresar planes e intenciones
- Escribir un blog sobre un viaje
- Cultura: El imperio inca
- Vídeo: *Me encuentro fatal*

VOCABULARIO

1 ¿Vas al médico con frecuencia? ¿En qué época del año vas más, en verano, en invierno...?

2 91 Mira la imagen, escucha y repite.

3 92 Escucha, fíjate en las fotos y relaciona cada personaje con su problema de salud.

1 A Pedro
2 A Daniel
3 A Carmen
4 A Julia
5 A Victoria
6 Ana
7 A Ricardo

le duele
le duelen
tiene

a los oídos
b el estómago
c la espalda
d la cabeza
e la garganta
f las muelas
g fiebre

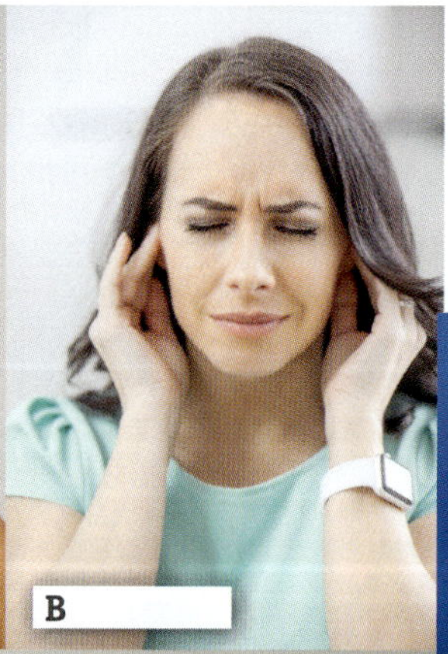

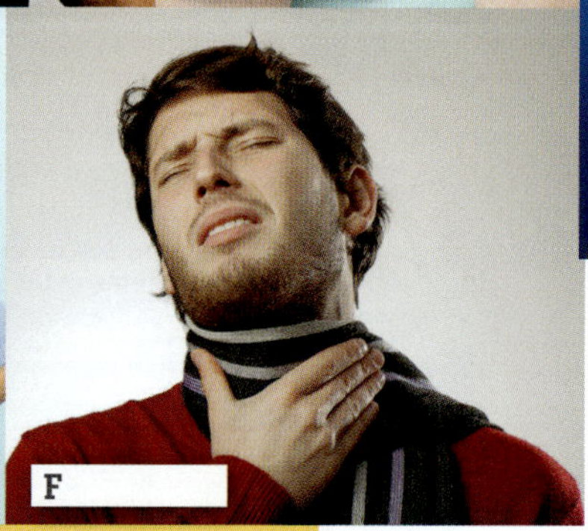

4 Relaciona

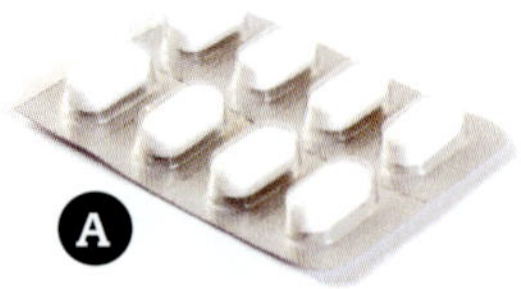

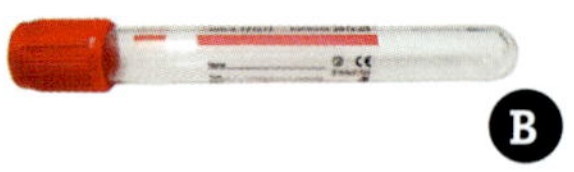

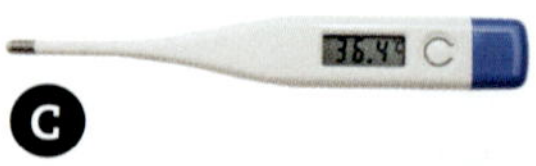

1 análisis de sangre ☐
2 termómetro ☐
3 jarabe ☐
4 pastilla / analgésico ☐

LEER

5 (93) **Escucha y luego lee los siguientes diálogos.**

A

Raquel: ¡Hola, Manuel!, ¿qué tal estás?
Manuel: No muy bien.
Raquel: ¿Qué te pasa?
Manuel: Me duele todo el cuerpo y creo que tengo fiebre.
Raquel: ¿Te duele la garganta?
Manuel: Un poco, sí.
Raquel: Oye, ¿por qué no tomas un analgésico con un vaso de leche caliente y te acuestas?
Manuel: Sí, es lo mejor. ¿Crees que tengo gripe?
Raquel: No lo sé, pero no te preocupes, si mañana no estás mejor, vamos al médico.

B

Raúl: ¡Qué mala cara tienes! ¿Qué te pasa?
Luisa: Me duele muchísimo el estómago.
Raúl: ¿Por qué no vas al médico?
Luisa: Sí, voy a ir mañana.
Raúl: Mira, tómate un té y acuéstate sin cenar.
Luisa: Sí, creo que es lo mejor.

6 Ahora contesta a las preguntas.

1 ¿Qué le pasa a Manuel?
2 ¿Qué le aconseja Raquel?
3 ¿Qué le pasa a Luisa?
4 ¿Qué le aconseja Raúl?

GRAMÁTICA

VERBO *DOLER*

(a mí)	me	
(a ti)	te	
(a él/ella/usted)	le	**duele** la cabeza
(a nosotros/as)	nos	**duelen** los oídos
(a vosotros/as)	os	
(a ellos/ellas/ustedes)	les	

7 Completa con el pronombre y la forma adecuada del verbo *doler*.

1 A mi hermano le duelen las piernas.
2 A mí .... las muelas.
3 Carmen y Chus son peluqueras y .... la espalda.
4 ¿A ti .... algo?
5 ¡No hagáis tanto ruido! Al abuelo y a mí .... la cabeza.
6 ¿A usted no .... el estómago con esa comida tan fuerte?

8 Relaciona estos problemas de salud con su remedio.

1 dolor de cabeza	a tomar un analgésico
2 dolor de garganta	b ir al masajista
3 dolor de espalda	c ir al médico
4 dolor de muelas	d ir al dentista
5 fiebre	e tomar miel con limón
6 dolor de oídos	f acostarse y descansar

ESCUCHAR

9 (94) **Escucha y completa las frases.**

1 La cita con la doctora es el .... a las .... de la mañana.
2 La paciente dice que está .... y que duerme poco, unas ....
3 Tampoco lleva una dieta equilibrada porque come poca .... y ....
4 La doctora va a hacer a la paciente un .... sangre para ver cómo está.

HABLAR

10 En parejas. Practica con tu compañero dando consejos para los problemas de salud (mira la actividad 8).

Estudiante A
¿Qué te pasa?
¿Por qué no tomas un analgésico?

Estudiante B
Me duele la cabeza.
Sí, creo que es lo mejor.

10 B ANTES SALÍAMOS CON LOS AMIGOS

GRAMÁTICA

1 «Antes la gente era más feliz que ahora». ¿Estás de acuerdo?

No estoy de acuerdo porque antes no había televisión.

2 95 Escucha y después lee el siguiente texto.

Elena y Emilio ya son padres. Su vida cambió cuando, de repente, se encontraron con... dos bebés en los brazos.

Elena: Antes de ser padres teníamos una vida social muy activa: viajábamos, íbamos al cine, salíamos con los amigos, teníamos mucho tiempo libre. Emilio jugaba al *hockey*, yo estudiaba alemán...

Emilio: Ahora todo es distinto. Dedicamos todo nuestro tiempo a Álvaro y Adrián, que son maravillosos.

3 ¿Verdadero (V) o falso (F)?

1 Elena y Emilio tienen un bebé. ☐
2 Antes viajaban mucho. ☐
3 Antes veían mucho a sus amigos. ☐
4 Emilio no practicaba deportes. ☐
5 Emilio estudiaba idiomas. ☐
6 Ahora están muy ocupados con sus hijos. ☐

PRETÉRITO IMPERFECTO
Verbos regulares

	viajar	tener	salir
yo	viaj**aba**	ten**ía**	sal**ía**
tú	viaj**abas**	ten**ías**	sal**ías**
él/ella/Ud.	viaj**aba**	ten**ía**	sal**ía**
nosotros/as	viaj**ábamos**	ten**íamos**	sal**íamos**
vosotros/as	viaj**abais**	ten**íais**	sal**íais**
ellos/ellas/Uds.	viaj**aban**	ten**ían**	sal**ían**

4 Elige la forma correcta del verbo.

1 Antes Elena y Emilio no **tenían / tienen** hijos.
2 Cuando no tenían hijos, Elena y Emilio **viajan / viajaban** por todo el mundo.
3 Ahora Elena no **estudiaba / estudia** alemán.
4 Emilio ya no **juega / jugaba** al *hockey*.
5 Antes de ser padres, **salían / salen** los fines de semana con sus amigos.
6 Antes les **gustan / gustaba** mucho el cine.

PRETÉRITO IMPERFECTO
Verbos irregulares

	ir	ser	ver
yo	iba	era	veía
tú	ibas	eras	veías
él/ella/Ud.	iba	era	veía
nosotros/as	íbamos	éramos	veíamos
vosotros/as	ibais	erais	veíais
ellos/ellas/Uds.	iban	eran	veían

5 **Completa el siguiente texto sobre la vida de Emilio.**

Yo antes (1) era jugador de un equipo de hockey. (2) .... (entrenar) tres días a la semana. Los domingos mis compañeros y yo (3) .... (jugar) un partido de liga. Cada dos semanas nos (4) .... (ir) en autocar al campo del equipo contrario. A veces, Elena me (5) .... (acompañar) y después de los partidos (6) .... (ir) a cenar todos juntos. Todo (7) .... (ser) estupendo. Pero ahora es más divertido porque somos cuatro.

HABLAR

6 **¿Cómo era tu vida cuando tenías diez o doce años? En parejas, pregunta y responde a tu compañero.**

1. ¿Cómo era tu colegio?
2. ¿A qué hora entrabas y a qué hora salías?
3. ¿Qué hacías cuando salías del colegio?
4. ¿Comías en el colegio o en tu casa?
5. ¿Qué hacías los domingos por la mañana?, ¿y por la tarde?
6. ¿Cómo era tu profesor o profesora favorito/a?
7. ¿Qué hacías durante las vacaciones de verano?
8. ¿Cómo se llamaba tu mejor amigo/a?
9. ¿Qué deporte practicabas?
10. ¿Cuál era tu asignatura favorita? ¿Por qué?

ESCUCHAR

8 96 **Escucha la historia de Martina y elige la respuesta correcta.**

1 Martina tiene:
a casi cien años.
b menos de ochenta años.

2 Cuando era pequeña, vivía:
a con sus padres.
b con sus hermanos y su madre.

3 Trabajaba en el campo:
a cuando era una niña.
b después de terminar sus estudios.

4 Trabajaba:
a ocho horas diarias.
b doce horas diarias.

5 A los diecinueve años tenía:
a dos hijos.
b un hijo.

6 Los sábados y domingos:
a compraba en el mercadillo.
b trabajaba en el mercadillo.

7 **¡A Federico le tocó la lotería! Comenta con tu compañero cómo era su vida antes de ser millonario. Utiliza los verbos del recuadro.**

tener • desayunar • regalar • navegar • comer • ~~vivir~~

Antes no vivía en un chalé.

VOY A TRABAJAR EN UN HOTEL

LEER

1 **Lee este correo y completa las frases.**

Para: **fernando@mail.com**

Asunto: **Voy a trabajar**

¡Hola, Fernando!
¡Por fin terminó el curso! Tengo muchos planes para este verano: en julio voy a trabajar en un hotel en Cádiz durante un mes, porque quiero ahorrar dinero para viajar por Europa. Quiero ir a Londres con María, vamos a estudiar un poco de inglés. A la vuelta, vamos a visitar París con mi hermano, que está allí estudiando francés. Como ves, tengo un verano muy ocupado. Y tú, ¿qué vas a hacer? Cuéntame.
Un abrazo,
Santiago

1 Santiago .... muchos planes para este verano.
2 En julio .... a trabajar en un hotel.
3 Después .... por Europa.
4 Santiago y María .... a ir a Londres.
5 Después de Londres .... visitar París.

_IR A_ + INFINITIVO EXPRESA FUTURO

voy vas va vamos vais van	+ a	**estudiar** **leer** **vivir**

- *El próximo curso* ***voy a estudiar*** *italiano, ¿y tú? ¿****Vas a aprender*** *otro idioma?*
- *No, yo* ***voy a trabajar*** *en la empresa de mi familia.*

2 **Relaciona los planes de Santiago con las siguientes situaciones, como en el ejemplo.**

1 Santiago va a trabajar en un hotel
2 Va a viajar por Europa
3 Él y María van a ir a Londres
4 Van a visitar París
5 Su hermano está en París

a quiere aprender francés.
b quieren mejorar su inglés.
c quiere ahorrar dinero.
d tiene un mes de vacaciones.
e quiere estar unos días con su hermano.

Santiago va a trabajar en un hotel porque quiere ahorrar dinero.

3 **¿Qué van a hacer? Fíjate en las fotos y utiliza los verbos del recuadro.**

ver una obra de teatro • comprar un coche • tener un hijo • casarse • ~~bañarse~~

1 *Van a bañarse.* 2 .... 3 .... 4 .... 5 ....

HABLAR

4 **En parejas, comentad lo que vais a hacer este fin de semana. Utiliza las siguientes ideas:**

levantarme tarde | hacer deporte | limpiar la casa | salir a cenar | reunirme con amigos | ir a pasear | leer el periódico | ver la televisión

5 **¿Qué va a hacer Federico con el dinero que ganó en la lotería? Relaciona las preguntas con las respuestas.**

1 ¡Felicidades, Federico! ¿Cómo te sientes? ☐
2 ¿Vas a organizar una fiesta? ☐
3 ¿Qué es lo primero que te vas a comprar? ☐
4 ¿Te vas a comprar un barco? ☐
5 ¿Te vas a ir de vacaciones? ☐
6 ¿Qué le vas a regalar a tu hijo? ☐

a No, no sé navegar.
b Sí, voy a dar una vuelta alrededor del mundo.
c Va a estudiar en la mejor universidad del país.
d ¡De maravilla! ¡Como nunca!
e Sí, con todos mis amigos.
f Una casa muy grande en el campo.

ESCRIBIR

6 **Imagina que eres periodista. Escribe una pequeña noticia sobre los planes de Federico.**

Federico tiene grandes planes para el futuro.
Dice que va a...
Dice que no va a...

PRONUNCIACIÓN Y ORTOGRAFÍA

Reglas de acentuación

a Las palabras agudas llevan tilde cuando terminan en vocal, ***n*** o ***s***.
b Las palabras llanas llevan tilde cuando terminan en consonante diferente de ***n*** o ***s***.
c Las palabras esdrújulas llevan tilde siempre.

1 97 **Escucha las siguientes palabras y escríbelas en el lugar correspondiente según el acento.**

alemán	estudiar
café	ordenador
teléfono	ventana
cantante	periódico
árbol	móvil
canción	pintura
examen	música

ESDRÚJULAS
teléfono
LLANAS
cantante
AGUDAS
alemán

2 98 **Escucha y escribe las tildes que faltan.**

1 Andres me llamo por telefono para saludarme.
2 Barbara trabaja en una empresa de informatica en Mexico.
3 Yo estudie decoracion en Milan.
4 Antes Raul vivia cerca de aqui, pero ahora esta viviendo en Valencia.
5 Aqui hace mas calor que alli.
6 Ella es mas guapa que el.
7 Los telefonos moviles son muy comodos.
8 Esta casa es mas centrica que tu piso.

Los incas

A En el siglo XV, los incas, antes de la llegada de los españoles a Perú, vivían en la montaña, en el corazón de los Andes. Hablaban una lengua llamada quechua y tenían un gran imperio.

B Cuzco, la capital del imperio, se levantaba a 3200 m de altitud. Estaba rodeada de montañas y protegida por una fortaleza. Para los incas, Cuzco era el centro del mundo.

C Los incas creían en dioses como el Sol, la Luna y el Trueno. Pero también adoraban montañas, lagos o plantas.

D Las casas eran de piedra, con tejados de hierba seca y una sola habitación. Dentro, los incas comían en cuclillas. Por la noche dormían envueltos en mantas.

E Los incas construyeron una importante red de caminos empedrados. En las laderas abruptas tallaban escalones en la roca. Y para cruzar los precipicios, hacían puentes colgantes con cuerdas vegetales.

F Se calcula que en el imperio vivían ocho millones de personas. Los campesinos cultivaban la tierra y cuidaban rebaños de llamas. Los artesanos fabricaban objetos de cerámica y tejidos.

LEER

1 Lee el texto y relaciona los títulos 1-6 con los párrafos A-F.

1 El imperio inca [A]
2 Constructores de carreteras [ ]
3 Casas sencillas [ ]
4 Un pueblo religioso [ ]
5 Campesinos y artesanos [ ]
6 La ciudad imperial [ ]

2 Corrige las siguientes afirmaciones.

1 Los incas hablaban español.
Los incas hablaban quechua.
2 Los campesinos vivían del comercio.
3 Los incas adoraban a un solo dios.
4 Vivían en grandes casas de madera.
5 En la época de los incas, no había vías de comunicación.
6 Cuzco está al nivel del mar.

ESCRIBIR

3 **Lee el blog de Carlos sobre su viaje a la Sierra Tarahumara (al noroeste de México). ¿Qué expresan los verbos en azul? ¿Y los verbos en verde?**

4 **Escribe un blog sobre un viaje. No olvides utilizar los tiempos apropiados.**

- Piensa en los detalles del viaje: ¿dónde?, ¿cuándo?, ¿con quién?, ¿qué vas a llevar?...
- Describe el tiempo y el lugar.
- ¿Qué actividades vas a hacer?
- ¿Qué hiciste el primer día?
- ¿Cómo fueron las actividades del segundo día?

ESCUCHAR

5 99 **Escucha la entrevista con la alpinista Elisa Urrutia y contesta a las preguntas.**

1. ¿Elisa va a escalar la próxima semana?
2. ¿Por qué Elisa necesita un poco de descanso?
3. ¿Qué trabajo va a realizar en el centro de alpinismo?
4. ¿Qué acontecimiento importante sucedió en su vida el año pasado?
5. ¿Qué acontecimiento importante va a suceder en su vida el otoño próximo?

Sierra Tarahumara

ELBLOGDECARLOS INICIO DESTINOS ENLACES COMPARTIR

BARRANCAS DEL COBRE

Por Carlos Pérez

Viernes, 1 de julio La semana que viene me voy a ir de vacaciones con tres amigos. Vamos a acampar en las Barrancas del Cobre. Me voy a llevar mi computadora portátil para continuar con mi blog.

Viernes, 8 de julio Ayer armamos la tienda de campaña junto a un río. Hacía muy buen clima y nadamos en el río. Voy a tomar muchas fotos porque las vistas de las montañas son espectaculares. Mañana vamos a navegar en canoa por el río.

Sábado, 9 de julio Ayer nos la pasamos muy bien con la canoa, pero el agua estaba muy fría. Me caí al agua varias veces. Hoy vamos a hacer senderismo por la montaña. Me voy a llevar la brújula y el botiquín.

EN PAREJAS

HABLAR

Alumno A (alumno B, ver «En parejas», pág. 199)

6 **Imagina que te toca la lotería. Prepara respuestas para la entrevista que te hará B.**

a ¿Con quién lo vas a celebrar?
b ¿Qué vas a comprar?
c ¿Dónde vas a ir de vacaciones?
d ¿Con quién vas a ir?
e ¿Qué vas a hacer a la vuelta del viaje?

7 **Prepara preguntas para entrevistar a B, que se va a ir a estudiar a otro país. Puedes añadir otras preguntas.**

a A qué país / ir
b Qué / estudiar
c Dónde / alojar
d Con quién / vivir
e En qué / trabajar

AUTOEVALUACIÓN

1 Relaciona.

1 Estos zapatos son nuevos, por eso
2 Juan lleva dos pendientes
3 Los futbolistas cuidan especialmente
4 Uso guantes
5 Ana lleva varios anillos
6 Cuando cojo mucho peso,

a me duelen los brazos.
b sus piernas.
c me duelen los pies.
d porque tengo frío en las manos.
e en cada oreja.
f en los dedos.

2 Completa el texto con el pretérito imperfecto de los verbos entre paréntesis.

Marisa y Alfredo se casaron la semana pasada. Ahora viven juntos en Madrid, pero antes de conocerse, cuando ellos (1) eran (ser) jóvenes, los dos (2) .... (vivir) en distintas ciudades. Marisa (3) .... (trabajar) con un grupo de teatro infantil y (4) .... (estudiar) en la universidad. Alfredo (5) .... (hacer) películas con un grupo de aficionados y (6) .... (escribir) magníficos guiones. Un día, cuando los dos (7) .... (ir) a un festival de cine, se conocieron y, desde entonces, ya no se separan nunca.

3 Subraya el verbo más adecuado.

1 Ayer **fui / iba** a ver a Jacinto.
2 Cuando Luis **tenía / tuvo** diez años, **jugaba / jugó** al fútbol todos los sábados.
3 Antes me **gustaba / gustó** la música *rock*, pero ahora me **gustaba / gusta** la música romántica.
4 Elena y Emilio antes no **tuvieron / tenían** hijos y ahora tienen dos.
5 Elena y Emilio **iban / fueron** a París en el año 2002.
6 Mi marido **jugó / jugaba** al baloncesto cuando **era / fue** joven.
7 Yo no fumo, pero antes **fumé / fumaba** mucho.
8 Mi hermana de pequeña **era / fue** rubia.
9 ¿**Viste / Veías** a Sara el sábado pasado?
10 Ayer me **acostaba / acosté** muy tarde.

4 Escribe las preguntas sobre planes para el próximo fin de semana.

1 ¿Tú / estudiar?
¿Vas a estudiar?
2 ¿ Vosotros / ir al cine?
3 ¿Lorenzo / escuchar música?
4 ¿Tu novio / comprar ropa?
5 ¿Tú / navegar por internet?
6 ¿Vosotros / hacer los ejercicios de español?
7 ¿Ellos / ir al fútbol?
8 ¿Tus padres / ir a la ópera?
9 ¿Tú / viajar en barco?
10 ¿Nosotros / quedar con Alba?

5 100 Escucha al grupo de música Los Escorpiones hablando con su mánager y contesta a las preguntas.

1 ¿Cuándo va a estar el nuevo disco de Los Escorpiones en el mercado?
2 ¿Cuándo van a empezar la gira?
3 ¿Van a hacer su propia página web?
4 ¿Qué van a hacer en septiembre?
5 ¿Quién va a cantar con ellos en el concierto?

¿Qué sabes?

	☺	😐	☹
• Las partes del cuerpo.	☐	☐	☐
• Hablar de enfermedades (verbo *doler*).	☐	☐	☐
• Hablar de hábitos en el pasado.	☐	☐	☐
• Expresar planes e intenciones (*ir a* + infinitivo).	☐	☐	☐
• Las reglas de acentuación.	☐	☐	☐

Biografías

11

- Formular preguntas
- Escribir una biografía
- Relatar acontecimientos pasados
- Números y fechas
- Cultura: La Alhambra. Personajes famosos
- Vídeo: *Mi amigo Aníbal*

11 A ¿QUIERES SER MILLONARIO?

LEER

1 **Lee las preguntas del programa *Responde y gana* y marca la opción correcta. Al mismo tiempo, completa las preguntas con los pronombres *dónde, cuándo, cuál, quién, qué, cómo, cuánto*.**

1 ¿Cuál de estas obras es de Isabel Allende?
   a *Paula*   b *Cien años de soledad*   c *La buena hija*
2 ¿............... países forman la UE?
   a 38   b 110   c 27
3 ¿De .... país fue presidenta Michelle Bachelet?
   a Ecuador   b Nicaragua   c Chile
4 ¿............... se encuentra la pirámide del Sol?
   a En Egipto   b En La India   c En México
5 ¿............... canta "Tejiendo alas"?
   a Shakira   b Rosalía   c Malú
6 ¿............... ganó la selección española el Mundial de Fútbol?
   a En 2008   b En 2010   c En 2012
7 ¿ .... es la capital de Uruguay?
   a Lima   b Montevideo   c Buenos Aires
8 ¿............... se llama la reina de España?
   a Sofía   b Leonor   c Letizia
9 ¿En .... ciudad fueron los Juegos Olímpicos de 1992?
   a En Madrid   b En Barcelona   c En Valencia
10 ¿............... de estas películas ha dirigido Pedro Almodóvar?
   a *Volver*   b *El secreto de sus ojos*   c *Los otros*

2 101 **Escucha y comprueba. ¿Quién tiene más aciertos, tú o tu compañero?**

3 **Comenta con tus compañeros.**

¿Te gustan los concursos de la televisión? ¿Cuál es el concurso más famoso en tu país? ¿Qué personajes o lugares de las fotografías conoces?

COMUNICACIÓN

Interrogativos

- ***¿Qué** quieres, hija?*
- *Un helado.*
- ***¿Dónde** vives?*
- *En Valencia*
- ***¿Quién** quiere un helado?*
- *Lucía.*
- ***¿Cuál** te gusta más, este coche o ese?*
- *Este.*
- ***¿Cuándo** viene Ana?*
- *Mañana.*
- ***¿Cuántos** amigos tienes?*
- *Pocos.*
- ***¿Cómo** es tu compañero?*
- *Muy simpático.*

GRAMÁTICA

PRONOMBRES INTERROGATIVOS

¿Qué o cuál?

- Se utiliza ***qué* + verbo** para dar a elegir entre varias cosas diferentes:
  *¿**Qué prefieres**, una camisa o unos pantalones?*

- Para dar a elegir entre varias cosas del mismo tipo se utiliza:
  - ***qué* + nombre**
    *¿**Qué camisa** prefieres, esta o esa?*
  - ***cuál* + verbo**
    *¿**Cuál prefieres**, esta o esa?*

Cuánto/a/os/as

- ***cuánto* + verbo**
  ¿Cuánto es? / ¿Cuánto cuesta?

- **cuánto/a/os/as + nombre + verbo**
  ¿Cuántos hijos tienes?
  ¿Cuántas horas entrenas?
  ¿Cuánta azúcar quieres?
  ¿Cuánto dinero llevas?

4 Ordena las siguientes preguntas. Después, contéstalas.

1 ¿ver / televisión / qué / en / te / la / gusta?
¿Qué te gusta ver en la televisión?
2 ¿amigos / tus / adónde / con / los / domingos / vas?
3 ¿practicas / deporte / qué?
4 ¿tu / cuál / actriz / es / favorita?
5 ¿es / la / casa / de / cómo / padres / tus?
6 ¿duermes / horas / por / cuántas / noche / la?
7 ¿carne / prefieres, / qué / la / pescado / o / el?
8 ¿hay / clase / en / cuántos / tu / compañeros?
9 ¿bebes / día / cuánta / al / agua?
10 ¿qué / arroz / prefieres, / pan / o?

5 Completa con *qué* o *cuál*.

1 ¡Cuántos vestidos tienes! ¿.......... es tu preferido?
2 ¿.......... es más grande, un tiburón o una ballena?
3 ¿.......... es tu deporte favorito?
4 ¿De .... país es tu compañero?
5 ¿.......... día es tu cumpleaños?
6 ¡Qué casa tan grande! ¿.......... es tu habitación?
7 ¿A .... hora llega el avión?
8 ¿.......... prefieres, carne o pescado?
9 ¿.......... te gusta hacer los fines de semana?
10 ¿.......... es más barata, la silla de madera o la de plástico?

6 Completa las preguntas siguientes con un pronombre interrogativo. Luego, relaciónalas con sus respuestas.

cuándo • cuál • cuántas • dónde • quién
cuánto • ~~cómo~~ • quién • qué • a qué hora

1 ¿Cómo vienes a clase? ☐
2 ¿A .... llamaste por teléfono? ☐
3 ¿ .... te acuestas? ☐
4 ¿ .... están los niños? ☐
5 ¿ .... compraste? ☐
6 ¿ .... le debo? ☐
7 ¿ .... te gusta más? ☐
8 ¿De .... es esto? ☐
9 ¿ .... manzanas hay? ☐
10 ¿ .... te vas de vacaciones? ☐

a	El rojo.	f	A las once y media.
b	De Juan.	g	En su cuarto.
c	A María.	h	20 €.
d	Andando.	i	El mes que viene.
e	No hay muchas.	j	Un libro para mí.

7 Estas son las respuestas del ciclista Carlos Hernández. Escribe las preguntas.

1 ¿Dónde vives?
Vivo en Toledo.
2 Me levanto a las seis de la mañana.
3 Entreno todos los días, menos uno.
4 Mi día de descanso es el lunes.
5 Bebo tres litros de agua al día.
6 Como mucha pasta y alimentos energéticos.

ESCUCHAR

8 102 Escucha la entrevista radiofónica y comprueba.

9 Imagina que tu compañero es un deportista famoso y hazle una entrevista como la de la actividad anterior.

LEER

1 ¿Qué sabes de Carlos Gardel?

1 Fue un escritor famoso. ☐
2 Fue un cantante famoso. ☐
3 Fue un poeta famoso. ☐

2 103 Lee y escucha la biografía de Carlos Gardel y responde a la pregunta anterior.

3 Formula las preguntas y busca las respuestas en el texto.

1 ¿Dónde / nacer / Carlos Gardel?
¿Dónde nació Carlos Gardel?
2 ¿Dónde / empezar a cantar?
3 ¿Quién / ser / su compañero de canto?
4 ¿Qué / inventar / Gardel?
5 ¿Qué / hacer / en los años 20?
6 ¿Qué / hacer / en los años 30?
7 ¿Cuáles / ser / sus canciones más conocidas?
8 ¿Cuándo / casarse?
9 ¿Cuándo / morir?
10 ¿Cómo / morir?

El tango es un género musical y un baile característico de la región del Río de la Plata. En 2009 fue declarado por la Unesco Patrimonio Cultural Inmaterial de la Humanidad.

Carlos Gardel

"Nací en Buenos Aires, Argentina, a los dos años y medio de edad", respondía Carlos Gardel a las preguntas sobre su nacimiento.

Probablemente nació en Toulouse, Francia, el 11 de noviembre de 1890, pero desde muy pequeño vivió en Buenos Aires.

Empezó a cantar en el coro escolar y en las calles de su barrio, donde trabajaba en diversos oficios.

En 1913 él y su compañero José Razzano cantaron en el cabaré más lujoso y caro de Buenos Aires, el Armenoville, y tuvieron tanto éxito que el público los sacó a hombros por las calles. Entonces el propietario del cabaré les hizo un contrato con un sueldo increíble para el dúo.

En 1917, el poeta Pascual Contursi compuso el primer tango-canción, titulado *Mi noche triste*. Carlos Gardel la grabó poco después, y se convirtió así en el primer cantor de tango-canción. Gardel fue el inventor de una manera de cantar el tango. A partir de este momento, su fama creció; en su repertorio había canciones criollas, zambas, valses, pasodobles, etcétera.

Durante los años 20, Gardel viajó a Europa. Durante los años 30 hizo varias películas: *Luces de Buenos Aires*, *Espérame*, *El día que me quieras*...

Junto al poeta Alfredo Le Pera, Gardel compuso canciones tan conocidas como *Mi Buenos Aires querido* y *Volver*, y con ellas conquistó al público de Europa y América. Nunca se casó.

El 24 de junio de 1935, durante una gira por Latinoamérica, murió en un accidente de avión en Medellín. Y nació el mito.

GRAMÁTICA

USOS DEL PRETÉRITO INDEFINIDO

- El **pretérito indefinido** se usa especialmente en las biografías con marcadores temporales concretos:
  Carlos Gardel ***nació*** *el 11 de noviembre de 1890.*
- También se usa el **pretérito indefinido** cuando hablamos de un periodo de tiempo cerrado:
  Durante los años 20, Gardel ***viajó*** *a Europa.*

4 **Escribe frases verdaderas y falsas utilizando el pretérito indefinido de los verbos de A y las palabras de B y C. Luego juega con tu compañero a un ¿verdadero o falso? Puedes inventar otras.**

A	B	C
comer	50 €	el verano pasado
encontrar	unos zapatos	hace dos días
ir	una paella	anoche
comprar	los ejercicios	el otro día
hacer	una película	el domingo
ver	a Rafa Nadal	el año pasado
tener	el móvil	cuando era joven
ganar	a Madrid	ayer
perder	un premio	la semana pasada
conocer	fiebre	

5 **Escribe frases con el pretérito indefinido de los verbos del recuadro.**

ir • jugar • hacer • ver • tener • comer

1 El sábado .... (yo) un partido de fútbol con mis amigos.
2 Ayer Pablo y María .... la última película de Mateo Gil.
3 Luisa .... a Pamplona de vacaciones.
4 ¿Cuándo .... (tú) los deberes de español?
5 ¿Cuándo .... (ellos) su primer hijo?
6 ¿A qué hora .... (vosotros) ayer?

6 **Escribe frases afirmativas y negativas sobre tus actividades de ayer.**

1 Hacer la cena.
Ayer no hice la cena. La hizo mi compañero de piso.
2 Escuchar música clásica.
3 Acostarme pronto.
4 Ver la televisión.
5 Quedar con mis amigos.
6 Estudiar español.
7 Comer verduras.
8 Jugar al ajedrez.

PRONUNCIACIÓN Y ORTOGRAFÍA

Acentuación de los interrogativos y del pretérito indefinido

- Los pronombres *qué, cómo, cuándo, cuánto*, etc., llevan tilde cuando son interrogativos, tanto directos como indirectos:
  *¿**Cómo** se llama el director?*
  *Yo no sé **dónde** vive Juan.*
- También lleva tilde el verbo en pretérito indefinido (la primera y tercera persona) si es regular.
  Habló, empezó, vivió…
- No llevan tilde los irregulares:
  Hizo, vino, pudo…

1 **En las frases siguientes hemos omitido todas las tildes. Colócalas en su sitio.**

1 Elena nacio en 1956 y a los 19 años conocio a Pablo, su marido.
2 ¿Cuando nacio tu hijo?
3 ¿Quien vino anoche a tu casa?
4 ¿Cuantas novelas escribio Cervantes?
5 Luis se desperto cuando sono el despertador.
6 ¿En que año se casaron tus padres?
7 Mi marido no llamo por telefono.
8 Ese actor hizo varias peliculas importantes.
9 Yo nunca llego tarde, soy muy puntual.
10 El dijo: "Naci en 1954".

CUBA Capital: La Habana

Tiene una superficie de (1) .... km². Consiguió la independencia de España en (2) .... Tiene una población de más de (3) .... de habitantes. El (4) .... % de la población es católica y el (5) .... % no practica ninguna religión. Su idioma oficial es el español.

Las islas del Caribe *forman una cadena desde la costa de Florida hasta Venezuela. Cuentan con unas hermosas playas, a las que los turistas acuden en masa.*

JAMAICA Capital: Kingston

Es la tercera isla caribeña por su tamaño, (6) .... km². Políticamente es una democracia parlamentaria y consiguió su independencia del Reino Unido en (7) .... Tiene una población de (8) .... habitantes. Su idioma oficial es el inglés. La mayor parte de sus ingresos procede del turismo.

REPÚBLICA DOMINICANA Capital: Santo Domingo

La República Dominicana se encuentra en la isla de Santo Domingo, la segunda isla más grande del Caribe, territorio que comparte con Haití. Tiene una superficie de (9) .... km² y una población de (10) .... habitantes. En (11) .... consiguió su independencia definitiva de España. Su idioma oficial es el español.

LEER

1 **Lee y completa los textos de las islas del Caribe con los números del recuadro.**

1898 • 11 millones • 10 990 • 1865 • 40
1962 • 55 • 110 860 • 10 350 000
48 730 • 2 800 000

ESCUCHAR

2 104 **Escucha y comprueba.**

3 **Lee el texto otra vez y contesta a las preguntas.**

1 ¿Cuántos años hace que Cuba es independiente?
2 ¿Cuál de las tres islas tiene mayor superficie?
3 ¿Cuál es la isla más pequeña?
4 ¿Qué sistema político tienen en Jamaica?
5 ¿Qué lengua se habla en la República Dominicana?

GRAMÁTICA

NÚMEROS

100	cien
125	ciento veinticinco
1975	mil novecientos setenta y cinco
20 300	veinte mil trescientos
135 800	ciento treinta y cinco mil ochocientos
2 500 000	dos millones quinientos mil / dos millones y medio
25 %	veinticinco por ciento

4 **En parejas. Escribe diez números del 1 al 10 000 000 y díctaselos a tu compañero. Después, compruébalos.**

5 **Completa el calendario con los meses del año que faltan.**

junio • diciembre • agosto • febrero
octubre • abril

ENERO

L	M	X	J	V	S	D
				1	2	3
4	5	6	7	8	9	10
11	12	13	14	15	16	17
18	19	20	21	22	23	24
25	26	27	28	29	30	31

L	M	X	J	V	S	D
1	2	3	4	5	6	7
8	9	10	11	12	13	14
15	16	17	18	19	20	21
22	23	24	25	26	27	28

MARZO

L	M	X	J	V	S	D
1	2	3	4	5	6	7
8	9	10	11	12	13	14
15	16	17	18	19	20	21
22	23	24	25	26	27	28
29	30	31				

L	M	X	J	V	S	D
			1	2	3	4
5	6	7	8	9	10	11
12	13	14	15	16	17	18
19	20	21	22	23	24	25
26	27	28	29	30		

MAYO

L	M	X	J	V	S	D
					1	2
3	4	5	6	7	8	9
10	11	12	13	14	15	16
17	18	19	20	21	22	23
24	25	26	27	28	29	30
31						

L	M	X	J	V	S	D
	1	2	3	4	5	6
7	8	9	10	11	12	13
14	15	16	17	18	19	20
21	22	23	24	25	26	27
28	29	30				

JULIO

L	M	X	J	V	S	D
			1	2	3	4
5	6	7	8	9	10	11
12	13	14	15	16	17	18
19	20	21	22	23	24	25
26	27	28	29	30	31	

L	M	X	J	V	S	D
						1
2	3	4	5	6	7	8
9	10	11	12	13	14	15
16	17	18	19	20	21	22
23	24	25	26	27	28	29
30	31					

SEPTIEMBRE

L	M	X	J	V	S	D
		1	2	3	4	5
6	7	8	9	10	11	12
13	14	15	16	17	18	19
20	21	22	23	24	25	26
27	28	29	30			

L	M	X	J	V	S	D
				1	2	3
4	5	6	7	8	9	10
11	12	13	14	15	16	17
18	19	20	21	22	23	24
25	26	27	28	29	30	31

NOVIEMBRE

L	M	X	J	V	S	D
1	2	3	4	5	6	7
8	9	10	11	12	13	14
15	16	17	18	19	20	21
22	23	24	25	26	27	28
29	30					

L	M	X	J	V	S	D
		1	2	3	4	5
6	7	8	9	10	11	12
13	14	15	16	17	18	19
20	21	22	23	24	25	26
27	28	29	30	31		

6 **Relaciona los números con su escritura.**

A 16-12-1956
B 12-10-1980
C 2-02-2002

1 doce de octubre de mil novecientos ochenta ☐
2 dos de febrero de dos mil dos ☐
3 dieciséis de diciembre de mil novecientos cincuenta y seis ☐

7 105 **Escucha y comprueba.**

8 106 **Escucha y completa las fechas.**

A 1953 / 22 / agosto
B .... / 11 / marzo
C 2003 / 14 / ....
D 1789 / .... / junio
E 1493 / 30 / ....
F 1945 / .... / julio

9 **Responde a las siguientes preguntas como en el ejemplo.**

1 ¿Cuándo es tu cumpleaños? (16-XII)
El dieciséis de diciembre.
2 ¿Cuándo se celebra el día de Navidad? (25-XII)
3 ¿Cuándo se celebra el día de Año Nuevo? (1-I)
4 ¿Cuándo se celebra el Día de la Hispanidad? (12-X)
5 ¿Cuándo se celebra la fiesta nacional en tu país?

10 **Pregunta a varios compañeros la fecha de su cumpleaños y toma nota.**

- *Ángel, ¿cuándo es tu cumpleaños?*
- *El 12 de octubre.*

11 **En parejas. En cuatro papelitos escribe cuatro fechas importantes para ti. Mezcla los papelitos con los de tu compañero, ordenándolos cronológicamente. Después pregunta como en el ejemplo.**

- *¿Qué pasó el 3 de diciembre de 1987?*
- *El 3 de diciembre de 1987 conocí a Pepe, mi primer novio.*
- *¿Cómo fue?, ¿dónde?...*

12 107 **Escucha la canción *Eva María se fue* y responde a las preguntas.**

1 ¿Adónde fue Eva María?
2 ¿Qué se llevó además de una maleta de piel?
3 ¿Qué hace él cuando no puede dormir?

La Alhambra

Bienvenidos a la Alhambra de Granada

La Alhambra está en Granada, sobre una alta colina, desde la que se puede ver toda la ciudad.

La Alhambra es un palacio-ciudadela donde residían los sultanes y los altos funcionarios de la corte árabe. Se empezó a construir en el siglo XIII. Es un conjunto monumental en el que se distinguen distintas zonas: los palacios, la zona militar o Alcazaba, la ciudad o Medina y el Generalife. Todo ello está rodeado de bosques, jardines y huertas.

También podemos encontrar edificios de otras épocas, como el Palacio de Carlos V (s. XVI), donde se halla el Museo de la Alhambra.

Miles de visitantes se maravillan cada año ante la combinación de patios, arcos y fuentes; especialmente el Patio de los Leones, representación del paraíso en la arquitectura islámica.

Para apreciar los valores arquitectónicos y paisajísticos de la Alhambra es aconsejable acercarse al barrio del Albaicín o al Sacromonte. Desde ellos puede observarse la relación de la Alhambra con la ciudad de Granada.

El Albaicín desde La Alhambra

Generalife

Patio de los Leones. La Alhambra

LEER

1 **¿Qué sabes de la Alhambra de Granada? Coméntalo con tu profesor.**

2 108 **Lee el texto sobre la Alhambra y escucha.**

3 **Corrige las informaciones falsas.**

1 La Alhambra se encuentra en Córdoba. ☐
2 Los sultanes vivían en la Alhambra. ☐
3 Tres zonas distintas forman actualmente la Alhambra de Granada. ☐
4 Los distintos edificios están unidos por jardines y bosques. ☐
5 El Museo de la Alhambra se encuentra en el Generalife. ☐
6 Desde el barrio del Albaicín se ve la Alhambra. ☐

4 **Completa la biografía de Celia Cruz con los verbos del recuadro en pretérito indefinido.**

~~nacer~~ • fallecer • grabar • empezar (x 3) • dejar • instalarse • recibir (x 2)

Celia Cruz, "La reina de la salsa"

Celia Cruz, "la reina de la salsa", (1) nació el 21 de octubre de 1929 en La Habana, Cuba. Celia (2) .... a cantar desde pequeña, y lo hacía muy bien. En 1947 (3) .... un premio por cantar en la radio y, entonces, (4) .... a estudiar música.
En 1950 (5) .... a trabajar en la banda musical La Sonora Matancera, y con ese grupo (6) .... la Cuba de Fidel Castro en julio de 1960 y (7) .... en Estados Unidos.
En Estados Unidos (8) .... varios discos con Tito Puente y con otros salseros reconocidos a nivel mundial. Durante los años 90, (9) .... muchos premios.
La reina de la salsa (10) .... el 16 de julio de 2003 en Nueva Jersey, a causa de un cáncer.

5 🔊 109 **Escucha y comprueba.**

HABLAR Y ESCRIBIR

6 **En grupos de tres. Con tus compañeros, piensa en un personaje famoso de tu país y escribe una biografía. Puede ser actor, político, escritor, pintor, etcétera.**

ESCUCHAR

7 🔊 110 **Escucha la biografía de una famosa cantante española y completa las frases con la información que oyes.**

1 Rosario Flores es (1) .... compositora y (2) .... Nació en Madrid el (3) ....
2 Sus padres fueron (4) ....
3 Grabó su primer disco en el año (5) .... y vendió (6) .... copias y recibió tres discos de (7) .... Además, (8) .... el Premio Ondas.
4 Entre 2001 y 2003 Rosario viajó por (9) .... para promocionar el disco *Muchas Flores*.
5 En Chile (10) .... ante más de 20 000 espectadores y, además, en 2002, ganó el Grammy al mejor álbum de estilo (11) ....
6 En 2001 trabajó como (12) .... en una película del director Pedro Almodóvar.
7 Se casó con Pedro Lazaga en el año (13) ....
8 En 2020 (14) .... la Medalla de Oro al Mérito en las Bellas Artes.

EN PAREJAS

HABLAR

Alumno A (alumno B, ver «En parejas», pág. 200)

8 **Imagina que tú eres el famoso cantante Enrique Iglesias. Un periodista te va a hacer una entrevista. Con los datos siguientes, contesta a sus preguntas.**

* Nacido el 8-05-1975 en Madrid.
* Se trasladó a Miami a los 7 años.
* Primer disco en 1995.
* Recibió un Premio Grammy en 1996.
* Hizo su primera gira mundial en 1997.
* Grabó *Escape* en 2001, con un estilo menos latino. Fue su disco más vendido.
* En 2004 se alejó de los escenarios y volvió en 2007 con el álbum *Insomniac*.
* En 2012 realizó una gira junto a la cantante Jennifer López.
* En 2020 recibió el Premio Billboard Latino al artista latino más grande de la historia.

9 **Ahora tú eres periodista y vas a entrevistar a la famosa cantante Luz Casal. Aquí hay algunas preguntas para ayudarte.**

¿Cuándo naciste?
¿Dónde naciste?
¿Qué estudiaste?
¿Con quién empezaste a cantar?
¿Cuándo grabaste tu primer disco?
¿Cuál es tu disco más famoso?
¿Cómo se llama tu último disco?

1 **Completa las preguntas con el pronombre interrogativo correspondiente. Después, relaciona cada pregunta con su respuesta.**

1 ¿Adónde fuiste el domingo por la tarde? ☐
2 ¿ .... vas a clase de español? ☐
3 ¿ .... vienes a clase? ☐
4 ¿ .... hermanos tienes? ☐
5 ¿ .... compañeras hay en tu clase? ☐
6 ¿ .... es tu color preferido? ☐
7 ¿ .... comida te gusta más? ☐
8 ¿ .... cuesta esta camisa? ☐

a En autobús.
b El verde.
c 54 €.
d Al cine.
e La tortilla española.
f No tengo ninguno.
g Martes y jueves.
h Doce.

2 **Corrige los errores.**

1 ¿Cuál libro quieres?
¿Qué libro quieres?
2 ¿Cuántas idiomas hablas?
3 En el partido hay más de un mil espectadores.
4 Llegamos a Cuba el décimo de septiembre.
5 Vinieron a la boda más de doscientos personas.
6 Yo nació en 1967.
7 Celia Cruz empezó cantar desde pequeña.
8 ¿Qué vino a verte ayer?
9 ¿Cuál película viste ayer?
10 ¿Cuántos fotos hiciste?
11 ¿Cuántos dinero ganas?

3 **Escribe las siguientes fechas y cantidades.**

1 350 000 personas.
Trescientas cincuenta mil personas.
2 10-12-1492 ....
3 25-05-2004 ....
4 1 246 000 ....
5 6496 espectadores ....
6 6-01-1999 ....
7 532 km ....
8 1400 personas ....

4 **Completa el texto con la forma correcta del verbo en pretérito indefinido.**

Pablo Ruiz Picasso en 1908

(1) Nació (nacer) en Málaga el 25 de octubre de 1881. Su padre, profesor de dibujo, le (2) .... (enseñar) a pintar. Con 14 años (3) .... (trasladarse) a Barcelona con su familia y (4) .... (estudiar) en la Escuela de Bellas Artes. En 1904 se (5) .... (ir) a París. Durante esta primera época, en sus cuadros (6) .... (pintar) el ambiente parisino.
Su obra (7) .... (evolucionar) y (8) .... (pasar) por distintas épocas en las que sus cuadros mostraban la pobreza, el amor, la naturaleza... En 1937 (9) .... (pintar) el *Guernica*, un cuadro sobre la guerra, considerado una de las obras más importantes del siglo XX. Una de sus últimas exposiciones (10) .... (ser) en el Museo del Louvre en 1971, cuando el artista tenía 90 años. Picasso (11) .... (morir) en Mougins en 1973.

¿Qué sabes?

	☺	😐	☹
• Hacer preguntas.	☐	☐	☐
• Escribir una biografía.	☐	☐	☐
• Decir los números y hablar de fechas.	☐	☐	☐
• Poner acento en los interrogativos y verbos en pretérito indefinido.	☐	☐	☐

Costumbres 12

- Describir a la familia
- Hablar del carácter
- Hablar del pasado reciente y de experiencias
- Hablar de diferencias culturales
- Expresar prohibición y obligación
- Cultura: Tradiciones. Experiencias
- Vídeo: *Costumbres diferentes*

12 A EL CUMPLEAÑOS DE MI ABUELA

1 **Mira la foto. La gente se reúne para celebrar diferentes fiestas: una boda, la Navidad, un cumpleaños... ¿En tu país, en qué ocasiones se reúne toda la familia o los amigos?.**

En mi país nos reunimos para celebrar....

ESCUCHAR

2 **Lee y completa la conversación entre Marta y Miguel con los elementos del recuadro.**

mi prima • mi abuela • ~~el sábado~~ • todos mis tíos • 80 años • yo quiero mucho • por qué • con la familia

Marta: Entonces, nos vemos (1) *el sábado*, ¿no?
Miguel: ¿Este sábado? Imposible, tengo un cumpleaños.
Marta: ¿Sí? ¿De quién?
Miguel: De (2) ....
Marta: ¿Tu abuela? ¿Y tienes que ir?
Miguel: La verdad es que no me apetece nada. Pero mi madre está muy pesada. Y tengo que ir. Mi abuela cumple (3) .... y mi madre dice que es muy importante para ella, que van a venir (4) ...., los hijos de mi abuela, mis primos de Málaga..., vaya, que no puedo faltar.
Marta: Ya, claro, es que cumplir 80 años es un evento importante. ¿Y (5) .... no te apetece?
Miguel: Bueno, (6) .... a mi abuela, es muy cariñosa, generosa, divertida, me río un montón con ella, pero hay otros que... A mi tía Isabel no la soporto, es una egoísta, y también viene Pedro, el novio de mi madre y, la verdad, no me gusta, es bastante arrogante.
Marta: ¡Vaya! Es lo que pasa (7) ...., unos te gustan y otros no. Pero, ¡anímate!, seguro que lo pasas muy bien con tus primos y primas.
Miguel: Sí, sí, eso espero. (8) .... Isabel es muy maja.

3 111 **Escucha y comprueba.**

4 111 **Escucha otra vez y contesta.**

1 ¿Por qué no puede quedar Miguel con Marta?
2 ¿Quién va a ir al cumpleaños de la abuela?
3 ¿Por qué no le apetece a Miguel ir a la celebración?
4 ¿Qué siente Miguel por su abuela?
5 ¿A quién no soporta Miguel?
6 Según Marta, ¿qué pasa con la familia?
7 ¿A quién quiere ver Miguel?

5 112 **Escucha y completa el árbol genealógico de la familia de Pili. Utiliza las palabras del recuadro.**

hermano • sobrino • cuñada • madre • cuñado • hermana • sobrina • marido

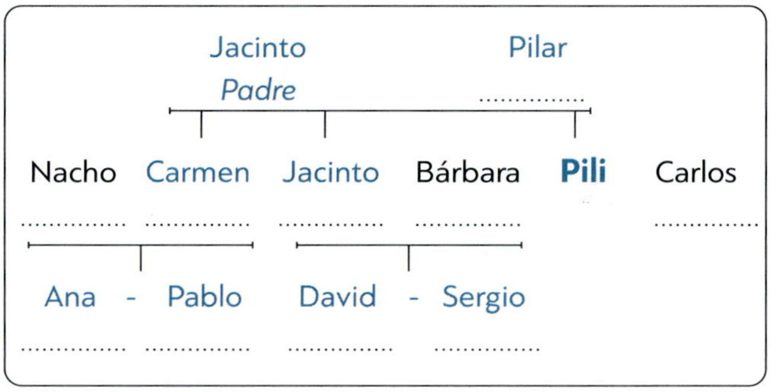

6 **¿Verdadero (V) o falso (F)?**

1 Pablo y Sergio son primos. ☐
2 Ana es la prima de Pablo. ☐
3 Jacinto es el cuñado de Carlos. ☐
4 Los abuelos tienen una nieta y tres nietos. ☐
5 Carlos es el marido de Carmen. ☐
6 David y Sergio son hijos de Jacinto. ☐
7 Pili tiene un hermano y una hermana. ☐

VOCABULARIO

7 ¿Cómo eres? Señala las afirmaciones con las que te identificas.

1 No me importan los demás. Solo pienso en mí.
2 Me encanta regalar cosas a los demás.
3 La gente se ríe mucho conmigo.
4 Me gusta conocer gente nueva.
5 No me gusta hablar con gente que no conozco.
6 No me gusta nada trabajar.
7 Me gusta abrazar a la gente, decirle que la quiero.
8 Nunca saludo a los conocidos, ni digo "gracias" ni "por favor".
9 No me pongo nerviosa casi nunca.
10 Soy amable, simpática y generosa.

8 Relaciona las definiciones anteriores con los adjetivos siguientes.

cariñoso/a	☐	divertido/a	☐
egoísta	☐	sociable	☐
generoso/a	☐	perezoso/a	☐
maleducado/a	☐	tímido/a	☐
tranquilo/a	☐	majo/a	☐

9 Relaciona cada animal con un adjetivo de carácter.

a trabajadora	☐	e fiel	☐
b dormilón	☐	f sabio	☐
c astuto	☐	g fuerte	☐
d hablador	☐		

GRAMÁTICA

SER - ESTAR

- Usamos el verbo **ser** + adjetivo para describir el carácter de las personas o animales.
  *Mi hermano **es** muy divertido.*
  *Se dice que el burro **es** un animal tozudo.*
- Usamos el verbo **estar** + adjetivo para describir el estado de ánimo.
  *En la foto Julián **está** muy serio, pero realmente es una persona alegre.*
- Muchos adjetivos se usan con **ser** y **estar**, expresando significados algo diferentes.
  *Mi hermano **es** muy tranquilo.*
  *Mi madre **está** tranquila porque Dora ya ha llamado por teléfono.*
- Algunos adjetivos se usan solo con **estar**:
  contento, preocupado, enfermo, cansado, harto, encantado.

10 Elige la forma correcta.

1 Mis primos hoy no **son** / están muy contentos.
2 Hoy mi hermana **es** / **está** muy nerviosa por su boda.
3 Alfredo y Lucía **son** / **están** bastante egoístas, solo piensan en ellos mismos.
4 Por las mañanas, siempre **soy** / **estoy** contento, pero por las tardes **soy** / **estoy** cansado.
5 ¿Quién **es** / **está** esa señora? **Es** / **Está** una pesada.
6 Después de la siesta, los niños **son** / **están** muy tranquilos.
7 ¿Tú sabes qué le pasa hoy a Pablo? **Es** / **Está** muy serio.
8 Mi hija Elena, increíblemente, antes de los exámenes **está** / **es** muy tranquila.
9 ■ ¿Por qué **estás** / **eres** preocupada?
● Es que mi padre **está** / **es** bastante enfermo.
10 Clara: ¡**Soy** / **Estoy** harta de ver esta habitación tan desordenada!

HABLAR

11 En grupos de cuatro. ¿Cómo son tus padres? ¿Y tus hermanos? ¿Cuál es el miembro de tu familia que más te gusta? Descríbelo.

La persona que más me gusta es mi tío Juanjo. Es soltero, vive solo, pero tiene muchos amigos. Le gusta mucho salir y viajar con ellos. Es amable y generoso, siempre me deja su coche.

12 B ¿CÓMO TE HA IDO HOY?

VOCABULARIO

1 **¿Qué actividades domésticas has hecho hoy? Escribe *sí* o *no*. Añade una actividad más.**

1 He hecho la comida. ....
2 He lavado los platos. ....
3 He lavado la ropa. ....
4 He planchado la ropa. ....
5 He sacado al perro. ....
6 He sacado la basura. ....
7 He limpiado el polvo. ....
8 He ordenado mi habitación. ....
9 He llevado a mi hija al colegio. ....
10 ....

GRAMÁTICA

PRETÉRITO PERFECTO		
he has ha hemos habéis han	+ participio	**Participios regulares** gastar gastado comer comido salir salido

Participios irregulares			
abrir	abierto	decir	dicho
ser	sido	escribir	escrito
ver	visto	morir	muerto
hacer	hecho	volver	vuelto

- Utilizamos el **pretérito perfecto** para hablar de acciones recientes, con marcadores temporales como *hoy, esta mañana, esta semana, últimamente*.

*Este fin de semana **he tenido** mucho trabajo en casa.*

LEER

2 **Lee y completa la conversación entre Ana y Alberto sobre el día de hoy.**

ha sido • hemos tenido • hemos estado
he planchado • he llevado • he tenido
~~ha ido~~ • he hecho • hemos terminado

HOMBRES DE SU CASA

Lavan, cocinan, planchan, hacen la compra. Son los nuevos amos de casa. Son pocos, pero aumentan día a día. Alberto es uno de ellos.

Alberto: ¿Qué tal? ¿Cómo te (1) ha ido hoy?
Ana: El día (2) .... terrible. Juan y yo (3) .... una reunión de cuatro horas con los clientes japoneses y luego (4) .... el informe para la Comisión Económica. Y tú, ¿qué tal?
Alberto: Yo también (5) .... hoy mucho trabajo. Primero, (6) .... a los niños al colegio, después (7) .... la compra y luego (8) .... la ropa antes de hacer la comida. Por la tarde los niños y yo (9) .... en el parque con los amiguitos de Pablo.
Ana: ¡Uff, qué día! Ahora nos queda un ratito para descansar y ver la televisión.

3 113 **Escucha y comprueba.**

4 **Piensa y escribe cómo ha sido hoy tu día. Luego, léeselo a tu compañero.**

Hoy he tenido un buen / mal día. Me he levantado temprano / a las..., he desayunado y he salido de casa...

5 Lee lo que nos cuenta Alicia y contesta a las preguntas.

1 ¿Está contenta Alicia con la vida que ha tenido?
2 Enumera las experiencias que ha tenido.
3 ¿Cuándo y por qué fue Alicia a Brasil?

BALANCE DE UNA VIDA

Yo creo que mi vida no ha sido extraordinaria, pero sí muy completa.
Puedo decir que he sido feliz, a pesar de los malos momentos: me he casado dos veces, he tenido cinco hijos, he trabajado mucho, eso sí.
También he viajado un poco, he visto el mar, la nieve, he viajado en barco: hice un crucero con mi segundo marido hace veinte años. Y también estuve en la selva del Amazonas cuando conocí a mi nuera, que es brasileña. Fue un viaje precioso, hace diez años, más o menos.
Y últimamente he aprendido a usar internet para comunicarme con mis nietos, así que no puedo quejarme.

6 114 Escucha a Pablo contestar al cuestionario sobre experiencias y relaciona.

1 Nunca
2 Hace diez años
3 La semana pasada
4 Muchas veces
5 Hace tres años
6 Todavía no

a salió al extranjero.
b tuvo una operación.
c perdió las llaves.
d ha salido en la tele.
e ha montado en moto.
f ha ido a Buenos Aires.

7 Escribe las preguntas y házselas a tu compañero. ¿Lo has hecho alguna vez?

1 Montar en camello.
¿Has montado en camello alguna vez?
2 Actuar en una película.
3 Escribir una carta de amor.
4 Arreglar un ordenador.
5 Llegar tarde al cole o al trabajo.
6 Hablar delante de más de mil personas.
7 Comer pescado crudo.
8 Hacer *windsurf*.
9 Plantar un árbol.
10 Grabar un vídeo.
11 Vivir en un país extranjero.
12 Esquiar.

GRAMÁTICA

YA / TODAVÍA NO

■ *Mañana me voy de viaje.*
● *¿Has hecho las maletas?*
■ *No, **todavía no**. / Sí, **ya** las he hecho.*

HABLAR DE EXPERIENCIAS

● Usamos el **pretérito perfecto** para preguntar por las experiencias.
■ *¿**Has montado** alguna vez en globo?*

■ En las respuestas usamos el **pretérito perfecto** o el **pretérito indefinido** según el marco temporal de la acción.
● *No, no **he montado** nunca.*
● *Sí, **he montado** muchas veces.*
● *Sí, **monté** una vez el verano pasado.*

8 Escribe un párrafo o unas frases con la información de tu compañero.

Michel no ha montado nunca en camello, pero ha actuado en dos películas. No ha escrito una carta de amor, ni tampoco ha arreglado nunca su ordenador.

Revista *El Viajero* INICIO DESTINO **CONSEJOS**

VIAJAR SIN SORPRESAS

Para viajar sin problemas hay que tener en cuenta algunas normas y consejos:

1 En algunas zonas de África, hay que pedir permiso antes de hacer una fotografía a una persona.
2 En la mayoría de países árabes, hay que quitarse los zapatos antes de entrar en las mezquitas.
3 En muchos países del norte de Europa no se puede señalar a la gente con el dedo.
4 En Japón, no se puede mirar a la gente a los ojos.
5 En Taiwán, hay que dar los regalos con las dos manos.
6 En China, no se puede besar a la gente en público.
7 En Alemania, hay que llevar una bebida o un postre cuando te invitan a comer.
8 En Noruega, hay que quitarse los zapatos al entrar en una casa.

LEER

1 ¿Conoces a personas de culturas muy diferentes a la tuya? ¿Qué costumbres tienen que tú no compartes?

2 Lee los consejos y normas de la revista *El Viajero* y señala los que coinciden con los de tu país.

3 Con otros compañeros, haz una lista de costumbres que te sorprenden. Y luego coméntalas con ellos.

GRAMÁTICA

EXPRESAR OBLIGACIÓN Y PROHIBICIÓN

- ***Hay que / No hay que* + infinitivo** se usa para *expresar* que algo es necesario u obligatorio, pero sin indicar quién tiene esa necesidad u obligación.
  *Para preparar un biberón **hay que** hervir el agua.*

- ***(No) se puede* + infinitivo** se usa para expresar permiso o prohibición sin indicar quién "puede" realizar esa acción.
  *En esta zona **se puede** jugar al fútbol.*
  *Aquí **no se puede** aparcar.*

4 Hemos preguntado a algunos estudiantes de español sobre los choques culturales. Lee y subraya la opción que consideras más adecuada.

¿QUÉ TE CHOCÓ MÁS AL LLEGAR A ESPAÑA?

Xuan-thanh (chino)
La educación en mi país está muy marcada por el respeto y la disciplina. Por ejemplo, cuando entra un profesor en la clase (1) *hay que / no hay que* levantarse e inclinar la cabeza. (2) *Se puede / No se puede* llamar al profesor por su nombre, ni mucho menos tutearle.

Rosa Ziegler (suiza)
Al llegar a España sentí una gran liberación, al comprobar que en este país son más permisivos que en el mío. Por ejemplo, (3) *se puede / no se puede* llegar hasta un cuarto de hora tarde a una comida en casa de unos amigos o (4) *se puede / no se puede* tener la televisión con un volumen alto después de las diez de la noche.

Barbora Zemkova (checa)
Vivo en España desde hace dos años y hay algunas cosas en su forma de comer que no entiendo. Por ejemplo, no sé por qué (5) *hay que / no hay que* comer tanto pan. O por qué (6) *hay que / no hay que* comer siempre dos platos, un primero y un segundo, cuando para mí lo normal es comer solo un plato.

5 **Completa las siguientes frases según la información que tienes de España. Utiliza *hay que / no hay que / no se puede*.**

1 En España, no se puede fumar en los restaurantes.
2 En España, cuando entras en una casa .... quitarse los zapatos.
3 En España .... llamar de "usted" al profesor.
4 En España .... hablar por el móvil conduciendo un coche.
5 En España .... conducir un coche si tienes menos de 18 años.

6 **¿Qué hay que hacer si nos encontramos con las siguientes señales? Usa *hay que / no hay que / no se puede* más los verbos del recuadro.**

tocar • parar • fumar • ~~hablar~~ • usar • beber

1 No se puede hablar.

2 ....

3 ....

4 ....

5 ....

6 ....

PRONUNCIACIÓN Y ORTOGRAFÍA

Sílaba tónica

En todas las palabras hay una sílaba que se pronuncia con más fuerza. Es la sílaba tónica. Según el lugar de la sílaba tónica, las palabras se clasifican en:
Agudas: cuando la sílaba tónica es la última: *Panamá, escritor, contaminación.*
Llanas: cuando la sílaba tónica es la penúltima: *playa, amigo, árbol.*
Esdrújulas: cuando la sílaba tónica es la antepenúltima: *música, América, pretérito.*

1 115 **Escucha y observa la sílaba tónica.**

médico	lección	rápido	canté
comer	pasó	mano	trabajo
libro	mejor	bebí	trabajó
ventana			

2 115 **Escucha otra vez y repite.**

3 116 **Escucha las palabras siguientes y subraya la sílaba tónica.**

café	mesa	música	Madrid
español	madre	árabe	estudiar
comí	comió	como	vino
venir	móvil	teléfono	profesor
nacional	zapato	camisa	

4 **Escribe cada palabra en la columna correspondiente.**

agudas	llanas	esdrújulas
café	mesa	música

Bodas del mundo

✦ IRLANDA

En la boda tradicional irlandesa no puede faltar un anillo Claddagh: un corazón sostenido por dos manos, con una corona, que representa amor, fe y honor.
En la tradición irlandesa se dice: "Cásate en mayo y arruinarás el día. Cásate en abril, alegría para ella y alegría para él".

✦ POLONIA

En una boda polaca son muy importantes el pan, el vino y la sal. El pan representa que la nueva pareja no pasará hambre. La sal es un recordatorio de que los tiempos pueden ser difíciles, pero ellos deben hacer frente a todo lo que pueda suceder. El vino representa buena salud y buen humor.

✦ INDIA

Los novios llevan los anillos de boda en el cuarto dedo, ya que se cree que las venas de este dedo llegan directamente al corazón. El novio lleva el suyo en la mano derecha y la novia lo lleva en la izquierda, esto es para representar un corazón completo.
Antes de la boda celebran una ceremonia solo para mujeres. En ella, las amigas y familiares de la novia se pintan los pies y las manos con henna.

✦ SUDÁFRICA

En Sudáfrica, después de la boda hay una gran fiesta conocida como el Karamu.
La tradicional boda de Sudáfrica incluye una ceremonia de velas de unidad. Una vela grande se mantiene apagada durante la ceremonia, flanqueada por dos pequeñas velas encendidas. La novia y el novio toman una de las pequeñas para encender la vela grande, que simboliza su unión.

✦ GRECIA

Los novios griegos envían vino con sus invitaciones de boda a sus amigos y familiares y las novias envían dulces con las suyas.
Las novias griegas llevan un velo de color amarillo o rojo que simboliza el fuego.
También es costumbre romper platos en la celebración para llamar a la buena suerte. La fiesta dura toda la noche.

LEER

1 Antes de leer el texto, relaciona algunas palabras que aparecen en él con su significado.

1	vena	☐	5	vela	☐
2	ceremonia	☐	6	flanquear	☐
3	simbolizar	☐	7	velo	☐
4	corona	☐	8	tradicional	☐

- **a** Que sigue las costumbres del pasado.
- **b** Estar al lado de una cosa o de una persona.
- **c** Da luz. Se ponen, por ejemplo, en un pastel de cumpleaños.
- **d** Trozo de tela que cubre la cara de algunas novias el día de su boda.
- **e** La llevan los reyes o las reinas, aro que se pone en la cabeza.
- **f** Representar.
- **g** Por donde circula la sangre.
- **h** Acto que sigue una costumbre determinada.

2 Ahora, lee el texto y di en qué país ocurre esto.

1. La sal simboliza los malos tiempos de la vida.
2. El novio y la novia no llevan el anillo en la misma mano.
3. Se rompen unos platos durante la boda.
4. Llevan un anillo especial.
5. Encienden una vela grande con dos velas más pequeñas.

ESCUCHAR

3 117 **Escucha a Lucía y a Miguel hablar de sus experiencias en viajes y marca verdadero (V) o falso (F).**

1 Lucía ha viajado mucho. ☐
2 A Miguel le gustaría viajar a Egipto. ☐
3 Lucía fue a Egipto con sus amigos. ☐
4 Lucía conoce casi toda Europa. ☐
5 Miguel estuvo en Argentina y Chile. ☐
6 Miguel practica la vela. ☐

ESCRIBIR

4 Este texto está sacado del *Diario de un viaje* de Jorge por México. Complétalo con los verbos del recuadro.

han dado • ha sido • he comido • ~~he llegado~~
he encontrado • He vuelto • he salido • he visto
He paseado • he quedado • he sentado

Diario de un viaje

OAXACA, MÉXICO

Hoy a las nueve de la mañana (1) he llegado a Oaxaca, una ciudad con mucho movimiento. En la oficina de turismo me (2) .... un mapa de Oaxaca muy claro y con él en la mano (3) .... fácil llegar caminando al Hotel Luz de Luna. Por 300 pesos mexicanos me (4) .... en una habitación con una buena cama, wifi, cocina y un desayuno.
Después de dejar la mochila, (5) .... a caminar por el Zócalo, la plaza central de la ciudad, que está siempre llena de gente. (6) .... por el mercadillo de artesanía, y (7) .... los bonitos trabajos en telas, cueros y cerámicas. Cerca de la catedral (8) .... un restaurante donde el menú cuesta 80 pesos mexicanos y por ese precio (9) .... un plato de sopa, luego mole negro (arroz blanco y una pieza de pollo con una salsa bien negra) acompañado de un vaso de refresco y cinco tortillas. Por la noche me (10) .... en un café y he estado escuchando a los músicos callejeros hasta las diez. (11) .... al hotel muy cansado.

5 Escribe el balance de tu vida. Responde a las preguntas y luego escribe un párrafo.

¿Has viajado mucho?
¿Por tu país o por el extranjero?
¿Has practicado algún deporte?
¿Has conseguido algún premio?
¿Has tenido un hijo?
¿Has plantado un árbol?

EN PAREJAS

HABLAR

Alumno A (alumno B, ver «En parejas», pág. 200)

6 Hoy tienes muchas cosas que hacer. Pregunta a tu compañero si ya ha hecho las siguientes tareas. Tú ya has hecho las señaladas con una X.

¿Has comprado ya el pan?

Comprar el pan.	
Planchar las camisas.	X
Poner la lavadora.	X
Regar las plantas.	
Fregar los platos.	
Ir al banco.	X
Llamar por teléfono a Luis.	
Comprar el periódico.	
Abrir el correo.	X
Comprar las entradas para el fútbol.	X

7 Responde a tu compañero.

Sí, ya las he planchado.

AUTOEVALUACIÓN

1 Escribe el adjetivo contrario.

1 arrogante / amable
2 maleducada / ....
3 nerviosa / ....
4 triste / ....
5 aburrida / ....
6 egoísta / ....
7 tímida / ....
8 perezosa / ....
9 antipático / ....
10 inteligente / ....

2 ¿Qué parentesco tienen conmigo las siguientes personas?

1 El hijo de mi madre: mi hermano.
2 El marido de mi hermana: ....
3 La hija de mi hermano: ....
4 El hijo de mi tío: ....
5 La hermana de mi primo: ....
6 La mujer de mi hermano: ....
7 La hija de mi hijo: ....
8 El hermano de mi padre: ....
9 El marido de mi madre: ....
10 La madre de mi padre: ....

3 Completa con los verbos *ser* o *estar*.

1 Mi hermana es alta y morena.
2 Los niños .... contentos.
3 Mi marido .... muy trabajador.
4 Miguel .... muy preocupado.
5 ¿.......... (tú) nerviosa por tu boda?
6 El marido de mi hermana no .... español.
7 Las cervezas no .... frías.
8 Ahora no tengo que estudiar. Después del examen .... más tranquilo.
9 Mi abuelo .... muy generoso, siempre me da dinero cuando voy a visitarlo.
10 Verónica .... muy simpática, pero hoy .... insoportable.

4 Completa el texto con el pretérito perfecto de los verbos entre paréntesis.

Alicia y Ricardo están esperando para hacer una entrevista de trabajo. (1) Han llegado (llegar) puntuales, pero no (2) .... (tener) tiempo de prepararse, y no (3) .... (leer) ninguna información sobre la empresa. Por eso no (4) .... (pensar) en ninguna respuesta inteligente. (5) .... (realizar) antes distintos trabajos, pero Ricardo no (6) .... (trabajar) nunca en una empresa de publicidad. Alicia (7) .... (vestirse) con su traje nuevo y Ricardo (8) .... (comprarse) una corbata para la ocasión.

5 Escribe la historia de Rubén con Laura. Utiliza el pretérito perfecto o el pretérito indefinido.

HISTORIA DE RUBÉN:

El sábado pasado...

1 Conocer a Laura.
Conocí a Laura.
2 Bailar con ella.
....
3 Pasárselo bien.
....
4 Acompañarla a casa.
....

Desde entonces hasta hoy,

5 Verla todos los días.
....
6 Ir a buscarla a casa todas las tardes.
....
7 Llamarla por teléfono todas las noches.
....

¿Qué sabes?

	☺	😐	☹
• Hablar del carácter.	☐	☐	☐
• Describir a la familia.	☐	☐	☐
• Utilizar el pretérito perfecto.	☐	☐	☐
• Expresar obligación y prohibición.	☐	☐	☐
• Hablar de costumbres diferentes.	☐	☐	☐

Tiempo libre

13

- Expresar deseos
- Alquilar una casa
- Hablar de cine y actividades de tiempo libre
- Expresar gustos y opiniones
- Pronombres de objeto directo e indirecto
- Cultura: Cine en español. Fiestas tradicionales
- Vídeo: *Fin de semana*

1 Mira las fotos. ¿Dónde te gustaría vivir? ¿Por qué?

A mí me gustaría vivir en el chalé porque tiene jardín y a mí me gustan las plantas.

ESCUCHAR

2 118 En una agencia de venta y alquiler de pisos, varias personas están buscando vivienda. Escucha y toma nota. ¿Qué cosas son importantes para cada uno?

Roberto: *pequeño…*

Familia Hierro:

Carmen y Francisco:

3 En parejas. Prepara una conversación con tu compañero en una agencia inmobiliaria.

- *Buenos días, ¿en qué puedo ayudarle?*
- *Estoy buscando un piso, un chalé, una casa…*
- *¿Dónde le gustaría vivir: en el centro o lejos del centro?*

4 Escribe la letra correspondiente.

1	ducha	☐	9	nevera	☐
2	microondas	☐	10	espejo	☐
3	armario	☐	11	cama	☐
4	librería	☐	12	lavadora	☐
5	chimenea	☐	13	lavabo	☐
6	mesita de noche	☐	14	manta	☐
7	sillón	☐	15	horno	☐
8	silla	☐	16	alfombra	☐

5 **Coloca cada cosa en su habitación. Hay más de una opción.**

SALÓN-COMEDOR	librería
BAÑO	
DORMITORIO	
COCINA	

***ME GUSTARÍA* + INFINITIVO**

- Para expresar deseos, tanto probables como poco probables, usamos la forma (*me, te, le...*) ***gustaría*** **+ infinitivo.**
  A Lucía ***le gustaría cambiar*** *de trabajo.*

GRAMÁTICA

6 **Relaciona.**

1 A mí...
2 ¿A ti...
3 A Pedro...
4 A mi marido y a mí...
5 ¿A vosotros...
6 A ellas...

a le gustaría vivir en el campo.
b te gustaría trabajar por la tarde?
c nos gustaría ir a la ópera.
d me gustaría ir de vacaciones a Andalucía.
e no les gustaría ver esta casa.
f os gustaría venir a Madrid?

7 **Lee y completa el artículo de "El Rincón de Leticia Sánchez" con las palabras del recuadro.**

techos • salón • cortinas • suelo • plantas
zonas verdes • jardín • paredes

8 **Lee otra vez y completa las frases con información del artículo.**

1 La casa donde vive Leticia se encuentra a .... de Madrid, en una .... rodeada de muchos parques.
2 En el salón hay una ...., una mesa y un .... muy cómodo.
3 En el jardín tiene una .... con ...., y ahí toma el ....

9 **Describe tu casa ideal. Primero prepara la descripción con estas preguntas.**

1 ¿Dónde está: en el campo, en el centro de la ciudad, en la montaña, al lado del mar?
2 ¿Cuántas plantas tiene? ¿Qué habitaciones hay arriba y qué hay abajo?
3 ¿Cuántos dormitorios tiene?
4 ¿Tiene garaje, jardín, piscina, terraza?
5 ¿De qué estilo es: moderno, antiguo?
6 ¿Cómo son los muebles: clásicos, funcionales, de hierro, de madera?

10 **Cuenta cómo es tu casa ideal a tus compañeros.**

EL RINCÓN de Leticia Sánchez

Hoy visitamos la casa de Leticia Sánchez, diseñadora de la revista *Viajar*. Su casa, situada a 10 kilómetros de Madrid, tiene una luz especial.

"Odio las casas de ahora, que tienen los (1) .... bajos. Mi casa tiene que ser amplia. Me gustan las (2) .... pintadas con colores suaves, que dan una armonía especial. Las casas pintadas de colores fuertes me cansan. La habitación que más utilizo es el (3) .... Me gusta mucho el sofá, es muy cómodo. A mi hija le encanta sentarse en él a ver la televisión. El (4) .... es de madera y en las ventanas no tengo (5) ...., pues me gusta que entre la luz. Otro de mis lugares preferidos es el (6) .... En él tengo una mesa y unas sillas muy cómodas en donde puedo tomar el sol y leer. También me gusta cuidar las (7) .... Cuando era más joven me gustaba vivir en el centro de Madrid. Pero desde que tuve a mi hija preferí venir a vivir a un lugar con más (8) .... y alejado de la contaminación. Me encanta dar paseos por los parques que hay alrededor de mi urbanización, y los fines de semana monto en bici con mi marido y mi hija".

13 B ¿QUÉ HAS HECHO EL FIN DE SEMANA?

1 **Comenta con tus compañeros.**

¿Te gusta el cine?
¿Cuántas películas ves al mes?
¿Qué película, de las últimas que has visto, te ha gustado más?
¿Recuerdas alguna película hispana?

VOCABULARIO

2 **Relaciona las siguientes definiciones con cada tipo de película.**

un musical • ~~una comedia~~ • de terror
de ciencia ficción • de guerra • de acción
una película del oeste • una película policiaca

1 Una película divertida que te hace reír.
una comedia
2 Una película de indios y vaqueros.
3 Una película en la que se canta y se baila.
4 Una película sobre fantasías del futuro.
5 Una película en la que se pasa mucho miedo.
6 Una película con policías y ladrones.
7 Una película con enfrentamientos bélicos.
8 Una película con muchas aventuras.

3 **En parejas. ¿Qué tipo de películas te gustan más?**

A mí me gustan mucho las películas de terror.
A mí, no. Prefiero las comedias o las películas de amor.

ESCUCHAR

4 119 **Escucha a estos tres compañeros hablando de su fin de semana y señala si las siguientes afirmaciones son verdaderas (V) o falsas (F).**

1 Pepa vio una película española.
2 Beatriz estuvo en el cine con sus amigos.
3 Beatriz y sus amigos fueron a la playa el domingo.
4 Mariano no ha salido durante el fin de semana.
5 El partido de fútbol fue muy divertido.

5 119 **Escucha otra vez y practica las conversaciones con tu compañero. Mira las transcripciones si es necesario.**

GRAMÁTICA

PRETÉRITO INDEFINIDO / PRETÉRITO PERFECTO

- Se usa el **pretérito perfecto** para hablar de acciones acabadas en un tiempo pasado no cerrado.
  - ■ ¿Qué *has hecho* este verano?
  - ● *He estado* de vacaciones en Sevilla.

- Se usa el **pretérito indefinido** para hablar de acciones acabadas en un momento definido del pasado.
  - ■ *¿Qué **has hecho** este fin de semana?*
  - ● *El viernes por la tarde **fui** al cine, el sábado por la mañana **jugué** al tenis con Eduardo y el domingo no **salí**, me **quedé** en casa.*

6 **En parejas. Practica, como en el ejemplo.**

1 Ir al teatro. / Limpiar la casa.
■ ¿Qué has hecho este fin de semana?
● El sábado fui al teatro y el domingo limpié la casa.
2 Dar un paseo. / Ver una peli en casa.
3 Ir a ver a mis padres. / Salir con Lucía.
4 Hacer la compra. / Ir al parque.
5 Jugar al fútbol. / Estudiar para el examen.
6 Jugar a videojuegos. / Levantarse a las 12.
7 Ir de compras. / Responder correos.
8 No hacer nada especial. / Quedarse en casa.

7 Subraya el verbo más adecuado.

1 ■ ¿Cuánto has ganado / ganaste este mes con las ventas?
● Pues este mes **ha sido / fue** bueno, **he sacado / saqué** más dinero que el mes pasado.

2 ■ ¿Por qué no **ha venido / vino** Julio hoy a trabajar?
● Porque anoche **llegó / ha llegado** muy tarde de su viaje.

3 ■ ¿Quién **ha entrado / entró** en mi habitación? Mis papeles están desordenados.
● Creo que Rosa **entró / ha entrado** el sábado a limpiar el polvo.

4 ■ ¿Quién **ha ganado / ganó** el Campeonato del Mundo de Baloncesto este año?
● Yo creo que EE.UU.
▲ No, EE.UU. lo **ha ganado / ganó** el año pasado.

5 ■ ¿Por qué no **ha venido / vino** Pablo a la fiesta del domingo?
● Porque **ha tenido / tuvo** que ayudar a su padre.

6 ■ ¿Usted no **ha estado / estuvo** aquí la semana pasada?
● Sí, pero no **he visto / vi** al jefe del departamento y por eso **volví / he vuelto**.

7 ■ ¿**Han cerrado / cerraron** ya la farmacia?
● Sí, ya **han cerrado / cerraron** hace más de media hora.

8 ■ ¿**Habéis estado / estuvisteis** alguna vez de vacaciones en México?
● Sí, **hemos estado / estuvimos** el año pasado.

9 ■ ¿**Has visto / viste** la última película de Almodóvar?
● Sí, la **he visto / vi** el domingo pasado.

8 ¿Utilizas muchos emojis en tus conversaciones? Relaciona cada expresión con el emoticono correspondiente.

1 ¡Es broma, hombre!
2 ¡Me muero de la risa!
3 ¡Qué rollo! ¡Qué aburrimiento!
4 ¡Un beso!
5 ¡Vale, de acuerdo!
6 ¡Qué asco! Es vomitivo.
7 No sé, ¿tú crees?
8 Te quiero.
9 ¡Qué cansancio!
10 Pareces enfadado/a.
11 ¡Qué horror!

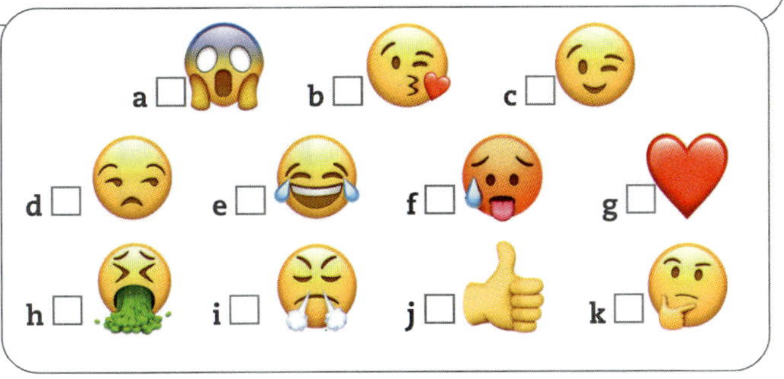

9 En esta conversación hemos quitado los posibles emojis. Léela y añade posibles emoticonos al lado de algunas frases, como en el ejemplo.

Mar:
¿Vamos mañana al cine?

Celia:
¿Otra vez? 

Miguel:
Vale, ¿qué ponen?

Mar:
Me han dicho que *La boda de Rosa* está genial.

Miguel:
Pues la crítica dice que no vale nada.

Celia:
Yo prefiero ver unos monólogos. He tenido un día fatal y necesito reírme.

Mar:
Yo también, pero terminan muy tarde, a las doce.

Miguel:
¿Y qué os parece esa nueva del director mexicano…?, el que dirigió *Roma*.

Celia:
¡Nooo!, no pude ver *Roma* hasta el final, ¡qué aburrimiento!

Mar:
Entonces, ¿qué hacemos?

Celia:
¿Por qué no reservamos mesa en un restaurante tailandés?

Miguel:
Por mí, vale.

Mar:
No me gusta mucho la comida picante. ¿Por qué no vamos a un japonés?

Celia:
¡Vaya, Mar! Nada te parece bien.

Mar:
Ya sabes que no soporto el picante.

Celia:
Vale, entonces haz tú la reserva en un japonés.

Mar:
¡Uff!, perfecto. ¡Os quiero!

Celia:
Un beso, hasta mañana.

10 Compara con tu compañero si habéis puesto los mismos emoticonos.

HABLAR

11 En grupos de tres, practica conversaciones como la anterior.

¿QUIÉN TE LO HA REGALADO?

GRAMÁTICA

PRONOMBRES DE OBJETO DIRECTO E INDIRECTO		
sujeto	**o. directo**	**o. indirecto**
yo	me	me
tú	te	te
él/ella/Ud.	lo, la	le (se)
nosotros/as	nos	nos
vosotros/as	os	os
ellos/ellas/Uds.	los, las	les (se)

- *¿Le has dado las llaves a Mercedes?* (las llaves: O.D.; a Mercedes: O.I.)
- *Sí, ya ~~le~~ las he dado.* (le → se: O.I.; las: O.D.)
- *¿Le has dado el jarabe al niño?*
- *Sí, ya se lo he dado.*
- *Le has dado la raqueta a María?*
- *Sí, ya se la he dado.*
- *Le has dado los pantalones a Juan?*
- *Sí, ya se los he dado.*

1 Pide cosas prestadas a tu compañero.

- ¿Me dejas la goma?
- Sí, claro, cógela.
- ¿Me dejas tu diccionario?
- No, lo siento, lo necesito yo.

2 Lee y completa.

me los • te los • los • me la • el mío • telos

1
- ¿Y estos vaqueros?, ¿de quién son?
- Son míos.
- ¡Qué bonitos! ¿Me .... dejas?
- Sí, claro, lléva ....

2
- Nuria, ¿es tuyo este cinturón?
- No, ... es más ancho que este.

3
- ¿De quién es esta raqueta?
- Mía.
- ¿Es nueva?
- Sí, ... ha comprado mi madre.

4
- ¡Qué pendientes tan bonitos! ¿Quién .... ha regalado?
- ¿Te gustan? .... ha regalado mi novio.

3 120 Escucha y comprueba.

4 Ha sido el cumpleaños de tu compañero y le han regalado algunas cosas. Pregúntale quién le ha regalado cada cosa.

- ¡Qué reloj tan bonito!, ¿quién te lo ha regalado?
- Me lo ha regalado Mar.
- ¡Qué gafas de sol tan bonitas!, ¿quién...

Haz lo mismo con otros objetos: *bolígrafo, móvil, bolso, cartera, corbata, anillo, pantalones, camiseta,* etcétera.

5 Completa con los pronombres.

1 ■ ¿Le has dado el dinero al fontanero?
  ● Sí, ya se lo he dado.
2 ■ ¿Les has dado los muebles a los vecinos?
  ● Sí, ya .... he dado.
3 ■ ¿Le has dado las plantas a Isabel?
  ● Sí, ya .... he dado.
4 ■ ¿Le has dado la foto a Enrique?
  ● Sí, ya .... he dado.
5 ■ ¿Le has comprado los libros a tu hermana?
  ● No, no .... he comprado aún.

6 Coloca el pronombre en el lugar adecuado.

1 ¿Qué le has regalado a mamá? (le)
2 Julia, Luis ha llamado por teléfono tres veces. (te)
3 ■ ¿Has visto a los vecinos?
  ● No, hoy no he visto. (los)
4 ■ ¿Has traído el libro al niño? (le)
  ● No he traído porque no he encontrado en la librería. (se, lo, lo)
5 Vamos ya, los amigos están esperando. (nos)
6 Esperamos en nuestra casa de la playa. (os)
7 ■ ¿Has dicho a tus padres que casas con Ana? (les, te)
  ● No, todavía no he dicho. (se, lo)
8 ■ ¿Has traído que pedí? (me, lo, te)
  ● No, traigo mañana. (te, lo)
9 ■ ¿Ha dejado María los apuntes? (te)
  ● No, no he visto. (la)

7 121 La jefa del departamento comercial le pregunta a Carlos por el trabajo que ha realizado en la semana. Escucha y señala qué ha hecho (✓) y qué no ha hecho (X) Carlos.

1 Enviar la información de las novedades a los otros departamentos. ☐
2 Enviar el presupuesto al director general. ☐
3 Ver al director del banco acerca del préstamo. ☐
4 Pasar las facturas a contabilidad. ☐
5 Entregar el pedido a los clientes de Sevilla. ☐

8 121 Escucha otra vez y escribe las respuestas de Carlos.

1 Sí, se la pasé a Cristina el martes.
2 ....
3 ....
4 ....
5 ....

PRONUNCIACIÓN Y ORTOGRAFÍA

Colocación de la tilde

1 122 Escucha y escribe cada palabra en la columna correspondiente.

limón	japonés	rapidez
rápido	trabajo	alemana
lápiz	lápices	iraní
ácido	lección	coche
papelera	sofá	ordenador
examen	escribir	crisis

agudas	llanas	esdrújulas

2 122 Escucha otra vez y repite.

3 Completa las reglas de acentuación.

- Llevan tilde las palabras **agudas** que terminan en ________ , ________ , ________ .
  Por ejemplo: *café, corazón, irlandés*.
- No llevan tilde las palabras **llanas** que terminan en ________ , ________ , ________ .
  Por ejemplo: *casa, crimen, pisos*.
- Llevan tilde ________ las palabras **esdrújulas**.
  Por ejemplo: *pájaro*.

LEER

1 **Lee estas reseñas de películas y series y completa con las palabras del recuadro.**

crisis • drama • ~~familia~~ • por las mañanas • premios • protagonista • trata (x 2) • dirigida (x 2) • actores • historias

Roma

Son los años 70. En la colonia Roma, ubicada cerca del centro de la ciudad, en Ciudad de México, vive una (1) familia rica, formada por la señora Sofía, su marido, médico, y sus cuatro hijos. En un segundo plano están Cleo y Adela, las mujeres que limpian la casa y cuidan a los cuatro niños.

Cleo es la primera en levantarse (2) .... para despertar a los niños para ir a la escuela y la última en irse a la cama, después de limpiarlo todo. Mientras, los patronos discuten continuamente a puerta cerrada. Esta rutinaria vida cambia un día por acontecimientos privados y públicos.

El cineasta mexicano Alfonso Cuarón escribe y dirige este (3) .... en blanco y negro. Los actores principales son Marina de Tavira, Marco Graf, Nancy García y Yalitzia Aparicio. Ha recibido muchos premios, entre ellos, tres premios Óscar.

Adú

La película cuenta tres (4) .... diferentes, pero con un punto en común: la pobreza en África.

La primera historia (5) .... de un niño y su hermana mayor que quieren escapar del continente para llegar a Europa dentro de la bodega de un avión.

En la segunda historia, un activista ecologista lucha contra la caza ilegal de animales protegidos.

La tercera historia presenta la vida de un grupo de guardias civiles que vigilan la valla fronteriza entre África y Melilla, una ciudad española en el continente africano.

La película está (6) .... por Salvador Calvo, y en ella trabajan los actores Luis Tosar, Anna Castillo, Álvaro Cervantes, Ana Wagener y Jesús Carroza. En 2021 ganó cuatro premios Goya.

Paquita Salas

Es una serie española de televisión de 2016. La (7) ...., Paquita Salas, tiene una agencia de representación de actores, que fue muy importante en los años 90. Ahora, en 2015, las cosas han cambiado, pero ella no. Cuando su actriz más famosa y rentable se despide, Paquita sufre una (8) .... importante. Tiene que luchar mucho para encontrar otros (9) .... y sobrevivir con su empresa.

Está dirigida por Javier Ambrossi y Javier Calvo. La crítica ha dicho que es una serie en clave de comedia "inteligente, divertida y maravillosa".

100 días para enamorarnos

Esta telenovela y comedia romántica es una de las más exitosas del año 2020 en México. Está (10) .... por Sebastián Ortega, Mariano Ardanaz, Jorge Colón y Fez Noriega.

(11) .... de dos buenas amigas, Constanza Franco, una abogada muy sofisticada y exitosa, además de madre y esposa; y Remedios Rivera, también madre y esposa.

Ambas mujeres deciden terminar con sus matrimonios después de veinte años. Remedios no quiere a su esposo porque se ha encontrado de nuevo con su primer amor de juventud. Y Constanza acuerda con su esposo, Plutarco, tomar un descanso de cien días como marido y mujer.

Ganó los (12) .... PRODU 2020 a la mejor telenovela y a la mejor actriz principal.

2 **Lee otra vez y contesta a las preguntas.**

1 ¿Qué nacionalidad tiene la película *Roma*?
2 ¿Quién la dirigió?
3 ¿De qué trata *Adú*?
4 ¿Qué tipo de serie es *Paquita Salas*?
5 ¿Qué problema ha provocado la crisis de Paquita Salas?
6 ¿Cuál de las películas ha ganado varios premios Óscar?
7 ¿Has visto alguna de las películas o series?
8 ¿Cuál de las películas o series te gustaría ver?

HABLAR

3 **¿Conoces alguna fiesta importante del mundo hispano? ¿Qué sabes de la Navidad, de las Fallas de Valencia, de la fiesta del Día de Muertos de México?**

ESCUCHAR

4 123 **Vas a oír a unos estudiantes de español que cuentan cómo es la fiesta de sus países. Escucha y señala si las afirmaciones son verdaderas (V) o falsas (F).**

1 El Día de la Luna se celebra siempre en la misma fecha. ☐
2 Debe ser una noche de luna llena. ☐
3 La Fiesta de las Flores se celebra a primeros de mayo. ☐
4 Chicos y chicas recorren las calles con velas. ☐
5 Cuando termina el recorrido todos se van a casa. ☐
6 *Aid es Seguer* se celebra en el Ramadán. ☐
7 No se puede comer en tres días. ☐

ESCRIBIR

5 **Escribe un párrafo contando una fiesta tradicional de tu país. Para ayudarte, responde a las preguntas siguientes:**

1 ¿Cuál es la fiesta más importante de tu país?
2 ¿Qué se celebra?
3 ¿Cómo se celebra?
4 ¿Hay una comida o comidas especiales? ¿Cuáles?
5 ¿Se intercambian regalos o dinero?
6 ¿La gente estrena ropa? ¿Llevan una ropa especial?
7 ¿Hay canciones especiales? ¿Baila la gente?

6 **En grupos, comentad vuestras fiestas.**

Fallas de Valencia

EN PAREJAS

HABLAR

Alumno A (alumno B, ver «En parejas», pág. 201)

7 **Escribe en un papel:**

- Una comida que te gusta mucho.
- Una película que has visto últimamente.
- Un lugar donde no has estado nunca.
- Un lugar que te gustaría ver.
- Algo que no te gustaría hacer este fin de semana.
- Una cosa que te molesta.
- Algo que no te gusta hacer.
- Alguien famoso que no te cae bien.
- Algo que te preocupa.

8 **Díselo a tu compañero.**

A mí me gusta mucho la pasta, ¿y a ti?

9 **Escucha a tu compañero y responde.**

A mí también. / A mí no.
A mí tampoco. / A mí sí.
Yo también. / Yo no.
Yo tampoco. / Yo sí.

1 Lee los anuncios y completa los huecos con las palabras del recuadro.

dormitorios • chalé • ascensor • terraza
jardín • habitación

1 EL PILAR. Piso exterior, 3 ……………………, suelo de parqué, calefacción individual, quinta planta con …………………… 267 500 €. Ref. 1175.

2 CENTRO. Apartamento, una …………………… Garaje. A estrenar. 205 000 €. Ref. 408.

3 ROZAS. …………………… 200 m^2, 3 cuartos de baño, 5 dormitorios, ……………………, piscina. 420 000 €. Ref. 359.

4 CHUECA. Ático-dúplex a estrenar, 60 m^2 de vivienda, 40 m^2 de …………………… Ascensor. 330 000 €. Ref. 562.

2 Contesta como en el modelo.

1 ■ ¿Quién te ha dado este libro?
● Me lo ha dado mi profesor.

2 ■ ¿Quién te ha regalado estos pendientes?
● …………………………… mi novio.

3 ■ ¿Quién te ha dicho eso?
● …………………………… Arturo.

4 ■ ¿Quién te ha dado la chaqueta esa?
● …………………………… mi hermano.

5 ■ ¿Quién le ha dado el helado a la niña?
● …………………………… la abuela.

6 ■ ¿Quién le ha prestado el coche a Carlos?
● …………………………… yo.

7 ■ ¿Quién les ha regalado esas playeras a los gemelos?
● …………………………… su padrino.

8 ■ ¿Quién os ha regalado esa bicicleta?
● …………………………… nuestro vecino.

3 Completa el texto con las palabras del recuadro.

humor • director • reparto • divertida • éxito • película

LA COMUNIDAD

Esta película, dirigida por Álex de la Iglesia, fue un gran (1) ……………………, al igual que su anterior (2) ……………………, *El día de la bestia*, debido a la genial mezcla de (3) …………………… y terror que hace su (4)…………………… Esta película resulta muy original y (5) …………………… El (6) ……………………, encabezado por Carmen Maura, es excelente.

4 Ordena las siguientes frases.

1 piensa / español / Todo / aprender / mundo / que / el / útil / es / muy.
2 de / salen / fines / La / amigos / de / sus / mayoría / con / los / los / semana / jóvenes.
3 mitad / población / en / la / mundial / China / de / Casi / vive / la.
4 pocos / gusta / A / niños / la / les / muy / verdura.
5 el / que / mundial / Casi / cree / mundo / la / es / paz / todo / necesaria.

¿Qué sabes?

	☺	😐	☹
• Expresar deseos *(me gustaría…)*.	☐	☐	☐
• Hablar de cine y actividades de tiempo libre.	☐	☐	☐
• Expresar gustos y opiniones.	☐	☐	☐
• Utilizar pronombres de objeto directo e indirecto.	☐	☐	☐
• Utilizar el pretérito perfecto y el pretérito indefinido.	☐	☐	☐

Antes y ahora

14

- Hablar de hábitos y circunstancias del pasado
- Hacer comparaciones
- Orientarse en la ciudad
- Cultura: Buenos Aires
- Vídeo: *Un museo con historia*

LEER

1 **¿Imaginas cómo era la vida hace cien años? Señala las afirmaciones y coméntalo con tus compañeros.**

1 Mucha gente viajaba en avión. ☐
2 No había electricidad en todas las casas. ☐
3 La gente vivía más años que ahora. ☐
4 Las familias tenían más hijos. ☐
5 Había teléfono fijo en casi todas las casas. ☐
6 Las mujeres llevaban faldas largas. ☐
7 Los hombres hacían tareas domésticas. ☐

2 **En las frases anteriores, señala el verbo en pretérito imperfecto. ¿Qué valor tiene?**

3 124 **Lee y escucha este reportaje de un periódico sobre Madrid.**

4 **Responde a las preguntas.**

1 ¿A qué se dedicaba el padre de María Guerra?
2 ¿Cómo iba a la escuela? ¿Por qué?
3 ¿A qué edad entró a trabajar?
4 ¿Qué le gustaba hacer los domingos?
5 ¿Entraban las mujeres solas en los cafés? ¿Por qué?
6 ¿Dónde jugaba Emilio de pequeño?
7 ¿Cuál fue su primer trabajo?
8 ¿A qué se dedicó en su vida adulta?

El Madrid de 1950

En los años 50 del siglo XX los niños madrileños **se bañaban** en el río Manzanares o **cruzaban** las calles sin mirar. Ahora es imposible.

María Guerra tiene más de 90 años ahora y cuenta cómo **era** su infancia: "Mi padre **era** conductor de tranvía. Yo fui a un colegio de monjas hasta los 14 años. Como no **había** transporte en el barrio donde **vivíamos**, todos los días **tenía** que andar más de media hora para llegar. Cuando **tenía** 14 años entré a trabajar en un taller de modistas. Los domingos **salía** con mis amigas a bailar o al teatro, **íbamos** siempre al teatro La Latina. En Madrid **había** muchos cafés, pero las mujeres no **entrábamos** solas, porque **estaba** mal visto".

Por su parte, Emilio Rodríguez dice que le **gustaba** más jugar en la calle que ir a la escuela. También recuerda la primera vez que fue al cine: le pareció maravilloso. A los 14 años empezó a trabajar en una pastelería y todos los días **repartía** los bollos a domicilio. Luego entró a trabajar en una imprenta y se hizo tipógrafo.

Tanto María como Emilio piensan que la vida ha cambiado desde que ellos **eran** jóvenes, y que ahora se vive muchísimo mejor que antes.

GRAMÁTICA

PRETÉRITO IMPERFECTO

- Se usa para hablar de acciones habituales en el pasado.
  Iba todos los domingos a bailar.

- Se usa para describir en el pasado.
  *La vida **era** más dura, no **había** tantas máquinas para trabajar.*

- Se usa para describir una situación.
  *Como no **había** transporte, **tenía** que ir andando.*

ESCRIBIR

5 Escribe los verbos en la forma adecuada.

Antes y ahora

Mario es fotógrafo. El mes pasado empezó a trabajar en un gran periódico como corresponsal y su vida ha cambiado radicalmente.

AHORA, Mario:

- viaja en avión todas las semanas,
- no ve a sus padres,
- duerme en hoteles,
- toma mucho café,
- habla inglés todos los días,
- conoce a gente nueva,
- a veces tiene miedo, pero
- le gusta mucho su trabajo y su vida.

ANTES,

- viajaba muy poco,
- .... a sus padres a menudo,
- .... en su casa,
- no .... café,
- no .... en inglés,
- no .... a mucha gente,
- nunca .... miedo, pero
- no le .... mucho su trabajo ni su vida.

HABLAR

6 ¿Qué hacías tú cuando eras adolescente? Lee las siguientes actividades, piensa cuáles hacías tú y cuáles no y luego coméntalo con tu compañero.

■ Yo, cuando era joven, tocaba la guitarra. ¿Y tú?
● No, yo no. Yo hacía deporte, jugaba al baloncesto en el colegio.

1 tocar la guitarra, el piano, la flauta...
2 hacer deporte: fútbol, baloncesto, *ping-pong*...
3 escribir un blog, hacer vídeos, dibujar cómics...
4 jugar con juegos de ordenador, videojuegos...
5 ir a la discoteca, al cine...
6 escuchar música a todo volumen...
7 ir a clases de español...
8 chatear...
9 llevar minifalda, trabajar, etc.

PRETÉRITO IMPERFECTO / PRETÉRITO INDEFINIDO

- Con el verbo en **pretérito imperfecto** podemos **describir** una situación o una época.

- Con el **pretérito indefinido narramos** un hecho, un acontecimiento.

- **¡OJO!** Si el hablante sabe que la actividad o situación ha terminado utilizará el verbo en **pretérito indefinido**.
  *Mi abuelo **vivió** muchos años en Torreblanca.*
  *Los vecinos **estuvieron** bailando hasta las tres de la mañana.*
  *Roberto **esperó** tres horas a su novia.*

7 Subraya el verbo adecuado.

1 Marisa, cuando era / **fue** pequeña, vivía en Londres.
2 Antes a mí me **gustaba** / **gustó** el chocolate, pero ahora no.
3 Ernesto **trabajó** / **trabajaba** en esa empresa un año.
4 Como no **tenía** / **tuve** dinero, no me **compré** / **compraba** los pantalones.
5 Hace cien años Madrid **tuvo** / **tenía** medio millón de habitantes.
6 Mis padres se **conocían** / **conocieron** en una fiesta y dos años más tarde se casaron.
7 La primera vez que **veía** / **vio** el mar le **parecía** / **pareció** maravilloso.
8 El domingo pasado **vimos** / **veíamos** una película que me **gustó** / **gustaba** mucho.
9 A los dos hermanos les **gustó** / **gustaba** mucho el fútbol, y por eso se **hacían** / **hicieron** futbolistas.
10 Julia y Ramón antes **salieron** / **salían** juntos del trabajo todos los días, pero ahora no se hablan.
11 Rosa y Ángel **vivieron** / **vivían** juntos tres años.

14 B YO NO GANO TANTO COMO TÚ

ROCÍO
Edad: 43 años.
Altura: 1,62 m.
Familia: 1 hijo.
Vivienda: piso ático de 90 m^2.
Profesión: abogada.
Horario de trabajo: 11 horas diarias.
Salario: 3000 € al mes.
Aficiones: cuidar las plantas, viajar y escuchar música.

MARTA
Edad: 36 años.
Altura: 1,70 m.
Familia: 2 hijos.
Vivienda: piso de 80 m^2.
Profesión: empleada de banco.
Horario de trabajo: 8 horas diarias.
Salario: 2000 € al mes.
Aficiones: ver series y bailar.

1 Mira las fotos y lee los datos sobre Rocío y Marta. ¿Quién trabaja más?

2 ¿Verdadero (V) o falso (F)?

1 Rocío es mayor que Marta. ☐
2 Rocío es tan alta como Marta. ☐
3 Rocío tiene más hijos que Marta. ☐
4 El piso de Rocío es más grande que el piso de Marta. ☐
5 Rocío trabaja menos horas que Marta. ☐
6 Rocío gana más que Marta. ☐
7 Rocío viaja más que Marta. ☐

3 Completa.

1 Marta no gana .... como Rocío.
2 Marta trabaja .... Rocío.
3 Marta es .... alta .... Rocío.
4 El piso de Marta es .... pequeño .... el de Rocío.
5 Marta es .... joven .... Rocío.
6 Rocío gana .... Marta.

GRAMÁTICA

COMPARATIVOS

- ***Más / menos*** **+ adjetivo +** ***que***:
*Juan es **más alto que** Antonio.*
- ***Más / menos*** **+ nombre +** ***que***:
*Yo gano **menos dinero que** mi mujer.*
- **Verbo +** ***más / menos*** **+** ***que***:
*Andrés **corre más que** Carlos.*
- ***Tan*** **+ adjetivo +** ***como***:
*Mi novia es **tan alta como** yo.*
- ***Tanto/a / tantos/as*** **+ sustantivo +** ***como***:
*Ana tiene **tantos amigos como** Sara.*
- **Verbo +** ***tanto*** **+** ***como***:
*Mi madre **trabaja tanto como** mi padre.*

COMPARATIVOS IRREGULARES

Más bueno / bien → ***mejor***
Más malo / mal → ***peor***
Más grande / viejo → ***mayor***
Más pequeño / joven → ***menor***

4 Compara.

1 fruta / dulces
La fruta tiene más vitaminas que los dulces.
A mí me gustan más los dulces que la fruta.
2 invierno / verano
3 París / Londres
4 hormiga / mosca
5 viajar en tren / viajar en avión
6 fútbol / natación
7 ver películas / ver series
8 música clásica / música moderna

ESCUCHAR

5 125 **Vas a escuchar una conversación telefónica entre Celia, que vive en Madrid, y su amigo Luis, que se ha ido a vivir a Cercedilla, un pueblo de la sierra madrileña. Completa la tabla con los signos +/– .**

	MADRID	CERCEDILLA
Diversiones		
Contaminación		
Buenas vistas		
Tiendas		
Tranquilidad		
Prisa		

6 Mira estos anuncios y contesta.

1 ¿En qué anuncio aparece una comida que pica mucho? ☐
2 ¿En qué anuncio aparece un alimento que está muy rico? ☐
3 ¿En qué anuncio aparece un dulce de Navidad que cuesta mucho dinero? ☐
4 ¿En qué anuncio aparecen lugares muy limpios y solitarios? ☐

A

B

SUPERLATIVO RELATIVO

El turrón ***más*** *caro* ***del*** *mundo.*
El alumno ***que más*** *estudia* ***de*** *la clase.*

SUPERLATIVO ABSOLUTO

Muy + adjetivo = adjetivo + ***–ísimo/a/os/as***
Muy raro = raro + -ísimo = rarísimo
Muy fácil = fácil + -ísimo = facilísimo

Observa

rico → *riqu**ísimo***
fuerte → *fort**ísimo***
amable → *amabil**ísimo***
cerca → *cerqu**ísima***
antiguo → *antiqu**ísimo***

7 Completa las siguientes frases hablando de tu país.

1 ciudad / grande
La ciudad más grande es ...
2 mes / frío
3 fiesta / popular
4 edificio / antiguo
5 equipo de fútbol / bueno
6 lugar de vacaciones / divertido

8 En grupos de cuatro, discute con tus compañeros.

¿Quién es el mejor cantante del mundo?
¿Quién es el mejor deportista de tu país?
¿Cuál es la mejor ciudad para vivir?

D

C

1 126 **Escucha y escribe el número en el coche correspondiente.**

1 El coche rojo está **delante de** la casa.
2 El coche azul está **enfrente de** la casa.
3 El coche verde está **en la esquina de** la casa.
4 El coche naranja está **en el cruce**.
5 El coche marrón está **detrás de** la casa.
6 El coche amarillo está **a la derecha de** la casa.
7 El coche negro está **a la izquierda de** la casa.
8 El coche violeta está **cerca de** la casa.
9 El coche azul marino está **lejos de** la casa.

2 Observa el dibujo y completa las frases siguientes con la expresión de lugar correspondiente.

Hemos comprado una casa preciosa en un bonito barrio residencial.

1 Delante de .... la casa hay un jardín.
2 .... la casa hay una piscina.
3 .... la casa hay una iglesia.
4 .... hay un semáforo.
5 .... hay un Kiosco.
6 .... de la casa está el banco.
7 Hay un río .... la casa.
8 .... la casa se ven las montañas.

3 127 **Escucha y completa los diálogos.**

1 ■ Perdone, ¿podría decirme dónde hay un puesto de periódicos?
● Siga recto y enfrente del banco, justo (1) ...., ahí lo encontrará.

2 ■ Disculpe, estoy buscando una farmacia. ¿Sabe si hay alguna por aquí?
● ¿Ve usted esa iglesia? Pues (2) .... la iglesia está la farmacia, (3) .... la oficina de correos.

3 ■ Por favor, ¿me podría indicar cómo llegar al Ayuntamiento?
● Sí, claro. Siga todo recto y, (4) ...., tuerza (5) .... (6) .... la escuela está el Ayuntamiento.

4 Según tu opinión, ¿son estas afirmaciones verdaderas (V) o falsas (F)? Después compáralas con las respuestas de tu compañero.

1 Los trenes son más puntuales que los autobuses. ☐
2 Viajar en autocar es más caro que viajar en tren. ☐
3 Las motos son más seguras que los coches. ☐
4 El avión es el medio de transporte más rápido. ☐
5 El metro es más lento que el autobús. ☐
6 La bicicleta es el medio de transporte más ecológico y barato. ☐

5 Haz una lista con los medios de transporte de la actividad anterior.

HABLAR

6 En un foro hemos encontrado esta encuesta con sus respuestas. En grupos, recoged las respuestas de los compañeros de la clase.

¿Qué medio de transporte prefieres?

ENLACE NOTICIAS PARTICIPA

Ana
"Yo prefiero el taxi, pero la verdad es que voy en mi bici porque no tengo dinero".

Marta
"Por las mañanas voy en coche a mi trabajo y por la tarde voy a pie".

Luis
"El coche de mi padre, mis pies y el transporte público".

Julia
"Prefiero el coche sobre todo, pero en mi ciudad es imposible moverse, así que voy siempre en metro".

Juan
"A mí me encanta viajar en barco, pero vivo en Madrid".

Daniel
"Yo viajo mucho en avión debido a mi trabajo, así que los fines de semana y en vacaciones utilizo la bici y la moto".

COMUNICACIÓN

Ir + a + lugar
*Yo **voy a la universidad** todos los días.*

Ir + en + medio de transporte
*Yo **voy en metro** a la universidad*

PRONUNCIACIÓN Y ORTOGRAFÍA

Diptongos

- Las vocales en español se clasifican en vocales abiertas (***a-e-o***) y vocales cerradas (***i-u***).
- Cuando dos vocales se pronuncian en una sola sílaba tenemos un **diptongo**.
  - una vocal **abierta** + una vocal cerrada: ***ai, au, ei, eu, oi, ou; ai**-re, **cau**-sa, **Zeus**.*
  - una vocal **cerrada** + una vocal abierta: *ra-**dio**, his-to-**ria**, **tie**-rra, a-**gua**, **puer**-to, an-ti-**guo**.*
  - dos vocales cerradas: ***fui***.

1 128 Escucha y repite.

diez	agua
seis	diario
pie	horario
pausa	rey
historia	cien
puedo	sauna
oigo	

2 129 Señala la palabra que oyes.

dios / dos	bien / ven
rey / res	cielo / celo
aula / ala	euro / oro
pez / pie	cuero / coro
mes / mies	podo / puedo

3 129 Escucha otra vez y repite.

Puerto Madero

Avenida 9 de Julio

La Boca

La ciudad de Buenos Aires

Buenos Aires es probablemente la más elegante y destacada capital de Sudamérica, con trece millones de habitantes, popularmente llamados "porteños".

Buenos Aires tiene distintos barrios para visitar. Uno puede dirigirse hacia el sur, paseando por las calles de San Telmo, hogar del tango. Un poco más hacia el sur está el famoso barrio del puerto: La Boca, con casas de metal pintadas de brillantes colores. Esta es la cuna del Boca Juniors, el equipo de fútbol más popular, la máxima expresión de la pasión nacional por el deporte rey.

Al otro lado de la ciudad, hacia el norte, está el barrio de La Recoleta, de los más elegantes del país. Un poco más lejos, encontramos el Moderno Palermo, lleno de árboles, con un zoo y bonitos parques y jardines. Y el Palermo Viejo, un vecindario más pequeño, lleno de bares de moda y restaurantes internacionales.

El corazón de la capital argentina se extiende a lo largo de la orilla oeste del río de la Plata, al que todos los porteños consideran el más ancho del mundo.

Este "París del Sur" no dejará de sorprendernos, con sus ciudadanos elegantes y orgullosos, sociables y animados.

LEER

1 ¿Qué sabes de Buenos Aires? Señala V o F.

1. Buenos Aires es la capital de Argentina. ☐
2. Está junto al mar. ☐
3. Tiene más de diez millones de habitantes. ☐
4. La ciudad es conocida como el "Madrid del Sur". ☐
5. Su equipo de fútbol es el Buenos Aires Fútbol Club. ☐
6. Es la cuna del tango. ☐

2 Lee el texto y comprueba si has acertado.

3 Corrige las siguientes frases falsas.

1. Buenos Aires es la capital menos conocida de Sudamérica.
   Buenos Aires es probablemente la capital más destacada de Sudamérica.
2. El barrio de La Boca es conocido por sus lujosas viviendas.
3. El equipo de fútbol más popular tiene su cuna en el barrio de San Telmo.
4. El barrio de La Recoleta no es un barrio muy elegante.
5. El Moderno Palermo es un barrio industrial.
6. En La Recoleta están los bares de moda.
7. Los porteños suelen ser aburridos e insociables.

ESCUCHAR

4 130 **Tres personas mayores cuentan dónde pasaban sus vacaciones cuando eran niños. Escucha y contesta a las preguntas.**

LOLA
1 ¿Dónde pasaba sus vacaciones Lola?
2 ¿Por qué podían jugar los niños en la calle en Ondara?
3 ¿Cómo aprendió a nadar Lola?

CARLOS
4 ¿Qué clima hace en La Mancha?
5 ¿Quiénes salían a pasear por la tarde?

PALOMA
6 ¿Por qué Paloma no salía de Madrid en vacaciones?
7 ¿Cuándo iba a la piscina con su familia?
8 ¿Cuándo volvían todos a casa?

5 **En un foro hemos encontrado descripciones de "Mi barrio antes y ahora". Lee los dos textos del blog de la derecha y completa los huecos con los verbos del recuadro.**

tenía (x 2) • era (x 2) • daban • hacía
había (x 2) • están • dan • hay (x 3) • eran (x 2)
jugábamos • iban • estaban (x 2) • estaba

6 **Escribe la descripción de tu barrio antes y ahora en un párrafo de 120 palabras.**

EN PAREJAS

HABLAR

Alumno A (alumno B, ver «En parejas», pág. 201)

7 **Muévete por la clase y pregunta a los compañeros.**

¿El año pasado tenías el pelo largo?

Encuentra a alguien que…
…el año pasado (tener) el pelo largo.
…cuando (ser) niño (tener) perro o gato.
…(jugar) al fútbol o al baloncesto.
…(comer) en el colegio todos los días.
…antes (fumar), pero ahora no.
…(escribir) poesías cuando (ser) adolescente.
…(salir) con los amigos todos los fines de semana.
…(gustar) la música clásica cuando (ser) adolescente.

Mi barrio antes y ahora

ENLACE NOTICIAS PARTICIPA

María

Yo (1) *tenía* 4 años cuando llegué a Miramar, mi barrio. Al principio todo (2) .... nuevo, los edificios, las calles, los semáforos. El parque de Comillas, cerca de mi casa, (3) .... columpios y toboganes nuevos, (4) .... estupendo jugar allí. También (5) .... nuevos los jardines, y los árboles eran tan jóvenes que no (6) .... sombra. En verano (7) .... un calor horrible. No (8) .... muchas tiendas ni coches porque todavía no (9) .... ocupados todos los pisos. Ahora el barrio ha cambiado: los edificios parecen viejos, las calles (10) .... bastante sucias, (11) .... mucha gente y coches por todas partes. Pero los árboles del parque han crecido y, en verano, (12) .... una buena sombra. También (13) .... una fuente preciosa.

Carlos

Mi barrio ahora está mejor que antes. Cuando yo era niño las casas (14) .... viejas, las calles no (15) .... asfaltadas y (16) .... pocos coches. No había ningún parque, los niños (17) .... en la calle. Solo había una panadería y, para hacer la compra, mis padres (18) .... a un mercado que (19) .... un poco lejos. Ahora (20) .... edificios nuevos, las calles están asfaltadas y muy cerca de mi casa han construido un centro comercial donde se puede comprar de todo: alimentación, ropa, ordenadores…

AUTOEVALUACIÓN

1 **Escribe sobre lo que hacías y no hacías cuando eras más joven. Utiliza los verbos del recuadro.**

hablar español • utilizar el ordenador
trabajar • dormir ocho horas • beber café
fumar • ir al gimnasio.

ANTES:
- no hablaba español

AHORA:
- hablo español

2 **Completa los huecos con el verbo entre paréntesis en la forma correcta (pretérito imperfecto o pretérito indefinido).**

1 Mi hermano trabajó (trabajar) muchos años en Alemania.
2 Cuando .... (ser) joven, mi padre .... (fumar) puros.
3 Mi abuelo .... (leer) el mismo periódico toda su vida.
4 Antes de empezar a trabajar .... (pasar, yo) tres veranos en Inglaterra.
5 Mis padres y yo, después de la cena, siempre .... (ver) la televisión.
6 Los alimentos antes .... (ser) más sabrosos.
7 Antes de tener a los niños, mi mujer y yo .... (salir) dos veces por semana.
8 El domingo pasado, Pablo y yo .... (jugar) un campeonato de tenis.
9 Ayer .... (enviar, yo) cinco correos electrónicos a tu empresa.
10 Yo no me .... (comprar) el disco porque .... (ser) muy caro.
11 Antes, la gente .... (viajar) menos al extranjero.

3 **Completa las siguientes frases con las palabras del recuadro.**

más (x 4) • menos • tan (x 2) • como • tanta

- El coche que ha comprado tu hijo es mejor que el mío: no gasta (1) .... gasolina y es bastante (2) .... seguro.
- Me encanta la natación, es uno de los deportes (3) .... completos que hay. No es tan emocionante (4) .... el *puenting*, pero es (5) .... divertido que la pesca, y (6) .... caro que el esquí.
- La casa de mi compañera es (7) .... grande como la mía, pero el jardín no es (8) .... grande como el nuestro y la piscina es (9) .... pequeña.

4 **Escribe seis frases sobre los siguientes personajes. Usa la forma comparativa de los adjetivos del recuadro, como en el ejemplo.**

simpático/a • guapo/a • rubio/a • alto/a • mayor • joven

Leo Messi es más bajo que Ricky Martin.

Ana de Armas

Javier Bardem

Jennifer López

Ricky Martin

Julieta Venegas

Leo Messi

5 **Escribe cinco frases sobre los personajes de la actividad anterior. Utiliza el superlativo como en el ejemplo.**

Jennifer López es la más famosa.

¿Qué sabes?

	☺	😐	☹
• Hablar de acciones habituales y describir el pasado.	☐	☐	☐
• Hacer comparaciones.	☐	☐	☐
• Moverse por la ciudad.	☐	☐	☐

Cocinar

15

- Mediación oral
- Expresar cantidades indeterminadas
- Dar instrucciones de forma impersonal
- Cultura: Dieta mediterránea
- Vídeo: *De segunda mano*

SHOPENMARCHA

¿TE GUSTA RECICLAR? Ponte en marcha: vende lo que no te sirve y compra lo que no quieren los demás.

4500 €
Mercedes-Benz
Modelo antiguo.
Ideal para coleccionistas.

15 €
Adidas
Sudadera negra y blanca con capucha. Sin estrenar.

45 €
Mesa de centro
Mesa de Zara Home.
Comprada en enero.

10 950 €
BMW R-1200 GS
OCASIÓN. 90 000 km, año 2014. Estupenda. Se entrega con garantía.

0 €
Pianola
JANSSEN.

300 €
Comedor para 6 personas
De El Corte Inglés.
De madera. Sillas de color gris.

150 €
Frigorífico
Con congelador arriba.
En perfecto estado.

40 €
Teléfono *vintage* rojo
Decoración *vintage*.

1 ¿Has comprado alguna vez cosas de segunda mano? ¿Ha sido una buena experiencia? ¿Has vendido alguna vez algo por internet? ¿Qué tipo de producto?

LEER

2 Lee los anuncios de una página web de compra y venta de objetos usados y busca la información para responder a las preguntas.

1 ¿De qué marca es el coche que cuesta 4500 euros?
2 ¿Cómo está la sudadera?
3 ¿Qué antigüedad tiene la mesa de centro?
4 ¿Cuántos kilómetros tiene la moto?
5 ¿Cuánto cuesta el teléfono *vintage*?
6 ¿Para cuántas personas es la mesa de comedor?
7 ¿Qué objeto es gratis?

3 Lee otra vez los anuncios de la página web y escribe las preguntas para las siguientes respuestas.

1 Blanca y negra. *¿De qué color es la sudadera?*
2 300 euros.
3 Janssen.
4 2014.
5 En perfecto estado.
6 De madera.

4 Lee el chat entre el vendedor y el comprador de la moto y completa con las palabras del recuadro.

~~información~~ • dirección • estado • algún extra
no puedo • algún problema

Comprador: Buenos días, quería pedir más (1) *información* sobre la moto.
Vendedor: Muy bien, dime, ¿qué quieres saber?
Comprador: ¿Está en buen (2) ....?
Vendedor: Sí, está estupenda, solo tiene 90 000 km.
Comprador: ¿Ha tenido muchos dueños?
Vendedor: No, solo yo, y siempre la he cuidado mucho.
Comprador: Vale. ¿Lleva (3) ....?
Vendedor: Sí, tiene ABS y GPS.
Comprador: Muy bien. ¿Puedo ir a verla?
Vendedor: Claro que sí. Yo vivo en Valencia.
Comprador: Yo también. ¿Cuál es tu (4) ....?
Vendedor: C/ Ruzafa, 31.
Comprador: ¿Te viene bien este fin de semana?
Vendedor: El sábado sí, el domingo (5) ....
Comprador: Vale, quedamos el sábado.
Vendedor: ¿A las cinco?
Comprador: Estupendo.
Vendedor: ¿Me das tu número de teléfono por si hay (6) ....?

5 131 **Escucha el audio y contesta verdadero (V) o falso (F).**

1 La madre quiere comprar una mochila de segunda mano. ☐
2 La hija ha visto varias mochilas e informa a su madre de cuáles son mejores para ella. ☐
3 La mochila negra es muy elegante y es la que más le gusta a la madre. ☐
4 La mochila azul es sencilla y cómoda. ☐
5 La hija está viendo las fotos de las mochilas en su móvil. ☐
6 A la hija le gusta más la mochila grande. ☐
7 La mochila grande es más cara que la mochila azul. ☐

COMUNICACIÓN

Transmitir información (mediar)

- *He visto varias mochilas de segunda mano que te pueden interesar.*
- *Hay una negra muy elegante...*
- *Hay otra más sencilla...*
- *Quizá es un poquito grande.*
- *Te mando una foto al móvil, a ver si te gusta.*

EN PAREJAS

MEDIACIÓN ORAL

Alumno A (alumno B, ver «En parejas», pág. 201)

6 Tu compañero quiere comprar una bicicleta de mujer para la ciudad. Tú has visto estos anuncios en la web de SHOPENMARCHA y quieres darle esa información.
Ten en cuenta lo siguiente:

a Prepara bien la información que vas a transmitir.
  - Utiliza un diccionario para las palabras que no conoces.
  - Marca la información más importante.
b Añade ideas tuyas para ayudar a tu compañero (usa ejemplos, etc.).
c Utiliza tus propias palabras.

He visto unos anuncios en la web que te pueden interesar, hay una bicicleta que cuesta 400 €...

300 €

BICICLETA DE MUJER

Bicicleta muy ligera. Mujer. Talla S. En perfecto estado. Frenos de aluminio. Ruedas 26 x 2.0 con llantas de aluminio. Color morado. Preciosa. PVP nueva: 600 euros.

1

400 €

BICI CIUDAD

Se vende está bici, talla M. Eléctrica. Casi no necesita mantenimiento. Solo engrasar cadena y mantener ruedas hinchadas. Muy ligera y ágil. Se enseña y se hace prueba de funcionamiento.

2

250 €

BICICLETA DE CIUDAD

Bicicleta holandesa de ciudad. Su forma permite ver perfectamente el entorno y disfrutar de la conducción de manera muy cómoda. Guardada en trastero desde hace tiempo dentro de una funda. Color azul. Sillín de cuero marrón muy cómodo. Talla M. Ideal para personas entre 1,60 y 1,90 m.

3

170 €

BICICLETA ESTÁTICA

Comprada en marzo de este año, usada diez veces. Se entrega con factura, todavía está en garantía. Se entrega montada y puesta a punto. Precio original 299 €.

4

7 Quieres comprar una maleta de segunda mano y pides ayuda a tu compañero porque no sabes dónde comprarla.

1 Completa la tabla con los alimentos que puedes comprar en un puesto de frutas y verduras.

manzana • zanahoria • ~~coliflor~~ • fresa • pimiento • lechuga • plátano • judías verdes • uvas • ~~naranjas~~ • patata • melocotón • tomate • pera

VERDURAS	FRUTAS
coliflor	naranjas

2 Ordena este diálogo entre un vendedor de frutas y verduras (A) y un cliente (B).

- **A** ¿Cuántas quiere? ☐
- **B** Sí, también quiero una lechuga. ☐
- **A** Buenas tardes, ¿qué desea? 1
- **B** Dos kilos. ☐
- **A** Aquí las tiene. ¿Algo más? ☐
- **B** Quería comprar unas naranjas de zumo. ☐
- **A** Lo siento, no me queda ninguna. ¿Quiere unas judías verdes? ☐
- **B** Adiós, muchas gracias. ☐
- **A** Sí, claro… y aquí tiene sus vueltas, muchas gracias. ☐
- **B** Tome, ¿puede darme una bolsa, por favor? ☐
- **A** 5,25 €. ☐
- **B** No, gracias. No quiero nada más. ¿Cuánto es? ☐

3 132 Escucha y comprueba.

4 Completa la tabla con las siguientes expresiones del recuadro.

~~¿Qué desea?~~ • ¿Quiere algo más? • ~~¿Cuánto es?~~ • ¿Pueden enviármelo a casa? • Quería comprar… • Aquí tiene la vuelta

EL VENDEDOR DICE	EL CLIENTE DICE
¿Qué desea?	¿Cuánto es?

HABLAR

5 En parejas. Practica un diálogo entre un vendedor de frutas y verduras y un comprador con la siguiente lista de la compra.

- 2 kg de patatas.
- 1/2 kg de pimientos verdes.
- 1 kg de manzanas.
- 1 cabeza de ajos.

GRAMÁTICA

INDEFINIDOS

Invariables

- Para personas: ***alguien, nadie***.
  - ■ *¿Ha llamado **alguien**?*
  - ● *No, esta mañana no ha llamado **nadie**.*
- Para cosas: ***algo, nada***.
  - ■ *¿Quiere usted tomar **algo**?*
  - ● *No, gracias, no me apetece **nada**.*

Variables

- Para personas y cosas: ***algún(o), -a, -os, -as ningún(o), -a***.
  - ■ ¿Tienes ***alguna*** revista de coches?
  - ● No, no tengo ***ninguna***.

6 Elige la palabra correcta.

1 ■ Huele a quemado, ¿tienes algo / **nada** en el horno?
● No, no tengo **algo** / **nada**.
2 ■ No se oye **ningún** / **algún** ruido. ¿Vive **algún** / **alguien** arriba?
● No, no vive **nada** / **nadie**.
3 ■ ¿Tienes **algo** / **alguien** que hacer esta tarde?
● Sí, tengo **algunos** / **ningún** trabajos pendientes.
4 ■ ¿Hay **algunas** / **alguna** silla en la cocina?
● No, no hay **ninguna** / **alguna**.
5 ■ ¿Quieres **algo** / **nada** para merendar?
● No, gracias. Ya no me apetece **nada** / **nadie**.

7 Completa con: *algún, -a, -os, -as, o ningún, -a*.

1 ¿Has estado alguna vez en Sevilla?
2 .... niños comen muy mal.
3 No tenemos .... libro con ese título.
4 Todos no, pero .... son muy buenos estudiantes.
5 ¿Queda .... refresco en la nevera?
6 En mi habitación no tengo .... póster.
7 .... nadadoras europeas superaron sus marcas.
8 Buenas tardes. ¿Tiene .... mesa libre?
9 Andrés, no queda .... botella de leche para desayunar.
10 .... alumnos llegaron tarde a clase.

8 Completa el diálogo con las palabras del recuadro.

algún • nadie • algo • alguien • nada • ninguno • algunas

Santi: Necesito comer (1) ....
Silvia: Yo también. Y no hay (2) .... en la nevera.
Santi: ¿Hay (3) .... supermercado cerca de aquí donde podamos comprar (4) .... cosas para cenar?
Silvia: Hay varios, pero (5) .... está abierto a esta hora.
Santi: Vamos a llamar a (6) .... para que nos invite.
Silvia: ¿A quién quieres llamar? ¿No ves que es muy tarde y (7) .... va a responder al teléfono?
Santi: Tienes razón. A esta hora solo podemos pedir una *pizza* a domicilio.

PRONUNCIACIÓN Y ORTOGRAFÍA

Diptongos e hiatos

Algunas veces dos vocales unidas no se pronuncian como una sílaba, sino como dos:
pa-ís, Dí-ez, o-ír, rí-o, pa-e-lla, le-ón, dí-a.
A este fenómeno se le llama **hiato**.

1 133 **Escucha y repite las palabras anteriores.**

2 134 **Escucha las palabras y escribe cuántas sílabas tienen.**

radio: ra-dio, 2	vacío:	secretario:
secretaría:	mía:	cuadro:
diez:	río:	avión:
armario:	alegría:	farmacia:

3 Subraya la palabra adecuada.

1 Este libro cuesta diez / **Díez** euros.
2 Mi hermana es **secretaria** / **secretaría** del director general.
3 Pedro se **rio** / **río** mucho de la historia.
4 El **río** / **rio** Duero no pasa por Lisboa.
5 Eso tienes que preguntarlo en la **secretaria** / **secretaría**.
6 No entiendo nada, ¡qué **lío** / **lio**!
7 Los bomberos iban **hacia** / **hacía** la casa que se quemó.
8 Antes yo **hacia** / **hacía** gimnasia, pero ahora no tengo tiempo.
9 Mis vecinos se llaman **diez** / **Díez** de apellido.

4 135 **Escucha y comprueba.**

1 Mira los dibujos.

2 136 Escucha y relaciona las palabras de las dos columnas. Hay más de una opción posible.

1 trocear	a ajos
2 machacar	b calamar
3 picar	c agua
4 cocer	d pimiento
5 freír	e cebolla

3 137 Escucha la receta y complétala.

Paella de marisco

Ingredientes

- 150 g de gambas.
- (1) ....
- 1/2 kg de mejillones.
- Una cebolla pequeña.
- Un tomate.
- (2) ....
- Azafrán.
- Dos dientes de ajo.
- (3) ....
- Verduras optativas: guisantes y judías verdes.

Elaboración

Primero se lavan las (4) ...., el calamar y los (5) .... Después se trocea el (6) .... En una paellera, se calienta el (7) .... y se fríen el pimiento y la (8) .... bien picada y luego el (9) .... Cuando está todo frito, se echan los mariscos y las (10) .... Se deja cocer, a fuego lento, unos diez minutos y luego se echa el (11) .... y a continuación el agua. La cantidad de agua será el doble de la de arroz. El arroz cocerá unos veinte minutos. Mientras se cuece, en un mortero, se machacan los (12) .... con la sal, el (13) .... y se echa en la paellera. Se deja reposar unos minutos.

GRAMÁTICA

PARA DAR INSTRUCCIONES

Oraciones impersonales para dar instrucciones

- Muchas veces, para dar instrucciones (por ejemplo, en recetas) se utiliza la forma impersonal **se + verbo en tercera persona del singular o del plural.**

– ***Se cuece*** *la carne y* ***se pica*** *en trozos pequeños.*
– ***Se pican*** *y* ***se fríen*** *los ajos.*

4 Completa las frases con el verbo adecuado.

echar • trocear • machacar • freír • ~~lavar~~ • servir

1 Se lavan las gambas con agua fría.
2 .... la cebolla en aceite bien caliente.
3 .... el arroz en la paellera.
4 .... los ajos en el mortero.
5 .... los calamares en trozos pequeños.
6 La paella .... en la mesa después de reposar unos minutos.

1

2

3

5 **Mira las fotos. ¿Dónde están? ¿Qué están tomando en cada una: la comida, el aperitivo o la merienda?**

6 **Completa los diálogos con ayuda del recuadro de comunicación.**

1
■ Por favor, pónganos dos cañas y un vino.
● (1) ¿Quieren algo de tapa?
▼ Sí, pónganos tres tapas de morcilla.

2
■ ¿Qué tal está la paella?
● Está buenísima; y el salmón, ¿qué tal está?
■ Está un poco soso. Camarero, (2) ...., por favor.

3
■ (3) ¿ .... ?
● (4) .... de primero ensaladilla rusa y de segundo, ternera asada.
▼ Pues a mí (5) .... menestra de verduras y de segundo, cordero.
■ (6) ...., ¿qué quieren?
● Vino de la casa y agua, por favor.

4
■ Por favor, (7) ¿ .... ?
● Sí, enseguida. Son 5,30 €.
▼ Deja, deja. Hoy me toca pagar a mí.

5
■ Buenas tardes. (8) ¿ .... ?
● (9) .... dos cafés con leche y un té con limón.
■ (10) ¿ .... ?
● Sí, traiga unos churros, por favor.

7 138 **Escucha y comprueba.**

COMUNICACIÓN

El cliente
- **Para pedir una consumición:**
  Póngame, pónganos. Traiga..., por favor. Yo quiero...
- **Para pedir la cuenta:**
  La cuenta, por favor.
  (Por favor), ¿me / nos cobra?
  ¿Me dice cuánto le debo?

El camarero
¿Qué van a tomar?
¿Qué quieren tomar / comer?
¿Qué les pongo?
¿Quieren algo de comer / tapa?
Y de beber, ¿qué quieren?

HABLAR

8 **En parejas. Preparad dos diálogos, uno en un restaurante y otro en una cafetería.**

La dieta mediterránea

La dieta mediterránea es la forma de alimentación que, desde hace varios siglos, siguen los pueblos de la ribera del mar Mediterráneo. En lugar de hablar de dieta únicamente, debemos hablar de "vida mediterránea", porque no se trata solo de una forma de alimentarse, sino también de una forma de vida, con costumbres tan saludables como la siesta y gran actividad física, con un gasto alto de energía.

P.: ¿Qué países siguen esta dieta? (1)
No son solo los países europeos como España, Francia, Italia, Chipre, Grecia, Portugal, la antigua Yugoslavia, Albania, San Marino, o Mónaco; sino también Marruecos, Túnez, Malta, Libia, Israel, Jordania, Egipto y Siria.

P.: .... (2)

- **a** Aceite de oliva como principal fuente de grasa.
- **b** Consumo alto de alimentos ricos en fibra, como frutas, verduras, legumbres y hortalizas; las ensaladas están presentes en todas las comidas, y estas terminan con fruta como postre, la mayoría de las veces.
- **c** Preparación sencilla de alimentos: hervidos, asados.
- **d** Pastas y arroces se deben tomar de tres a cuatro veces por semana.
- **e** Poco consumo de carnes rojas, y más de pescado y pollo o pavo.
- **f** Uso de productos como el ajo o la cebolla, y algunas especias: orégano, perejil.
- **g** Gusto por los ácidos; las ensaladas se aliñan con vinagre y limón. La naranja es una de las frutas preferidas por la población.
- **h** Vino en las comidas principales en cantidades moderadas (unos 150 cl en cada comida).
- **i** Se toman también productos lácteos: queso y yogur.

P.: .... (3)
Nos protege frente a enfermedades cardiovasculares y algunos tipos de cánceres.

P.: ¿..? (4)
No, si todos estamos de acuerdo en las ventajas que tiene alimentarse de una manera sana. Poco a poco, también en los países anglosajones se está poniendo de moda. Una de las características de la dieta mediterránea es el gran consumo de alimentos frescos. Actualmente tenemos en el mercado un buen número de verduras y hortalizas ya limpias y troceadas, listas para ser usadas, lo que nos permite la preparación rápida de una buena ensalada.
Es importante promover entre los jóvenes el conocimiento de nuestra cocina, así como el consumo de frutas y verduras y el gusto por el ejercicio físico.

LEER

1 Lee el texto y coloca las preguntas siguientes en su lugar correspondiente.

- ¿Qué beneficios nos aporta?
- ¿Hay peligro de que desaparezca nuestra dieta?
- ¿Qué características tiene?

2 Lee otra vez y señala si las afirmaciones son verdaderas (V) o falsas (F) en la dieta mediterránea.

- **a** Se utiliza la mantequilla para cocinar. ☐
- **b** Se comen muchas naranjas y limones. ☐
- **c** Los alimentos se preparan especialmente hervidos y asados. ☐
- **d** No se bebe mucho vino. ☐
- **e** Se come mucha carne de ternera. ☐
- **f** Se comen muchos productos lácteos, como el yogur. ☐
- **g** Se toman pocas ensaladas. ☐

ESCRIBIR

3 **Completa el texto que Emilio ha colgado en la red para buscar contactos.**

también • cuando • para • además • aparte de • siempre

Me llamo Emilio, tengo 28 años y soy cocinero en un restaurante del centro de Sevilla, en el sur de España.
Me gusta el ciclismo y los domingos, (1) .... no trabajo, salgo con mis amigos a hacer rutas por la montaña.
Soy vegetariano. (2) .... de frutas y verduras, como pasta, huevos y algo de pescado. No como nada de carne. No fumo, ni bebo alcohol.
(3) .... montar en bicicleta, me gustan mucho la música y el cine. (4) .... que puedo voy a algún concierto de música clásica. (5) .... me gusta el *jazz*.
Quiero contactar con alguien en España o en el extranjero (6) .... compartir nuestras aficiones y poder organizar alguna actividad en el futuro.

4 **Completa las frases siguientes.**

1 Voy al cine con mis amigos cuando ....
2 Además de estudiar español ....
3 Siempre que tengo vacaciones ....
4 Ahorro parte de mi salario para ....
5 Además de .... también me gusta ....

5 **Escribe tu perfil describiendo tu estilo de vida y tus aficiones.**

ESCUCHAR

6 139 **Escucha y completa.**

1 Según un estudio de la Organización de las Naciones Unidas, los alimentos más consumidos en el mundo son el arroz, los cereales, las patatas y el azúcar.
2 El arroz es el más consumido porque es la base nutricional de ...., el continente más poblado del planeta.
3 El arroz es un alimento .... de cultivar porque se adapta a distintos tipos de clima.
4 El cereal que más se utiliza en América es el ...., aunque en América del Norte, igual que en ...., se consume mucho el trigo.
5 Las patatas también son un alimento muy popular en todo el mundo. Son fáciles de cultivar y resultan muy ....
6 Después del azúcar, el alimento que más se consume es la .... y todos sus derivados.

EN PAREJAS

HABLAR

Alumno A (alumno B, ver «En parejas», pág. 202)

7 **Dicta a tu compañero tu parte de receta. Escucha y escribe lo que te dicta él.**

GAZPACHO

Ingredientes:

- ....
- Medio pepino.
- Miga de pan ....
- ....
- .... aceite de oliva.
- ....
- Agua fría.

Elaboración:

Se ponen .... en la batidora .... todo muy bien, ...
Se pone .... y se guarda ....
Al servirlo, ... fría al gusto. También se añaden .... picadas.

1 **¿Qué palabra no pertenece al grupo?**

1 huevos, leche, zapatos, pan.
2 postales, ropa, periódicos, revistas.
3 naranjas, plátanos, fresas, carne.
4 pescado, rotulador, lápiz, cuaderno.
5 coliflor, zanahoria, bolígrafo, patatas.
6 manzanas, pimientos, ajos, pollo.

2 **Completa con *algo / alguien* o *nada / nadie*.**

1 Aquí no vive nadie.
2 ¿Tienes .... que decir?
3 No tengo .... que declarar.
4 ¿Ha llamado ....?
5 No ha venido .... a verte.
6 No quiero cenar ....
7 ¿Quieres tomar ....?
8 No se lo he dicho a ....
9 ¿Viene .... esta tarde?
10 No tengo .... que hacer.

3 **Completa las frases con una palabra de cada columna.**

A	B
algún	oveja
alguna	día
~~algunos~~	esculturas
algunas	~~amigos~~
ningún	chiste
ninguna	moneda

1 Ayer por la tarde vinieron algunos amigos a verte.
2 Es una gran exposición. .... tienen mucho valor.
3 No hay .... negra en este rebaño.
4 Estoy aburrido. Cuéntame ....
5 ¿Tienes .... de 2 €?
6 Lucía no ha llegado .... tarde a trabajar.

4 **Completa con las palabras del recuadro.**

~~trozos~~ • ensalada • se corta • día
ingredientes • bien • nuestro • nevera

Ensalada mexicana

Ingredientes:
Aguacates, cebolleta, pimiento verde, pimiento rojo, tomate.

Salsa: kétchup, cayena, salsa de tomate, zumo de limón, salsa inglesa, sal.

Se pican en (1) trozos muy pequeños los pimientos y la cebolleta. El tomate se corta en dados y el aguacate (2) .... primero por la mitad y después en láminas. Se mezcla todo (3) .... En un bol aparte se hace la salsa mezclando todos los (4) .... Se puede variar la cantidad de cada uno según (5) .... gusto. Se añade la salsa a la (6) ...., se mezcla bien y se deja enfriar en la (7) .... antes de servir. También está muy buena si la comemos al (8) .... siguiente.

5 **Completa las frases como en el ejemplo.**

1 Los sellos se compran (comprar) en el estanco.
2 En la papelería .... (vender) cuadernos.
3 La ropa .... (lavar) con detergente.
4 En internet .... (encontrar) casi toda la información.
5 Los nombres propios .... (escribir) con mayúscula.
6 ¿Todavía no .... (saber) la hora de llegada del tren?
7 ¿Cómo .... (escribir) tu apellido, con *b* o con *v*?

¿Qué sabes?

	☺	😐	☹
• Comentar anuncios de internet.	☐	☐	☐
• Expresar cantidades indeterminadas.	☐	☐	☐
• Dar instrucciones en forma impersonal.	☐	☐	☐

Consejos

16

- Dar consejos e instrucciones
- Ir al médico
- Hablar de estados de ánimo
- Expresar deseos
- Cultura: Hábitos saludables
- Vídeo: *Estoy muy nerviosa*

EN VACACIONES, SIGUE ESTOS CONSEJOS

1 En la piscina, dúchate antes de entrar en el agua.

2 Bebe suficiente líquido.

3 Ponles a los niños algo en la cabeza y una camiseta para protegerles del sol.

4 Entra en el agua poco a poco.

5 Sal inmediatamente del agua si estás cansado de nadar.

6 Conserva la playa limpia. No tires basura. Utiliza la papelera.

7 Respeta las señales de peligro: el banderín rojo indica que el mar está revuelto y no puedes bañarte.

8 Para no quemarte, toma el sol poco a poco y ponte siempre crema protectora solar.

9 No te bañes después de una comida abundante o de un ejercicio intenso.

1 ¿Te gusta ir a la playa? ¿Con qué frecuencia vas? ¿Prefieres bañarte en el mar o te gusta más ir a la piscina?

Casi nunca voy a la playa, pero voy a nadar a la piscina tres veces a la semana.
Todos los meses...
Dos o tres veces al año...
Todos los veranos...

2 140 Lee y escucha las instrucciones del cartel.

3 Lee otra vez y contesta a las preguntas.

1 ¿Cuándo no puedes bañarte?
2 ¿Cómo debes meterte en el agua?
3 ¿Qué hay que hacer para mantener limpia la playa?
4 ¿Cuándo debes salir del agua?
5 ¿Qué hay que hacer antes de entrar en la piscina?
6 ¿Qué hay que hacer para no quemarse?

4 Mira otra vez el cartel y subraya los imperativos.

GRAMÁTICA

IMPERATIVO AFIRMATIVO Y NEGATIVO

Regulares

entrar			**beber**	
(tú)	entra	no entr**es**	beb**e**	no beb**as**
(Ud.)	entr**e**	no entr**e**	beb**a**	no beb**a**

Irregulares

salir			**poner**(se)	
(tú)	sal	no salg**as**	pon**te**	no **te** pong**as**
(Ud.)	salg**a**	no salg**a**	póng**ase**	no **se** pong**a**

- Cuando el **imperativo afirmativo** va acompañado de uno o dos pronombres personales, estos van detrás y se escriben juntos:
  *Dúcha**te**, dá**melo**, póng**ase**.*
- Si el imperativo está en **forma negativa**, los pronombres van delante del verbo y separados:
  *No **te** duches, no **me lo** des.*

5 **Completa el cuadro el imperativo de los siguientes verbos reflexivos.**

báñate	no te bañes
dúchate	
	no te pongas
	no te peines
levántate	
acuéstate	

Completa el mismo cuadro con la persona *usted*.

báñese	no se bañe

6 **Escribe en forma negativa.**

1 Ponte el bañador rojo.
No te pongas el bañador rojo.
2 Tira esos papeles a la papelera.
3 Bebe más líquido.
4 Dame la toalla.
5 Ponme más crema protectora.
6 Sal del agua.
7 Lleva el perro a la playa.
8 Ponte las zapatillas.
9 Ponle el gorro al niño.
10 Quítate la camiseta.

COMUNICACIÓN

Síntomas

- Me duele(n) un poco / mucho…
  la cabeza, el estómago, la espalda, la garganta, los huesos…
- Tengo tos / fiebre.
- No puedo dormir.
- Me pican los ojos.
- Estoy cansado.

Remedios

- Tómese este jarabe, estas pastillas…
- Póngase este colirio.
- No fume, no hable, no trabaje tanto…
- Descanse, haga reposo / ejercicio, salga a pasear.

HABLAR

8 **En parejas. A es el médico y B el enfermo. Escribe y practica una conversación en la consulta del médico.**

A Buenos días, ¿qué le pasa?
B Buenos días. Verá, es que no puedo dormir.
A ¿Cuánto tiempo hace que le pasa?
B Dos meses.

7 141 **Emilio y su hijo van a la consulta del médico. Escucha la conversación y completa el diálogo.**

Doctor: Buenas tardes, ¿qué le pasa a este niño?
Emilio: Buenas tardes, doctor. Mire, tiene (1) .... desde hace dos días.
Doctor: A ver… ¿Cuánta fiebre ha tenido?
Emilio: Ayer tuvo 37,5 y hoy ya 38.
Doctor: Vaya, ¿tiene algún (2) .... más?
Emilio: Dice que le duele un poco el estómago.
Doctor: Bueno, túmbate en la camilla, vamos a ver ese estómago.
Emilio: Ayer estuvimos todo el día en la piscina y cuando llegó a casa ya estaba mal, no quiso (3) .... nada.
Doctor: ¿Te (4) .... aquí?
Hijo: Un poco.
Doctor: ¿Y aquí?
Hijo: Sí.
Doctor: Vamos a ver los (5) .... : el derecho está bien, el izquierdo, perfecto. ¿Tomó mucho el sol?
Emilio: No, solo cuando (6) ....
Doctor: Bueno, yo creo que necesita un poco de reposo y tomar estas (7) .... cada ocho horas para la fiebre. Tiene que hacer una dieta ligera y beber mucho (8) ....
Emilio: Muy bien, doctor.
Doctor: Si no se le pasa en dos o tres días, vuelvan a verme.

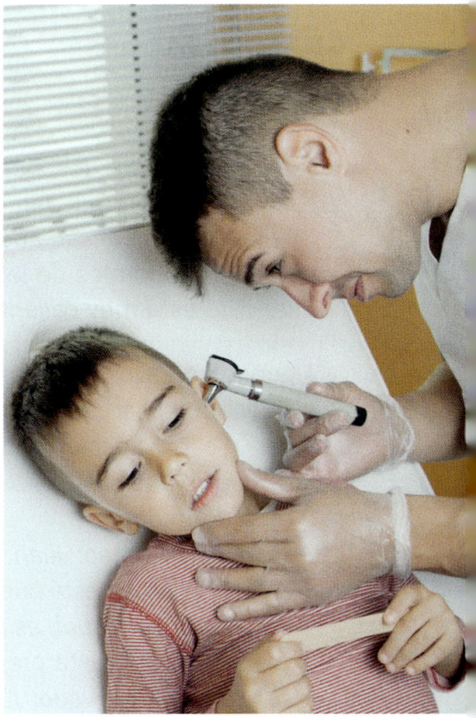

16 B MI JEFE ESTÁ DE MAL HUMOR

1 ¿Cómo estás hoy?

1 contento/a
2 nervioso/a
3 enfadado/a
4 de buen / mal humor
5 normal, ni bien, ni mal
6 tranquilo/a

2 Relaciona.

1 contento	a animado
2 nervioso	b antipático
3 simpático	c triste
4 generoso	d tranquilo
5 amable	e vago
6 sociable	f maleducado
7 trabajador	g tímido
8 deprimido	h tacaño

GRAMÁTICA

ESTAR

Usamos ***estar*** para describir:

- estados de ánimo de las personas.
  *Mi madre **está cansada** de trabajar.*
- estados temporales de las cosas.
  *Este café **está muy caliente**.*

- Algunos adjetivos cambian totalmente de significado si se usan con ***ser*** o con ***estar***.
  - ***ser / estar despierto:*** *Juan es un niño muy despierto* (muy listo). / *Juan está despierto* (no está dormido).
  - ***ser / estar bueno:*** *Juan es bueno* (tiene buen corazón). / *Juan está bueno* (no está enfermo).
  - ***ser / estar listo:*** *Juan es listo* (es inteligente). / *Juan está listo* (está preparado).
  - ***ser / estar reservado:*** *Juan es un chico reservado* (no habla de sí mismo). / *El libro está reservado* (está guardado para alguien).

3 Lee las conversaciones siguientes y complétalas con un adjetivo del recuadro.

~~cansado~~ • harta • enamorada • rara • desordenada • caliente • agobiada • preocupada • asustado

1 ■ Javier, ¿qué te pasa?, tienes mala cara.
● Hoy he tenido mucho trabajo y estoy cansado.

2 ■ Hola, María, ¿qué tal?
● Fatal, estoy .... de limpiar y de ordenar la casa, y mis hijos no ayudan nada.

3 ■ Jesús, toma ya la sopa.
● No puedo, está muy ....

4 ■ ¿Qué le pasa a Aída?
● No sé, está muy ...., yo creo que está ....

5 ■ Luis, tu mesa está muy ...., así no puedes estudiar bien.

6 ■ Marta, ¿qué te pasa? ¿Estás enferma?
● No, qué va. Estoy .... con el trabajo, mi jefe no me deja descansar un minuto.

7 ■ ¿Qué le pasa al niño?
● Está .... porque un perro se ha acercado mucho a él.

8 ■ ¿Tú sabes por qué Paloma está tan ....?
● Sí, su madre está en el hospital.

4 142 Escucha y comprueba.

5 **Subraya el verbo adecuado.**

1 Ya **soy** / **estoy** harta de ver siempre los mismos programas de la tele.
2 Javier, limpia tu cuarto, **es** / **está** muy sucio.
3 Las verduras **son** / **están** muy buenas para la salud.
4 Mamá, estos macarrones **son** / **están** buenísimos.
5 Esta mesa **está** / **es** reservada, no pueden sentarse aquí.
6 En agosto las calles de mi ciudad **están** / **son** vacías pero la playa **está** / **es** llena de gente.
7 Felipe **es** / **está** muy tranquilo, pero hoy **está** / **es** nervioso.
8 Estas cortinas **están** / **son** sucias, hay que lavarlas.
0 Tu coche **es** / **está** mal aparcado.
10 El vino de esta botella no **es** / **está** bueno, tíralo.
11 Ahora los pisos **están** / **son** más baratos que antes.
12 No **estamos** / **somos** muy animados para ir al crucero.
13 Federico **está** / **es** muy agobiado con su trabajo.
14 El ascensor **está** / **es** estropeado otra vez.

6 **Relaciona.**

1 ser bueno
2 estar bueno
3 estar despierto
4 ser despierto
5 estar listo
6 ser listo
7 ser reservado
8 estar reservado

a ser inteligente
b estar preparado
c no estar dormido
d tener buen corazón
e no hablar de sí mismo
f no estar enfermo
g ser hábil
h comprar con antelación

ESCUCHAR

7 143 **Carmen y Marisa se encuentran y hablan de su familia. Escucha y señala verdadero (V) o falso (F).**

1 La madre de Marisa está enferma. ☐
2 El padre tiene la tensión alta. ☐
3 La hermana de Marisa se ha separado. ☐
4 El cuñado de Marisa está deprimido. ☐
5 Los niños están con la cuñada. ☐
6 Carmen tiene un nuevo trabajo. ☐

8 **¿Cómo crees que debe ser un buen jefe? ¿Qué tres cualidades debe tener? Coméntalo con tu compañero.**

■ *Yo creo que un buen jefe debe saber motivar a su equipo, debe tener paciencia y ser muy honesto.*
● *Pues yo creo que debe ser muy comprensivo, debe saber ayudar...*

9 **Ahora lee el texto, subraya las cualidades que debe tener un buen jefe y compáralo con tus respuestas anteriores.**

Cualidades del buen jefe

1 Lo primero de todo es que debe ser honesto. La honestidad es importante en muchos aspectos de las relaciones interpersonales. Un jefe debe ser capaz de reconocer sus errores y valorar los aciertos de sus empleados. La honestidad significa también saber evaluarse a sí mismo y a sus trabajadores, descubriendo las capacidades y debilidades de cada uno.

2 Debe saber comunicarse con sus empleados. Tiene que mantener informado a su equipo de trabajo de los objetivos y las funciones de cada uno.

3 Debe saber motivar a los trabajadores. No solo preocuparse por el trabajo que se hace, sino también por cómo se sienten los empleados: cuáles son sus intereses y en qué condiciones realizan su trabajo (sueldo, promociones, conciliación familiar, etc.).

4 Debe saber trabajar en equipo. No tiene que hacer lo mismo que sus empleados, pero sí debe saber ayudar y supervisar cuando es necesario. También es muy importante escuchar a las personas que trabajan para él y no pensar que tiene que ocuparse de todo personalmente.

5 El mejor jefe es el que sabe delegar en sus empleados porque los conoce bien y puede valorar cuál es el trabajo más adecuado para cada uno de ellos.

6 Debe dar ejemplo: cualquier característica que exige a sus empleados (esfuerzo, dedicación, responsabilidad, etc.) debe exigírsela también a sí mismo.

HABLAR

10 **En grupos. Habla con tus compañeros y decidid cuáles son las cinco cualidades más importantes de un buen compañero de piso.**

Yo creo que ser ordenado es muy importante...

16 C ¡QUE TE MEJORES!

1 **¿A quién podemos decir la expresión "¡Que te mejores!", en español?**

a A alguien que está enfermo. ☐
b A alguien que tiene pronto un examen. ☐
c A alguien que es muy mala persona. ☐

¿En tu idioma se dicen cosas similares?

2 **Mira las imágenes y relaciónalas con las expresiones.**

1 ¡Que te mejores! ☐
2 ¡Que tengas buen viaje! ☐
3 ¡Que le aproveche! ☐
4 ¡Que seáis felices! ☐
5 ¡Que cumplas muchos más! ☐

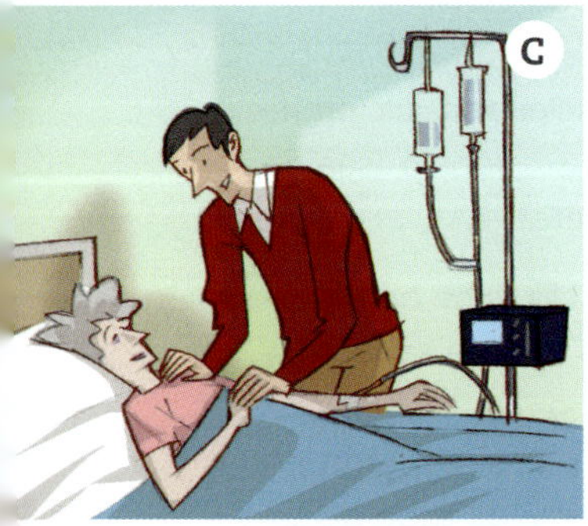

GRAMÁTICA

PRESENTE DE SUBJUNTIVO

Regulares

descansar	**comer**	**vivir**
descanse	coma	viva
descans**es**	com**as**	viv**as**
descanse	coma	viva
descans**emos**	com**amos**	viv**amos**
descans**éis**	com**áis**	viv**áis**
descans**en**	com**an**	viv**an**

Irregulares frecuentes

tener	**ser**	**ir**	**venir**
tenga	sea	vaya	venga
tengas	seas	vayas	vengas
tenga	sea	vaya	venga
tengamos	seamos	vayamos	vengamos
tengáis	seáis	vayáis	vengáis
tengan	sean	vayan	vengan

- El presente de subjuntivo se utiliza aquí para expresar buenos deseos ante una situación.
  *¡Que **seáis** felices! (En una boda).*
- También se utiliza en frases que dependen de un verbo principal.
  *Espero que tú **vengas** a mi boda.*
  *Mis padres esperan que mi hermana Julia **vaya** a la universidad.*
- Si el sujeto del verbo principal y el de la subordinada es el mismo, se usa el infinitivo
  *Espero **llegar** a tiempo.*
  (yo) (yo)

3 **Forma frases.**

1 Yo espero que
2 Miguel cumple años el sábado y espera que
3 Irene espera que, durante esta crisis,
4 Los padres esperan que
5 Mi jefe espera que
6 Mis abuelos esperan que
7 El profesor espera que

a mi novia sea feliz.
b yo vaya a verlos todos los domingos.
c no la despidan de su trabajo.
d sus hijos estén bien.
e vayamos a su fiesta.
f los estudiantes entiendan el uso del subjuntivo.
g yo termine pronto el informe.

4 Todos los padres tienen expectativas y buenos deseos para sus hijos. ¿Qué esperan los padres de Ricardo de él? Forma frases con las expresiones del recuadro.

estudiar mucho • trabajar pronto • ser feliz
casarse con un buen/a chico/a • tener hijos
comprar una casa • ir a verlos

1 Los padres de Ricardo esperan que él estudie mucho.

ESCUCHAR

5 144 Roberto y Maribel hablan de sus deseos para el futuro. Escucha y completa la información.

a Roberto espera ....

b Maribel espera que sus hijos ....

6 Piensa y escribe en un papel algunos deseos y expectativas. Luego, háblalo con tus compañeros.

Yo espero encontrar un buen trabajo.
Yo espero que mi novia encuentre un buen trabajo.

ESCRIBIR

7 Completa el correo con los datos del recuadro.

Un abrazo • Cómo están • tiene que ir
Te escribo • ~~que estés~~ • esté mejor
me digas • espero • El curso dura

Querida Araceli:
¿Qué tal estás? Espero (1) que estés bien. Nosotros estamos bien, trabajando, como siempre. (2) .... para pedirte un favor. Resulta que Julia (3) .... este verano a Barcelona a hacer un curso de Derecho Internacional y he pensado que podía estar en tu casa. ¿Qué te parece? (4) .... dos semanas, exactamente del 1 al 15 de julio. Si tienes algún problema no tienes más que decírmelo.
¿Y tus padres? ¿(5) ....? Espero que tu padre ya (6) .... de su enfermedad. ¿Y tu trabajo? ¿Sigues en el mismo hospital? Bueno, (7) .... que me escribas y (8) .... qué piensas del tema.
(9) .... muy fuerte de tu amiga,

Rosa

PRONUNCIACIÓN Y ORTOGRAFÍA

/r/ y /rr/.

1 145 Escucha y señala la palabra que oyes.

1 **a)** pero **b)** perro	5 **a)** morar **b)** molar
2 **a)** poro **b)** polo	6 **a)** caro **b)** carro
3 **a)** pala **b)** para	7 **a)** poro **b)** porro
4 **a)** tara **b)** tala	8 **a)** pero **b)** perro

2 146 Escucha y completa con *r* o *rr*.

1 Dame una pala pa__a trabajar.
2 Este jersey es muy ca__o, y además tiene una ta__a.
3 Quie__o un polo de mo__as.
4 El pe__o de __osa se llama Toby.
5 Maribel tiene la ca__a sucia.
6 En México los coches se llaman ca__os

3 Comprueba con tu compañero.

¿Qué edad tiene tu cuerpo?

¿Cuántos años tienes? ¿Qué edad tiene tu cuerpo? La respuesta a estas dos preguntas no es siempre la misma. Nuestro cuerpo puede estar más joven o más viejo, independientemente de nuestra edad. Se puede calcular la edad de nuestro cuerpo teniendo en cuenta nuestra forma de vida. Y, si es necesario, tendremos que cambiarla.

Jesús, 34 años, informático

- **Deporte:** Sé que estoy un poco gordo porque no hago mucho ejercicio. Paso demasiado tiempo sentado. Todo lo que hago es jugar alguna vez al tenis con mis amigos, pero no muy a menudo. Quiero ir al gimnasio, pero no tengo tiempo.
- **Dieta:** Como algo de verdura y fruta, pero también como mucha carne. Mi novia dice que no bebo nada de agua y que, sin embargo, bebo demasiado café.
- **Hábitos:** Trabajo mucho. Paso más de diez horas al día en mi oficina. Con frecuencia estoy estresado y nervioso. No fumo normalmente, solo algunas veces, cuando salgo con los amigos.
- **Vida social:** No tengo mucho tiempo libre, pero tengo algunos buenos amigos e intento verlos cuando puedo. Si estoy muy ocupado, hablo con ellos por teléfono.

Nuestras recomendaciones

Jesús debe hacer más ejercicio, por ejemplo, ir andando a trabajar. Esto le ayudará a controlar su estrés. Su dieta es sana, pero tiene que beber algo más de agua y menos café. No tiene que fumar nada. Debe intentar trabajar algunas horas menos y pasar más tiempo con sus amigos.

LEER

1 **Lee el texto y subraya los buenos hábitos de Jesús.**

2 **¿Verdadero (V) o falso (F)? Corrige las respuestas falsas.**

1 La edad de nuestro cuerpo depende de nuestros hábitos diarios. ☐
2 Jesús no hace nada de deporte. ☐
3 No va al gimnasio. ☐
4 Come mucha fruta y verdura. ☐
5 No bebe mucha agua. ☐
6 No fuma nada. ☐
7 Sale todos los días con sus amigos. ☐
8 Habla todos los días por teléfono con sus amigos. ☐
9 Le aconsejamos no ir en coche a trabajar. ☐
10 Le sugerimos cambiar de dieta. ☐

ESCUCHAR

3 147 **Vas a oír a dos amigos hablando de la salud. Todas las afirmaciones siguientes son falsas. Escucha la conversación y corrígelas.**

1 José Miguel ha engordado más de ocho kilos.
2 José Miguel ha pasado mucha hambre.
3 El médico le dijo a José Miguel que tenía la cabeza por las nubes.
4 Beatriz ayuda a José Miguel a preparar la comida.
5 Beatriz cree que su amigo ahora es un deportista.
6 Beatriz no quiere ver más a Yolanda.

EN PAREJAS

HABLAR

Alumno A (alumno B, ver «En parejas», pág. 202)

4 Pregunta a tu compañero por sus hábitos. Prepara al menos ocho preguntas sobre el tema.

a Caminar
¿Caminas todos los días?
b Ir de excursión al campo
c Meditar
d Hacer yoga
e Comer carne / pescado / frutas / dulces
f Hacer ejercicio
g Dormir
h Beber agua / refrescos

¿Lleva una vida saludable?

5 Ahora responde a las preguntas de B.

ESCRIBIR

6 Lee el correo y subraya las dos formas o expresiones que utiliza Susana para recomendar y sugerir.

a *Debes* + verbo en ....
b ....

Hola, Carol:

¿Qué tal? Leí anoche tu correo y me quedé preocupada, no puedes seguir así, o te vas a poner enferma. Está claro que lo que tienes es estrés, que tienes más trabajo y preocupaciones de lo que puedes soportar. Debes pararte y reflexionar si te conviene continuar con ese trabajo o es mejor dejarlo y dedicarte a cuidar a tus hijos. Por lo menos durante un tiempo.

¿Por qué no te apuntas a alguna terapia de relajación o ejercicio físico suave? Seguro que en tu barrio hay algún centro de yoga, taichí, pilates... Yo practico yoga desde hace dos años y estoy mucho mejor de mi dolor de espalda, duermo ocho horas seguidas y, sobre todo, ahora me tomo las cosas con más calma.

Te llamaré un día para tomar un café y hablar tranquilamente.

Un abrazo,
Susana

7 Escribe:

A El correo que imaginas que ha escrito Carol a Susana anteriormente.
B Un correo a un/a amigo/a explicándole algún problema de salud.

1 Completa la tabla.

AFIRMATIVO	NEGATIVO
1 báñate	no te bañes
2 pasa	
3 ábrelo	
4	no lo compres
5	no lo comas
6 sal	
7	no entres
8 espere	
9	no beba
10 siéntate	

2 Completa la conversación.

Médico: Pase y siéntese. ¿......................?
Fernando: No sé, no me .... bien, ... la cabeza y .... mucha tos.
Médico: ¿...................... empezó el dolor y la tos?
Fernando: .... dos días, el lunes.
Médico: ¿...................... usted fiebre?
Fernando: Sí, esta mañana me he puesto el .... y tenía 38,5 grados de temperatura.
Médico: Creo que es un resfriado. .... estas pastillas para el dolor de cabeza y este jarabe para la tos. .... mucho líquido y no .... a la calle. .... a verme la semana próxima.
Fernando: Gracias, doctor.

3 Escribe el adjetivo contrario.

1 tranquilo ....
2 limpio ....
3 contento ....
4 ordenado ....
5 libre ....
6 vacío ....
7 cansado ....
8 aburrido ....
9 caliente ....

4 Utiliza dos adjetivos de la actividad anterior para cada uno de estos nombres.

1 película divertida, ...
2 profesor ...., ...
3 café ...., ...
4 taxi ...., ...
5 madre ...., ...
6 botella ...., ...

5 ¿Qué se dice en estas situaciones? Mira el recuadro.

- Que tengas buen viaje
- ~~Que te diviertas~~
- Que les aproveche
- Que descanses
- Que te mejores
- Que tengas suerte

1 A un amigo que se va a una fiesta.
¡Que te diviertas!
2 A alguien que va a examinarse del carné de conducir.
3 A una persona que se va a dormir.
4 A una pareja que está comiendo.
5 A alguien que está enfermo.
6 A alguien que se va de viaje.

6 Ordena las frases.

1 mañana / no / esperamos / Nosotros / que / llueva
Nosotros esperamos que mañana no llueva.
2 hijo / su / estudie / que / Medicina / Él / espera
espera
3 Ricardo / pronto / que / Espero / venga
4 espera / estudios / los / acabar / ya / María
5 estéis / Esperamos / bien / que
6 pases / buen / de / cumpleaños / día / que / Espero
7 que / Lucía / conmigo / se / case / Espero
8 me / pronto / Espero / que / escribas
9 Juan / que / amigos / vayan / a / visitarlo / espera / sus

¿Qué sabes?

- Utilizar el imperativo para dar consejos. ☐ ☐ ☐
- Hablar de estados de ánimo. ☐ ☐ ☐
- Expresar deseos. Presente de subjuntivo. ☐ ☐ ☐
- Hablar de hábitos saludables. ☐ ☐ ☐

El periódico

17

- Hablar de condiciones de trabajo
- Noticias del periódico
- Estilo indirecto
- Cultura: Mujeres con historia
- Vídeo: *¿Qué te ha dicho?*

17 A BUSCANDO TRABAJO

www.mitrabajo.com

Mi trabajo favorito

HABLAR

1 Comenta con tu compañero/a.

¿Cuántos trabajos has tenido en tu vida? ¿Cuál te ha gustado más y cuál te ha gustado menos? ¿Por qué? ¿Qué trabajo te gustaría tener en el futuro?

2 Mira las fotos y escribe el número correspondiente.

a mecánico ☐
b periodista ☐
c dependiente ☐
d conductor de autobús ☐
e guía turístico ☐
f enfermera ☐
g científico ☐
h peluquera ☐
i programador ☐

3 Relaciona las profesiones de la actividad anterior con los siguientes lugares de trabajo.

1 periódico: periodista
2 agencia de viajes: ....
3 taller mecánico: ....
4 peluquería: ....
5 supermercado: ....
6 laboratorio: ....
7 empresa de transportes: ....
8 hospital: ....
9 empresa informática: ....

4 ¿Quién dice las siguientes frases?

1 Llevo a la gente en mi autobús: el conductor de autobús.
2 Corto el pelo a mis clientes:
3 Me gusta arreglar coches:
4 Informo a los turistas:
5 Cuido a mis pacientes:

ESCUCHAR

5 148 Escucha a Sofía hablar sobre su trabajo. ¿Son las frases verdaderas (V) o falsas (F)?

1 Sofía es enfermera. ☐
2 Trabaja en un hospital en Barcelona. ☐
3 Trabaja cinco días a la semana. ☐
4 Trabaja por la noche. ☐
5 Trabaja con personas mayores. ☐
6 A ella le encanta su trabajo. ☐

6 ¿Conoces estas palabras? Lee los anuncios con tu compañero y comenta qué significan.

Experiencia
Contrato
Sueldo
CV
Entrevista
Comisiones

Ofertas de empleo

RESTAURANTE necesita **camarero/a** de 25 a 40 años. Imprescindible tener experiencia mínima de un año y coche propio. Ofrecemos contrato estable y jornada completa. Sueldo 1300 €. Contacta en el teléfono 765124390 para una entrevista.

EMPRESA MULTINACIONAL líder en el sector del cuidado personal busca **personas para trabajar *online*** desde casa. No se necesita experiencia previa, buscamos personas que quieran aprender y trabajar.
Formación a cargo de la empresa. Ofrecemos sueldo fijo y comisiones. Envía tu CV por WhatsApp al 698456733. Referencia: "trabajo *online*".

7 Completa este anuncio con algunas de las palabras anteriores.

Empresa de gestión de apartamentos turísticos busca un **responsable de mantenimiento** para las viviendas.

Funciones: mantenimiento de los apartamentos (electricidad, fontanería y otras reparaciones) y capacidad para encargarse de posibles reformas.

La empresa ofrece una furgoneta para el trabajo del día a día, (1) .... laboral y (2) .... de 1500 € mensuales.

Se necesita mínimo diez años de (3) ...., permiso de trabajo y carné de conducir B.

Enviar (4) .... a gestionavivienda21@gmail.com.

8 149 Escucha la entrevista de trabajo y completa la información.

1 Puesto de trabajo: camarero
2 Experiencia: ....
3 Horario laboral: ....
4 Día libre: ....
5 Tipo de contrato: ....
6 Sueldo: ....
7 Idiomas: ....

HABLAR

9 En parejas, leed las dos ofertas de empleo y elegid una. Uno va a ser la persona que busca trabajo y el otro el que hace la entrevista. Observa el cuadro de vocabulario y comunicación y habla con tu compañero sobre las condiciones de trabajo, el horario, el sueldo, etc.

Hace 6 horas

INGLÉS PARA NIÑOS
Buscamos **profesores/as *online*** para clases individuales. Turno de tarde y fines de semana.
Clases dinámicas y divertidas. Todos los niveles.
Envia CV a Elisabeth al 659876097

Hace 2 diías

TELEOPERADOR/A
Se buscan veinte personas de 18 a 40 años para puesto de **teleoperador/a**.
Trabajo de lunes a viernes de 16:00 a 20:00. Importante ser comunicativo/a, tener buen trato con el cliente y conocimientos básicos de informática. No es necesaria experiencia.
Contacto solo por WhatsApp 654387680.

COMUNICACIÓN

Vocabulario
Buscar / Encontrar trabajo
Hacer una entrevista
Enviar un *currículum vitae* (CV)
Contrato laboral
Jornada completa / Media jornada
Turno de mañana / tarde / noche

Entrevista de trabajo
- Entrevistador
  ¿Tienes experiencia?
  ¿Qué titulación tienes?
  ¿Cuántos idiomas hablas?
- Persona que busca trabajo
  ¿Cuáles son las condiciones de trabajo?
  ¿Cuál es el horario?
  ¿Qué tipo de contrato ofrecen?
  ¿Cuál es el sueldo?

1 ¿Hay periódicos locales y nacionales donde vives? ¿Cuáles son los más importantes? ¿Qué tipo de noticias encuentras en un periódico local?

2 Lee los titulares de estas noticias y relaciónalos con las secciones del periódico.

LA ACTUALIDAD

- a local
- b nacional
- c internacional
- d cultura
- e ciencia y tecnología
- f medioambiente
- g economía
- h deportes

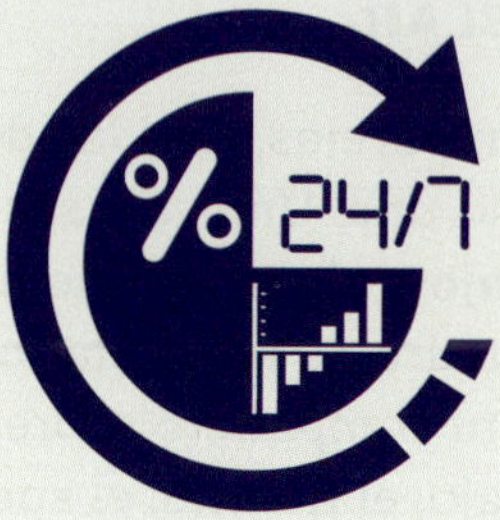

1 12:45 h **El Congreso aprueba los presupuestos para el próximo año**

2 11:20 h **Cuatro goles de Messi**
Barcelona - 5 Valencia - 2

3 11:12 h **El Festival de Flamenco de Jerez presenta el 6 de mayo a *Eva Yerbabuena***

4 09:47 h **Los líderes de la Unión Europea alcanzan nuevos acuerdos para superar la crisis económica**

5 09:00 h **Detenido un atracador que actuaba en las paradas de autobuses**

6 08:32 h **La NASA publica nuevas imágenes de Marte**

7 08:14 h **Día mundial del agua**
Los pescadores valencianos sacan 75 000 kilos de basura marina en la campaña para salvar los océanos.

8 07:02 h **"No hay trabajo, no hay nada"**
La huida hacia Estados Unidos de miles de familias y niños centroamericanos.

3 Mira los dibujos y relaciona.

1 Cuando estaba esperando el autobús...
2 Mientras estábamos viendo el partido...
3 Cuando se estaba duchando...
4 Mientras estaban de vacaciones...
5 Cuando estaba estudiando...

a la llamaron por teléfono.
b me robaron el bolso.
c su casa se estaba quemando.
d se estropeó la televisión.
e Juan vino a buscarme.

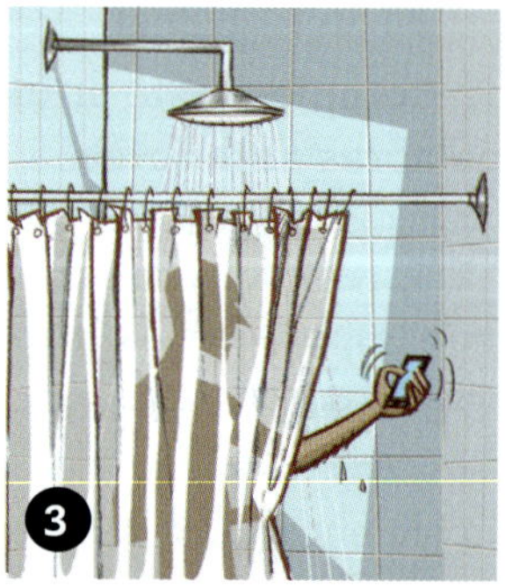

GRAMÁTICA

ESTABA + GERUNDIO / PRETÉRITO INDEFINIDO

- El **pretérito indefinido** describe una acción acabada en el pasado.
  *Me **robaron** el bolso.*
- La forma ***estaba* + gerundio** describe una acción en desarrollo en el pasado.
  ***Estaba esperando** el autobús.*
- Ambas formas se utilizan juntas cuando una acción puntual ocurre en el transcurso de otra acción.
  *Cuando **estaba esperando** el autobús, me **robaron** el bolso.*

ESTABA + GERUNDIO / PRETÉRITO IMPERFECTO

- ***Estaba* + gerundio** indica una acción en desarrollo no acabada. Muchas veces se puede intercambiar con el **pretérito imperfecto**.
  *Lo vi cuando **salía** / **estaba saliendo** de clase.*
  No se puede utilizar para expresar hábitos en el pasado.
  *Aurora antes **cantaba** / ~~**estaba cantando**~~ en un coro, pero ahora no tiene tiempo.*

4 **Elige la forma correcta de los verbos.**

Dos hombres (1) **intentaron / estaban intentando** escapar de la prisión cuando otro recluso se quejó a los guardias del ruido. Los guardias inmediatamente (2) **detuvieron / estaban deteniendo** a los dos hombres.

(respuesta manuscrita: estaban intentando)

En Italia un hipnotizador (3) **encontró / estaba encontrando** a dos ladrones en su oficina. Los ladrones (4) **buscaron / estaban buscando** dinero. El hipnotizador trató de hipnotizarlos, pero ellos no le escucharon y (5) **escaparon / estaban escapando** con el dinero.

Un ladrón no encontró nada de dinero cuando intentaba robar en una cafetería de Valladolid. Escondió al dueño de la cafetería y (6) **empezó / estaba empezando** a servir a los clientes. El ladrón (7) **sirvió / estaba sirviendo** a dos policías cuando ellos le (8) **arrestaron / estaban arrestando**.

6 **Elige la forma correcta. En algunas frases, las dos opciones son correctas.**

1 **Estábamos paseando / Paseábamos** por la playa cuando vimos una tortuga.
2 Antes **estaba saliendo / salía** con sus amigos todos los fines de semana.
3 De pequeños **pasábamos / estábamos pasando** el verano en el pueblo de los abuelos.
4 Comimos en el restaurante en el que **trabajaba / estaba trabajando** Arturo.
5 Cuando **estaban escalando / escalaban**, vieron una serpiente.
6 Marcos antes **dormía / estaba durmiendo** la siesta todos los días, pero ahora no, porque va al cole.

5 **Mira las fotos y forma frases.**

1 (él) esquiar / caerse.
Cuando estaba esquiando, se cayó.

2 (ellos) llegar a Madrid / el coche tener una avería.

3 esperar a mi novia / encontrarse con unos amigos.

4 (yo) correr por la playa / ver a Juan.

5 (nosotros) ver el partido / estropearse la televisión.

6 (yo) hablar con mi hermana / quemarse la comida.

17 C EXCUSAS

1 Lee los textos. ¿Qué problema tiene Luis?

Luis
¿Vienes el domingo a mi fiesta?

Ana
Mmm... es que este domingo tengo clase de danza del vientre.

María
Mmm... es que este domingo es el cumpleaños de mi abuela y tenemos una fiesta aquí en mi casa.

Ángel
Mmm... es que voy a llevar a mi perro a un concurso de belleza canina.

Enrique
Mmm... es que el domingo voy a cortarle el pelo a mi primo.

GRAMÁTICA

ESTILO DIRECTO

... dijo...
"tengo clase".
"voy a ver a mi primo".
"este domingo es el cumpleaños de mi abuela".
"tenemos una fiesta aquí".
"voy a llevar a mi perro...".

ESTILO INDIRECTO

... me dijo que...
... tenía clase.
... iba a ver a su primo.
... este domingo era el cumpleaños de su abuela.
... tenían una fiesta allí.
... iba a llevar a su perro...

PREGUNTAS EN ESTILO INDIRECTO

- En preguntas con **pronombre interrogativo**, se mantiene el interrogativo.
  *¿**Cuántos** años tienes?, preguntó Juan.*
  *Juan le preguntó que **cuántos** años tenía.*

- En preguntas **sin interrogativo**, se utiliza la **conjunción si**.
  ¿Tienes tres hijos?, preguntó Juan.
  *Juan preguntó **si** tenía tres hijos.*

2 **Transforma a estilo indirecto las frases seleccionadas de una entrevista realizada por la Cadena Ter a Juan, un famoso fotógrafo, sobre su trabajo.**

1 Este año quiero hacer un trabajo para una ONG.
Juan dijo que este año quería hacer un trabajo para una ONG.
2 Me gusta mucho mi trabajo.
3 Tengo un equipo de tres compañeros estupendos.
4 En verano voy a hacer un reportaje sobre Brasil.
5 Tengo muchos premios nacionales e internacionales.
6 El mes que viene vamos a viajar a Costa Rica para realizar un nuevo trabajo.

ESCUCHAR

3 150 **Rosa recibió ayer los siguientes mensajes en su móvil. Escúchalos y complétalos.**

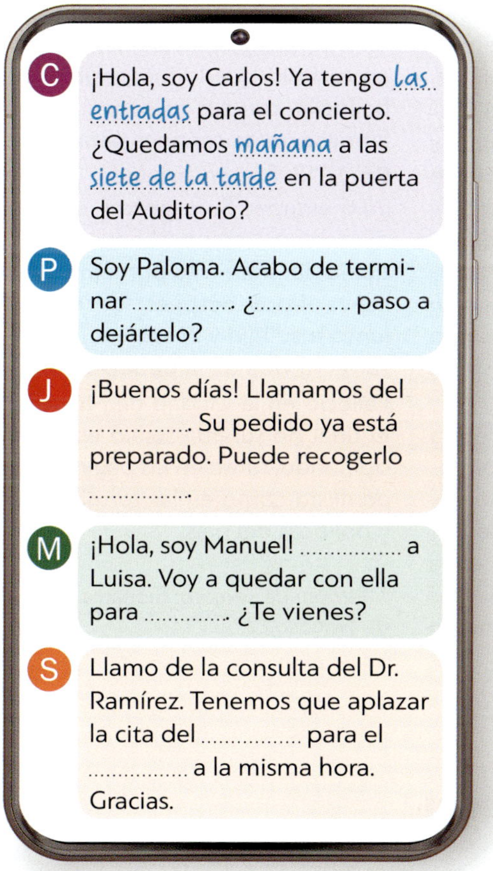

ESCRIBIR

4 **Rosa comenta con una amiga los mensajes que recibió. Lee cómo cuenta el primer mensaje. Escribe tú los otros.**

R Me llamó Carlos y me dijo que ya *tenía* las entradas para el concierto y quería saber si *quedábamos* mañana a las siete de la tarde en la puerta del Auditorio.

PRONUNCIACIÓN Y ORTOGRAFÍA

Oposición /p/ y /b/.

1 151 **Escucha y repite.**

padre	pongo	pipa	pan
pelo	polo	perro	playa
puedo	papá	piso	

2 152 **Escucha y repite.**

vamos	bien	abuelo	beber	billete
ven	balón	visto	vivo	volver

3 153 **Escucha y señala la palabra que oyes.**

1 **a)** Valencia **b)** Palencia
2 **a)** pan **b)** van
3 **a)** baño **b)** paño
4 **a)** pista **b)** vista
5 **a)** boda **b)** poda
6 **a)** piso **b)** viso
7 **a)** patata **b)** batata
8 **a)** pino **b)** vino
9 **a)** pollo **b)** bollo
10 **a)** perro **b)** berro

Manuela Sáenz

Nació el 27 de diciembre de 1797 en Quito (Ecuador). Fue una de las protagonistas de la lucha por la libertad de América.

Luchó en la batalla de Pichincha, tras la que se consiguió la libertad de Ecuador (1822) y también en la batalla de Ayacucho, que fue el último gran enfrentamiento de las guerras de independencia hispanoamericanas (1809-1826). Esta victoria significó la soberanía de Perú y el final definitivo del dominio administrativo español en América del Sur.

El general venezolano Antonio José de Sucre reconoció la importancia de Manuela Sáenz para conseguir la independencia:

"Se ha destacado particularmente doña Manuela Sáenz por su valentía; organizando y proporcionando el avituallamiento de las tropas, atendiendo a los soldados heridos, batiéndose a tiro limpio bajo los fuegos enemigos; rescatando a los heridos (...) Doña Manuela merece un homenaje en particular por su conducta".

Esta lucha por la independencia unió su vida sentimental a la del libertador Simón Bolívar, al que en 1828 salvó de un intento de asesinato en Bogotá. Como reconocimiento, él mismo la llamaba "La libertadora del libertador".

Tras la muerte de Bolívar fue desterrada de Colombia. Pasó los últimos años de su vida en Perú, en la pobreza, donde murió en 1856 por una epidemia de difteria.

Leona Vicario

Además de ser una gran periodista, fue una importante heroína de la Independencia de México.

Nació el 10 de abril de 1789 en la Ciudad de México. Tuvo las comodidades de una familia de clase alta al ser hija de un respetable comerciante español y de una mujer que era descendencia directa de un tlatoani de Texcoco*. Estudió Bellas Artes y Ciencias, desarrolló un enorme sentido crítico frente al mundo a partir de sus lecturas y años después comenzó a ejercer el periodismo.

Su participación en la Independencia de México fue muy relevante. Formaba parte de una sociedad secreta llamada Los Guadalupes, constituida por una serie de personas que vivían en la corte y difundían entre los rebeldes las estrategias de los españoles. También escondió a fugitivos, envió dinero y medicamentos y colaboró con los rebeldes en todo lo que le fue posible. Llegó a financiar con sus joyas y sus bienes la fabricación de cañones para la guerra.

En 1813 fue encarcelada, pero consiguió escapar. Su esposo y ella huyeron durante un tiempo y Leona Vicario tuvo que a dar a luz a su primera hija en una cueva. Poco después fue encarcelada junto a su hija y aceptó el indulto para salvar la vida de la pequeña.

Falleció en la Ciudad de México. Hasta el final de su vida siguió escribiendo y opinando, tanto en las páginas de *El Federalista* como en las tertulias literarias y políticas del país.

**Tlatoani de Texcoco:* monarca de la ciudad de Texcoco.

LEER

1 **Lee la historia de estas dos interesantes mujeres latinoamericanas.**

2 **Marca verdadero (V) o falso (F).**

1. Manuela Sáenz participó activamente en las guerras de independencia contra el Imperio español. ☐
2. Manuela Sáenz tuvo una relación amorosa con el libertador Simón Bolívar. ☐
3. Manuela Sáenz fue reconocida como una gran heroína antes de su muerte. ☐
4. Leona Vicario estudió Periodismo. ☐
5. La sociedad secreta Los Guadalupes colaboraba con el gobierno español. ☐
6. Leona Vicario apoyó económicamente a los rebeldes. ☐
7. Leona Vicario dejó de trabajar cuando nació su primera hija. ☐

ESCRIBIR

3 **Lee el texto y elige la opción correcta.**

El verano pasado, (1) **mientras / cuando** mis amigos y yo fuimos a la playa de vacaciones vimos un accidente en la carretera. Dos coches chocaron y en uno de ellos un hombre y dos niños estaban pidiendo ayuda porque no podían abrir las puertas. Mi amigo Pedro y yo nos bajamos del coche y fuimos a ayudarlos.
(2) **Mientras / Finalmente** estábamos intentando abrir las puertas, llegó la policía. Como no podíamos sacarlos del coche, la policía llamó a los bomberos, que (3) **cuando / finalmente** consiguieron liberarlos sanos y salvos.
(4) **Mientras / En el momento** en el que el hombre y sus hijos estuvieron fuera del coche nos dieron las gracias y nosotros continuamos nuestro viaje.

4 **Imagina que viviste una situación en la que tuviste que prestar ayuda. Escribe un texto contándolo. Sigue los siguientes pasos.**

1 ¿Dónde estabas? ¿Cuándo ocurrió?
2 ¿Qué estabas haciendo?
3 ¿Cómo ayudaste?
4 ¿Cómo acabó la historia?

ESCUCHAR

5 154 **Escucha y ordena las siguientes frases.**

a Fueron al hospital. ☐
b Montaron en bicicleta. ☐
c Participaron en la Maratón. ☐
d En Burgos llovió mucho. ☐
e Fueron andando hasta Santiago. ☐
f Javier se hizo daño en un brazo. ☐

6 154 **Escucha de nuevo y contesta a las preguntas.**

1 ¿Qué estaban haciendo cuando decidieron correr la Maratón de Madrid?
2 ¿Cuántos kilómetros tiene el Camino de Santiago francés?
3 ¿En cuánto tiempo pensaban hacer el recorrido?
4 ¿Cuántos días tardaron en total?
5 ¿Dónde estaban montando en bicicleta cuando Javier se cayó?
6 ¿Por qué no pudieron seguir el camino en bicicleta?
7 ¿Cuántos kilómetros les faltaban para llegar a Santiago?
8 ¿Cómo hicieron el resto del recorrido?
9 ¿Quién les estaba esperando cuando llegaron a Santiago?
10 ¿Cómo volvieron a casa?

EN PAREJAS

HABLAR

Alumno A (alumno B, ver «En parejas», pág. 203)

7 **Imagina que tú has hecho esta foto. Contesta a las preguntas que te haga tu compañero.**

8 **Imagina que tu compañero ha hecho esta foto. Hazle estas preguntas.**

1 Esta foto es muy buena, ¿la has hecho tú?
2 ¿Dónde estabas cuando la hiciste?
3 ¿Qué están haciendo las personas de la foto?
4 ¿Por qué estaban haciendo eso?
5 ¿Tú también lo hiciste?
6 ¿Por qué?

AUTOEVALUACIÓN

1 Completa el crucigrama y encuentra la palabra oculta.

1 Enseña a sus alumnos.
2 Corta el pelo a sus clientes.
3 Cuida a los enfermos en el hospital.
4 Prepara comidas en un restaurante.
5 Trabaja con ordenadores.
6 Lleva un autobús.
7 Arregla coches.
8 Compone música.
9 Pinta cuadros.
10 Acompaña a los turistas.

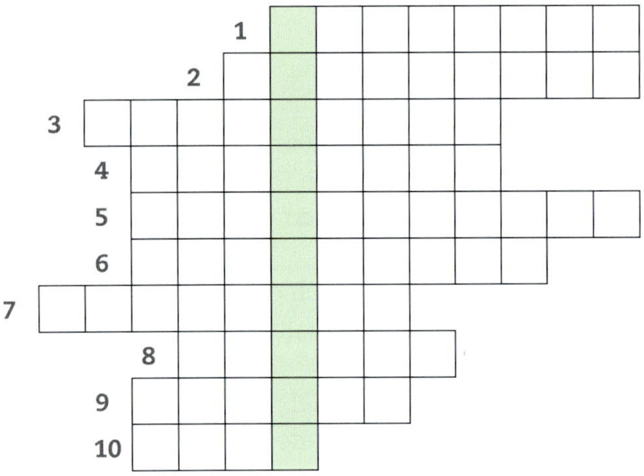

2 Completa las frases con la forma *estar* + gerundio de los verbos del recuadro.

jugar • pasear • estudiar • desayunar • hablar • hacer

1 María .... matemáticas cuando la llamé por teléfono.
2 ¿De qué .... vosotros cuando llegué?
3 Mis amigos y yo .... a las cartas cuando se fue la luz.
4 ■ ¿Qué .... tú esta mañana a las ocho?
● .... un café con leche.
5 Adrián y Antonio .... por la montaña cuando empezó a nevar.

3 Un policía ha parado a un motorista y le ha hecho las siguientes preguntas. Cambia la conversación a estilo indirecto.

Policía: ¿Cómo se llama?
Motorista: Juan Gutiérrez.
P: ¿De quién es la moto?
M: Es de mi hermano.
P: ¿Tiene permiso de conducir?
M: Sí, lo tengo.
P: ¿Puedo verlo?
M: No lo llevo encima.
P: ¿Puede llevarlo a la Oficina de Tráfico lo antes posible?
M: Sí, no hay ningún problema.
P: Puede continuar.

El policía le preguntó que cómo se llamaba y el motorista respondió que Juan Gutiérrez. Luego le preguntó...

4 El sábado por la mañana Susana llamó a su amigo Pedro para quedar. Pon los verbos en su forma más adecuada (*estar* + gerundio / pretérito indefinido).

1 Pedro *estaba escuchando* (escuchar) la radio cuando Susana lo *llamó* (llamar) por teléfono.
2 Ellos .... (pensar) qué hacer cuando Pedro .... (sugerir) jugar un partido de tenis.
3 Cuando .... (llegar), otras dos personas .... (usar) la pista de tenis.
4 Pedro .... (comprar) unos helados mientras .... (esperar) para jugar.
5 Cuando ellos .... (jugar), ... (empezar) a llover.
6 Susana .... (tirar) la pelota cuando .... (caerse) porque el suelo estaba mojado.
7 Cuando Pedro .... (ver) que Susana estaba en el suelo, la .... (ayudar) a levantarse.

¿Qué sabes?

	☺	😐	☹
• Hablar del trabajo.	☐	☐	☐
• Leer y entender noticias del periódico.	☐	☐	☐
• Utilizar el estilo indirecto.	☐	☐	☐
• Usar el verbo *estar* + gerundio.	☐	☐	☐

Predicciones

18

- Hablar de la duración de una actividad actual
- Hablar del futuro
- Hacer predicciones
- Expresar gustos y opiniones
- Cultura: Jóvenes latinos que inspiran a Estados Unidos
- Vídeo: *¿Y tú, qué opinas?*

18 A ¿CUÁNTO TIEMPO LLEVAS ESPERANDO?

ESCUCHAR

1 **Mira las imágenes. ¿Dónde están? ¿Qué están haciendo?**

A ....

B ....

C ....

2 155 **Lee y escucha.**

A **Pilar:** ¿Cuánto tiempo llevas trabajando en este hospital?
Mónica: Tres meses, ¿y tú?
Pilar: Yo llevo solo un día. Empecé ayer. Estoy un poco nerviosa.

B **Álvaro:** Hablas muy bien español. ¿Cuánto tiempo llevas estudiándolo?
Claire: En mi país estudié cuatro años y ahora llevo cinco meses en Barcelona.

C **Alberto:** ¿Cuánto tiempo llevas esperando?
Ignacio: Más de una hora. Llegué a las siete y ya son las ocho y cuarto.
Virginia: Yo llevo dos horas, desde las seis.

3 **Completa según la información de los diálogos.**

1 ■ ¿Cuánto tiempo lleva Pilar .... en el hospital?
● Pilar .... en el hospital un día.

2 ■ ¿Cuánto tiempo .... español Claire?
● Claire lleva .... español cuatro años y cinco meses.

3 ■ ¿Cuánto tiempo llevan .... en la cola?
● Ignacio .... esperando más de una hora y Virginia .... desde las seis.

4 **Responde con *sí* o *no*.**

1 ¿Trabajan Pilar y Mónica en el hospital ahora?
2 ¿Estudia Claire español actualmente?
3 ¿Están esperando en la cola Ignacio y Virginia?

GRAMÁTICA

LLEVAR + GERUNDIO + EXPRESIÓN DE TIEMPO

- Utilizamos ***llevar* + gerundio** para hablar de una acción que empezó en el pasado y continúa en el presente. Lo usamos especialmente cuando queremos expresar la duración de la acción.

(16:00) ——————————————→ (18:00)

Empezó a hablar *por teléfono a las 16:00.*

Lleva hablando *por teléfono dos horas.*
Lleva hablando *por teléfono desde las 16:00.*

¿Cuánto tiempo lleva hablando por teléfono?

Lleva ***dos horas*** *hablando por teléfono.* = *Lleva hablando por teléfono* ***desde las 16:00.***
Lleva hablando por teléfono ***dos horas.*** = *Lleva* ***desde las 16:00*** *hablando por teléfono.*

- ***Llevar* + gerundio + cantidad / periodo de tiempo**

Llevo ***un año*** *estudiando español.* = *Llevo estudiando español* ***un año.***

- ***Llevar* + gerundio + <u>desde</u> + fecha / hora**

Llevo estudiando español ***<u>desde</u> el año pasado / <u>desde</u> septiembre.***
Llevo ***<u>desde</u> el año pasado / <u>desde</u> septiembre*** *estudiando español.*

5 **Sigue el ejemplo.**

1 Carlos está tocando el piano (una hora).
Carlos lleva tocando el piano una hora.
2 Yo vivo en Segovia (seis meses).
3 Los niños están viendo la tele (las 15:00).
4 David sale con Margarita (septiembre).
5 Diana trabaja en Argentina (un año).
6 Mis amigos estudian español (dos años).
7 Nosotros cantamos en un coro (mucho tiempo).
8 Miguel juega al ajedrez (varios años).
9 Ellos están esperándonos (media hora).

6 **En parejas. Como en la actividad anterior, A pregunta y B responde.**

A ¿Cuánto tiempo lleva tocando el piano Carlos? / ¿Cuánto tiempo lleva Carlos tocando el piano?
B Carlos lleva tocando el piano una hora. / Carlos lleva una hora tocando el piano.

HABLAR

8 **Imagina una serie de actividades que estás realizando actualmente. Luego practica con tu compañero como en el ejemplo. Utiliza la lista siguiente como ayuda.**

- Estudiar un idioma: árabe, italiano, chino...
- Salir con un chico-a.
- Trabajar en una empresa de informática / seguros / construcción.
- Jugar al fútbol / tenis / baloncesto en un equipo.
- Bailar flamenco / tango / danza del vientre...
- Vivir en el campo...
- Venir a clase a pie / en bici / en coche / en transporte público...

■ ¿Sabes? Estoy estudiando árabe.
● ¿Ah sí? ¿Cuánto tiempo llevas estudiando (árabe)?
■ Llevo seis meses.

ESCUCHAR

7 156 **Escucha a estos dos jóvenes que viven en España, hijos de padres extranjeros. Señala verdadero (V) o falso (F). Corrige las afirmaciones falsas.**

A **CHEN, 15 AÑOS, PADRES CHINOS**

1 Los padres de Chen tienen un restaurante en Toledo. [V]
2 Llevan en España 19 años. [ ]
3 Los padres no hablan español. [ ]
4 A Chen no le gusta la cultura española. [ ]
5 Los españoles son más abiertos que los chinos. [ ]
6 Chen lleva dos años en un equipo de fútbol. [ ]

B **MIGUEL THOMPSON, 15 AÑOS, PADRES BRITÁNICOS**

1 Los padres de Miguel son de Toledo. [F]
Los padres son británicos.
2 Miguel se siente más cerca de los españoles. [ ]
3 Los padres llevan casi trece años en España. [ ]
4 Los españoles son más abiertos que los ingleses. [ ]
5 Algunas veces Miguel choca con gente cerrada. [ ]

1 ¿Dónde crees que estarás dentro de veinte años?

Dentro de veinte años yo estaré en...

LEER

2 Lee el texto sobre los cambios del siglo XXI.

3 Señala cuál es la predicción que te interesa más. Coméntalo con tu compañero.

Que iremos de vacaciones a la Luna por poco dinero.

FUTURO IMPERFECTO

Verbos regulares en -ar, -er, -ir

hablar	
yo	hablaré
tú	habla**rás**
él/ella/Ud.	habla**rá**
nosotros/as	habla**remos**
vosotros/as	habla**réis**
ellos/ellas/Uds.	habla**rán**

Verbos irregulares

haber habré	**tener** tendré
hacer haré	**salir** saldré
poder podré	**poner** pondré

Marcadores temporales:
mañana, la semana que viene, el mes próximo, el próximo año.
El futuro se usa para hacer promesas y predicciones:
*El año que viene **iré** a verte a tu país.*

¿Qué cambios habrá?

En los primeros años del siglo XXI la vida en la Tierra ha cambiado mucho. ¿Cómo crees que evolucionará en las próximas décadas?

- ¿Habrá más contaminación atmosférica o menos?
- ¿Se curarán enfermedades como como el cáncer o el alzhéimer?
- ¿La gente vivirá en el campo o en ciudades cada vez más grandes?
- ¿Habrá guerras o se acabarán para siempre?
- ¿Cómo viajará la gente: en coche, en avión, en nave espacial?
- ¿Podremos ir de vacaciones a la Luna o a Marte por poco dinero?

Invitamos a nuestros lectores a hacer predicciones. Escríbannos, por favor.

4 Forma frases.

1 Mañana / ir / al cine contigo (yo).
Mañana iré al cine contigo.
2 Dentro de un año / terminar / mis estudios (yo).
3 El sábado / salir / con ellos (nosotros).
4 El mes que viene / haber / una fiesta de disfraces.
5 Esta noche / hacer la cena / Olga.
6 Mañana / no poder / venir a clase (él).
7 Dentro de un mes / volver / a su país (ellos).
8 Este fin de semana / venir / mis amigos a casa.
9 Esta tarde / salir / a dar una vuelta (nosotros).
10 El año que viene / tener / un mes de vacaciones (yo).

ESCRIBIR Y HABLAR

5 **Escribe dos predicciones para dentro de 50 años. Coméntalas con tus compañeros.**

Yo creo que habrá menos contaminación porque los coches funcionarán con agua. Además, la gente vivirá más de cien años.

6 **Escribe en un papel tus expectativas para el futuro. No pongas el nombre en tu papel. Luego, dáselo a tu profesor. El profesor te dará otro, ¿sabes quién lo ha escrito?**

Dentro de 10 años seré una actriz famosa. Tendré mucho éxito y haré un montón de películas.

7 **Relaciona cada frase con las fotos.**

1. Si no está contento con su compra, le devolvemos su dinero. ☐
2. **Si te gusta el sol y la playa, ven al Caribe.** ☐
3. Si invierte aquí, ganará el doble. ☐

8 **Subraya los verbos en las frases anteriores.**

GRAMÁTICA

ORACIONES CONDICIONALES

- ***Si*** **+ presente de indicativo, presente.**
  Si *no* ***llueve, salgo*** *todos los días.*
- ***Si*** **+ presente de indicativo, imperativo.**
  Si *no* ***llueve, ven*** *a mi casa.*
- ***Si*** **+ presente de indicativo, futuro.**
  Si *no* ***llueve, iré*** *a tu casa.*

9 **Forma frases con los elementos de las columnas. Hay más de una opción.**

1 Si no hay autobuses,
2 Si puedes,
3 Si salgo pronto de trabajar,
4 Si compras tres paquetes,
5 Si dejas de fumar,
6 Si me dan vacaciones en junio,
7 Si Rosa e Ignacio no vienen pronto,
8 Si hace aire,
9 Si tienen un niño,
10 Si tomas el sol,

a compra el pan y el periódico.
b iré a ver a Marta.
c cierra la ventana.
d me iré al Caribe.
e pide un taxi.
f ahorrarás dinero.
g le llamarán Álvaro.
h perderemos el tren.
i ponte crema.
j te encontrarás mejor.

ESCUCHAR

10 **En las elecciones, los políticos suelen hacer promesas. Completa las promesas siguientes.**

1. Si mi partido gana las elecciones, (crear, nosotros) .... más puestos de trabajo.
2. Si ustedes nos (votar) .... , nosotros (subir) .... las pensiones.
3. Si (salir, yo) .... elegido, les prometo que el gobierno (gastar) .... más dinero en educación y sanidad.
4. Por último, les prometo que todo el mundo (tener) .... todo lo que necesita si ustedes (votar) .... a mi partido.

11 157 **Escucha y comprueba.**

12 **En parejas. Piensa una buena frase para cada uno de estos productos. Luego, vota las mejores.**

1. Una máquina de afeitar
   Si utiliza la máquina de afeitar Piel, las mujeres no lo abandonarán.
2. Un gel de baño
3. Un detergente para la ropa
4. Un restaurante
5. Una escuela de idiomas
6. Un perfume
7. Un coche
8. Un helado

18 C ¿QUÉ TE PARECE ESTE...?

1 **Mira estas imágenes y elige uno de los siguientes adjetivos para describirlas.**

horrible • preciosa • impresionante • aburrida • romántica • fea • original
bonita • espectacular • maravillosa • relajante • rara

2 **Pablo y Julia están buscando imágenes para el escritorio de su portátil. Lee lo que dicen. ¿Coinciden con los adjetivos que has utilizado en la actividad anterior para describirlas?**

❶ Pablo: Mira esta de la nieve, ¿te gusta? ¡Es **espectacular**!
Julia: Sí, es de Argentina, está muy bien, pero a mí me gusta más la de las casas del desierto. Me parece **preciosa**.
Pablo: ¿Esa? A mí no me gusta nada.

❷ Julia: La del fondo del océano es **impresionante**. Transmite paz y alegría, ¿verdad?
Pablo: Sí, es muy **relajante**. A mí también me gusta mucho, pero en realidad prefiero la del puente que se refleja en el agua. ¿No crees que es muy **romántica**?
Julia: No está mal, pero no parece real, es un poco **rara**.
Pablo: Rara no, **original**.

❸ Pablo: ¿Y la de las fábricas? Esa es muy **fea**, ¿no?
Julia: **Horrible**. No sé si son fábricas o una central nuclear, pero no me gusta nada.

HABLAR

3 En parejas. Practica con tu compañero opinando sobre esas imágenes.

- ¿Qué imagen te gusta más?
- La 1 me parece que es (muy)..., ¿y a ti?
- ¿Qué imagen te gusta menos?
- La... no me gusta nada. Me parece que es...

MEDIACIÓN ORAL

4 **En parejas. Enseña a tu compañero una imagen de tu móvil y cuéntale por qué te gusta o no te gusta.**

Mira, esta foto es de un viaje que hice el invierno pasado. Había mucha nieve, era impresionante, me gusta porque...

¡Importante! **Puedes tomar notas sobre lo que dice tu compañero para hacer bien la actividad siguiente.**

5 **Describe la imagen de tu compañero a toda la clase y explica, con tus palabras, por qué esa imagen le gusta o no le gusta.**

6 **¿Cuáles son los problemas que preocupan a los jóvenes? En la lista siguiente, señala de 1 a 10 el orden en que te preocupan a ti.**

- El paro.
- El consumo de drogas.
- La adicción al tabaco.
- El consumo de alcohol.
- Las discusiones con los padres.
- La contaminación y el medioambiente.
- La corrupción política.
- La vivienda.
- Las relaciones con los amigos.
- El futuro.
- La falta de dinero.
- Otros:

ESCUCHAR

7 158 **Roberto y Ana tienen 17 años. Escucha una vez la encuesta y señala en la lista anterior los temas que mencionan.**

8 158 **Escucha otra vez y señala verdadero (V) o falso (F). Corrige las afirmaciones falsas.**

1 A Roberto no le importa la política. ☐
2 Roberto cree que cada vez hay más contaminación ☐
3 Ana cree que los políticos son sinceros. ☐
4 Los trabajos cada vez son peores. ☐
5 La vivienda no es un problema importante. ☐
6 Roberto discute con sus padres todos los días. ☐
7 Ana piensa que hay muchas formas de pasar el fin de semana. ☐

9 **Responde a las afirmaciones siguientes con las expresiones del recuadro.**

A mí sí • A mí no • A mí también
A mí tampoco • Yo también • Yo no

1 A mí no me interesan nada las noticias.
A mí tampoco.
2 A mi novio no le importa el dinero.
3 A mí me parece que cada vez hay más contaminación atmosférica.
4 Yo creo que los jóvenes de ahora son más egoístas que los de antes.
5 A mí me parece que las drogas son un problema muy importante.
6 A mí me preocupa mucho la corrupción política.

PRONUNCIACIÓN Y ORTOGRAFÍA

El sonido /θ/.
La c y la z. za, ce, ci, zo, zu.

1 159 **Escucha y repite.**

cine • zapato • zona • azul • cielo
azúcar • cigarrillo • cerveza • cenicero

Muchos hablantes de español de España (en Canarias y Andalucía) y de Hispanoamérica no suelen realizar este sonido, lo pronuncian como **s**. A este fenómeno se le llama seseo.

2 **Escribe algunas frases con las palabras de la actividad 1 y léeselas a tu compañero.**

No me gusta el cine.

3 160 **Escucha el trabalenguas y después léeselo a tu compañero.**

4 161 **Escucha ahora cómo lo diría un latinoamericano.**

COMUNICACIÓN

*A mí **me preocupa** la contaminación del aire.*
A mí también. / A mí no.

*A Roberto no **le interesa** la política.*
A mí tampoco. / A mí sí.

*Yo **creo** / **pienso** que los políticos no son sinceros.*
Yo también lo creo. / Yo no lo creo.

10 **En grupos de cuatro. Escribe un párrafo opinando sobre los temas de la actividad 6. Luego, coméntalo con tus compañeros.**

A mí el problema que más me preocupa es el de la vivienda. Yo tengo novio y quiero casarme, pero no tenemos dinero para alquilar un piso porque están carísimos. Yo creo que nunca me iré de casa de mis padres.

Jóvenes latinos que inspiran a EE.UU.

Inmigrantes o nacidos en el país, los latinos y su talento son protagonistas innegables de la vida en Estados Unidos; son un motor de la economía, vanguardia de la cultura y polo de influencia en la política. Son la minoría más importante del país en número, con casi 60 millones de personas.

1 Arturo Elizondo. 28 años. Emprendedor tecnológico. Mexicano-estadounidense.
Lo dejé todo y me compré un boleto de Washington a San Francisco. No tenía trabajo ni lugar donde vivir, pero quería hacer una empresa tecnológica en Silicon Valley para crear comida sostenible y sabrosa. Seis meses después fundé Clara Foods, una empresa que desarrolla proteína animal de verdad, sin usar ni un solo animal, y que hasta ahora ha conseguido una financiación de 50 millones de dólares.
Quiero ayudar a conseguir un mundo mejor, por eso elaboro alimentos saludables y sabrosos que tienen menor impacto en el medioambiente y no son demasiado caros. Uno de mis grandes sueños es que mi madre o mi abuela compren mi comida porque está rica. Y no voy a darme por vencido porque así somos los latinos inmigrantes. Eso es lo que aprendí viviendo en la frontera entre México y Estados Unidos y viendo el sacrificio de mis padres para que nosotros tuviéramos un futuro mejor.

2 Sabrina González. 27 años. Científica. Cubana-estadounidense.
Cuando solo tenía 14 años, Sabrina fabricó un avión con sus propias manos y lo voló sola. Unos años después, impresionó a la comunidad académica al graduarse con la máxima nota en Física Teórica en el Massachusetts Institute of Technology (MIT) y la Universidad de Harvard.
Científicos importantes como Stephen Hawking han citado sus investigaciones y la prensa estadounidense ya la llama "la nueva Einstein".
Aunque nació y se crio en Chicago, dice que se reconoce como miembro de la comunidad latina: *¿Qué sería yo sin mi mamá y qué sería ella sin su historia familiar? La identidad de uno es difícil de desacoplar de la propia realidad.*

3 Luis Hernández. 18 años. Activista contra las armas. Dominicano-estadounidense.
Nací en el Bronx de Nueva York. Desde niño crecí escuchando balazos como algo normal. Muchos jóvenes se sienten indefensos y consiguen armas para sobrevivir. Pero el problema de fondo es que la violencia con armas de fuego ocurre porque hay pobreza, porque hay segregación en las escuelas.
Comencé a hacer activismo cuando tenía 14 años, porque encarcelaron a mi hermano injustamente. Al final lo liberaron sin ningún cargo. Yo veo una permanente criminalización de los jóvenes de mi comunidad y estoy convencido de que la criminalización, la brutalidad policial y la violencia armada son algo sistémico.

4 Lina Hidalgo. 28 años. Jueza. Colombiana-estadounidense.
Soy la jueza del condado de Harris, en Texas. Soy la máxima autoridad de un estado con 34 ciudades y casi cinco millones de personas. Ese es el nombre de mi cargo, pero no tengo funciones judiciales. Manejo un presupuesto de unos 5000 millones de dólares anuales y tomo decisiones sobre todo tipo de temas: hospitales, transporte, educación, etc. Es un cargo que se elige por votación popular.

(Texto extraído de *BBC News Mundo*)

LEER

1 El periódico *BBC News Mundo* publicó en 2020 el artículo "10 jóvenes latinos que inspiran a EE. UU.". Lee la información sobre cuatro de ellos y relaciona los textos con las frases.

- a Construyó un medio de transporte y lo puso en funcionamiento. ☐
- b Se preocupa por los jóvenes de su comunidad y lucha contra la violencia. ☐
- c Cambió su vida para crear una empresa y mejorar el medioambiente. ☐
- d Tiene mucho poder en la zona donde vive y toma decisiones muy importantes. ☐

2 ¿Cuál de los cuatro testimonios te parece más interesante? Coméntalo con tu compañero.

UNA ENCUESTA SOBRE EL FUTURO

Un grupo de diez personas ha contestado a las siguientes preguntas sobre el futuro:

- ¿Existirán los humanos a finales del siglo XXI?
- ¿Será el mundo un lugar mejor?
- ¿Serán los humanos más inteligentes?
- ¿Viajará la gente al espacio?
- ¿Vivirán los humanos en otros planetas?
- ¿Viajarás al espacio si tienes la oportunidad?

Conclusiones.
Todo el mundo cree que los humanos existirán dentro de mil años, y más de la mitad piensa que el mundo será un lugar mejor porque protegeremos mejor a nuestro planeta. Algunos creen que seremos más inteligentes en el futuro. La mayoría de los encuestados piensa que los viajes espaciales serán normales a finales del siglo XXI y que los humanos vivirán en otros planetas. Todo el mundo dice que viajará al espacio si tiene oportunidad.

3 **Lee la encuesta y elige la opción correcta.**

1 (8/10) *La mayoría* / **La mitad** cree que habrá viajes espaciales en el futuro.
2 (6/10) **La mitad / Más de la mitad** cree que la Tierra será un lugar mejor para vivir.
3 (3/10) **Todo el mundo / Algunos** creen que el ser humano será más inteligente en el futuro.
4 (0/10) **Todo el mundo / Nadie** tendrá miedo a viajar al espacio.

ESCRIBIR

4 **Elabora un cuestionario sobre el futuro del planeta y realiza una encuesta a tus compañeros. Escribe las conclusiones.**

ESCUCHAR

5 162 **Escucha la conversación entre Luis y Sara y contesta a las preguntas.**

1 ¿Qué piensa Luis sobre el futuro de los viajes en avión? ¿Por qué?
2 ¿Cómo cree Sara que serán los aviones del futuro?
3 ¿Cuántos coches hay en la actualidad en nuestro planeta?
4 ¿Qué medios de transporte contaminan menos?
5 ¿Qué le propone Sara a Luis para no contaminar?

EN PAREJAS

HABLAR

Alumno A (alumno B, ver «En parejas», pág. 203)

6 **Pregúntale a tu compañero sobre su futuro.**

¿Te comprarás una casa?
¿Por qué? /¿Por qué no?
¿.................... comprar una casa?
¿.................... casarte?
¿.................... tener hijos?
¿.................... aprender otros idiomas?
¿.................... comprar un coche?
¿.................... tener una moto?
¿.................... ser muy rico/a?
¿.................... ser un personaje famoso?
¿.................... vivir en un pueblo o en una ciudad?
¿.................... trabajar fuera de tu país?

7 **Responde a las preguntas de tu compañero sobre tu futuro.**

1 **Completa las frases utilizando *llevar* + gerundio con los verbos del recuadro.**

trabajar • bailar • ~~salir~~ • jugar • vivir • buscar • aprender

1 Javier y Margarita llevan saliendo juntos dos años.
2 Ellos .... piso desde el año pasado.
3 ¿Cuánto tiempo (tú) .... al tenis?
4 Juan .... en esta empresa desde el año pasado.
5 Yo .... inglés toda la vida.
6 Mis amigos y yo .... flamenco toda la noche.
7 ¿Cuánto tiempo (vosotros) .... en Madrid?

2 **Ayer hablaste con una jugadora de tenis profesional y descubriste la siguiente información.**

1 Lleva jugando al tenis desde que tenía 6 años.
2 Lleva participando en torneos profesionales desde los 13 años.
3 Lleva viviendo en Mónaco dos años.
4 Lleva haciendo yoga cinco años.
5 Alberto Costa la lleva entrenando dos años.
6 Ha regresado con su entrenador de un torneo en Australia. Llevan viajando veintiocho horas.

¿Qué preguntaste en cada momento? Sigue el modelo.

¿Cuánto tiempo llevas jugando el tenis?

3 **Contesta como en el modelo.**

1 ■ Rosa, ¿has limpiado los cristales?
 ● No, los limpiaré mañana.
2 ■ Julián, ¿has hecho la cena?
 ● No, ... más tarde.
3 ■ Alberto, ¿has comprado el periódico?
 ● No, ... luego.
4 ■ Luisa, ¿has limpiado la alfombra?
 ● No, ... mañana.
5 ■ Mamá, ¿has puesto la lavadora?
 ● No, ... el viernes que viene.
6 ■ Ana, ¿has planchado mis pantalones?
 ● No, ... esta tarde.

4 **Subraya el verbo correcto.**

1 Si tienes / **tendrás** tiempo, ven a mi casa.
2 **Compraremos / compramos** un sofá nuevo si **hay / habrá** rebajas.
3 Si la lavadora no **funcionará / funciona**, llévala a arreglar.
4 Si **tenemos / tendremos** dinero, iremos de vacaciones a Cancún.
5 Para mí, la vida es maravillosa si no **tendré / tengo** nada que hacer y **puedo / podré** hacer lo que quiera.
6 Mis padres me **comprarán / compran** una guitarra si yo **apruebo / aprobaré** el curso.

5 **Escribe el final de la frase.**

1 Si me toca la lotería de Navidad, ...
2 Si tienes tiempo, ...
3 Me casaré, ...
4 Llámame, ...

6 **Completa el texto con las siguientes expresiones.**

preocuparse • ~~me preocupa~~ • creo
no creo • piensan

(1) Me preocupa el futuro de la Tierra. (2) .... que es un lugar maravilloso para vivir. Algunas personas (3) .... que es difícil evitar la destrucción del planeta, pero yo no estoy de acuerdo. Según mi opinión, los políticos deben (4) .... por buscar las soluciones a los problemas. (5) .... que sea demasiado tarde.

¿Qué sabes?

	☺	😐	☹
• Hablar de la duración de una actividad actual.	☐	☐	☐
• Utilizar el futuro para hablar de predicciones y promesas.	☐	☐	☐
• Utilizar verbos de opinión como *me parece, me molesta, (no) me importa*...	☐	☐	☐
• Expresar condiciones posibles.	☐	☐	☐

ANEXOS

- En parejas
- Gramática, vocabulario y ejercicios prácticos
- Verbos
- Transcripciones

UNIDAD 1

HABLAR

Alumno B (viene de página 23)

5 Responde a A la información sobre los números 1, 3, 4 y 6.

El número 1 se llama Isabel Allende. Es chilena. Es escritora.

Rafael Nadal
español
tenista
3

Isabel Allende
chilena
escritora
1

....
....
....
2

....
....
....
7

Carolina Herrera
venezolana
diseñadora
4

5
....
....
....

Shakira
colombiana
cantante
6

....
....
....
8

6 ¿Conoces a estos personajes famosos? Pregunta a A la información sobre los números 2, 5, 7 y 8.

¿Cómo se llama el número 2? ¿De dónde es? ¿A qué se dedica?

UNIDAD 2

HABLAR

Alumno B (viene de página 33)

7 Responde a A dónde están sus objetos.

Las gafas están encima de la silla.

8 Pregunta a A dónde están los objetos del recuadro.

¿Dónde está el móvil?

UNIDAD 3

HABLAR

Alumno B (viene de página 43)

7 Responde a las preguntas de A.

NOMBRE:	Antonio García
EDAD:	42 años
PROFESIÓN:	Cocinero
PAÍS:	España
CIUDAD:	Sevilla
TRABAJO:	Restaurante
TRANSPORTE:	Coche
FAMILIA:	Casado. Tiene dos hijos.

8 Pregunta a A y completa la siguiente ficha.

NOMBRE:	
EDAD:	
PROFESIÓN:	
PAÍS:	
CIUDAD:	
TRABAJO:	
TRANSPORTE:	
FAMILIA:	

UNIDAD 4

HABLAR

Alumno B (viene de página 53)

8 Responde a las preguntas de A.

9 Pregunta a A la información que falta en el anuncio del Hotel Miramar.

1 ¿En qué planta están la cafetería, la sauna y el gimnasio, y el salón de conferencias?
2 Pregunta el precio de la habitación doble: *¿Cuánto cuesta...?*
3 Pregunta el horario de la cena: *¿A qué hora se puede cenar?*

PRECIOS

Habitación individual:	**100 €**
Habitación doble:	....

COMIDAS

Desayunos:	**de 7:30 a 10:30**
Comidas:	**de 13:00 a 15:00**
Cenas:	....

EN EL HOTEL

Quinta planta:	
Cuarta planta:	**peluquería**
Tercera planta:	
Segunda planta:	**restaurante**
Primera planta:	
Planta baja:	**recepción**
Sótano:	**garaje**

UNIDAD 5

HABLAR

Alumno B (viene de página 63)

4 Responde a A las preguntas sobre tus gustos.

Sí, mucho. / Sí, bastante. / No, no mucho. / No, nada.

5 Pregunta a A sobre sus gustos.

¿Te gusta viajar?
¿Te gustan los perros?

	mucho	bastante	no mucho	nada
viajar				
los perros				
las motos				
navegar por internet				
jugar al fútbol				
andar				
hablar				
los niños				
leer				

UNIDAD 8

HABLAR

Alumno B (viene de página 93)

9 **Tú y tu compañero os encontráis en la esquina de la calle Argentina con la calle Ecuador. Escucha a A y dile cómo se va a los lugares que te pregunta.**

10 **Tú y tu compañero os encontráis en la esquina de la calle Argentina con la calle Ecuador. Pregunta a A cómo se va a los siguientes lugares:**

- la panadería
- el banco
- la cafetería
- el cine
- la farmacia

- ¿Puedes decirme cómo se va a la panadería?
- Ve por la calle Argentina y toma la primera a la derecha, la calle Mayor. Sigue recto y, después de cruzar la calle Colombia, a la derecha, junto al bar José, está la panadería.

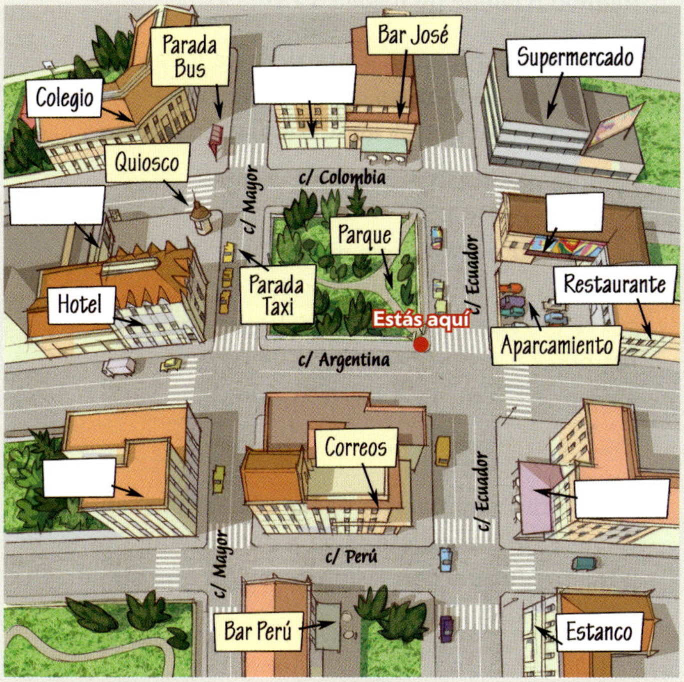

UNIDAD 10

HABLAR

Alumno B (viene de página 113)

6 **Prepara preguntas para entrevistar a A, porque le ha tocado la lotería. Puedes añadir otras preguntas.**

a Con quién / celebrar
b Qué / comprar
c Dónde / ir de vacaciones
d Con quién / ir
e Qué / hacer a la vuelta del viaje

7 **Imagina que te vas a estudiar a un país extranjero. Prepara las respuestas para la entrevista que te hará A.**

a ¿A qué país vas a ir?
b ¿Qué vas a estudiar?
c ¿Dónde te vas a alojar?
d ¿Con quién vas a vivir?
e ¿En qué vas a trabajar?

UNIDAD 11

HABLAR

Alumno B (viene de página 123)

8 Imagina que eres un periodista y vas a entrevistar al famoso cantante Enrique Iglesias. Aquí tienes algunas preguntas.

¿Dónde naciste?
¿Cuándo naciste?
¿Adónde te trasladaste a vivir?
¿Cuándo grabaste el primer disco?
¿Cuál es el premio más importante que has recibido?
¿Cómo se llama tu disco más famoso?

* Nació en Galicia el 11-11-1958.
* Estudió piano y bel canto.
* Empezó a acompañar en sus giras a Juan Pardo.
* Grabó su primer disco en 1980.
* En 1994 sacó su disco más famoso, *Como la flor prometida*.
* En 2002, grabó *Con otra mirada*.
* En 2005 publicó un nuevo recopilatorio: *Pequeños, medianos y grandes éxitos*.
* En 2013 apareció en el mercado un nuevo álbum titulado *Almas gemelas*.
* En 2018 grabó el disco *Que corra el aire*.

9 Ahora imagina que tú eres la cantante Luz Casal y un periodista te va a entrevistar. Contesta a las preguntas con la información que sigue.

UNIDAD 12

HABLAR

Alumno B (viene de página 133)

6 Responde a tu compañero.

Sí, ya lo he comprado.

7 Pregunta a tu compañero si ha hecho las siguientes tareas, las que no están señaladas. Tú has hecho las que están señaladas con *V*.

¿Has planchado las camisas?

Comprar el pan.	V
Planchar las camisas.	
Poner la lavadora.	
Regar las plantas.	V
Fregar los platos.	V
Ir al banco.	
Llamar por teléfono a Luis.	V
Comprar el periódico.	V
Abrir el correo.	
Comprar las entradas para el fútbol.	

UNIDAD 13

HABLAR

Alumno B (viene de página 143)

7 Escribe en un papel.

- Un deporte que te gusta mucho.
- Un libro que has leído últimamente.
- Un lugar donde no has estado nunca.
- Algo que te molesta mucho.
- Algo que no te gusta hacer.
- Algo que no sabes hacer.
- Alguien famoso que te cae bien.
- Un programa de la tele que no te gusta nada.
- Algo que te preocupa.

8 Escucha a tu compañero y responde.

A mí también. / A mí no. / A mí tampoco. / A mí sí.
Yo también. / Yo no. / Yo tampoco. / Yo sí.

9 Dile a tu compañero qué es lo que te gusta a ti.

A mí me gusta mucho el baloncesto, ¿y a ti?

UNIDAD 14

HABLAR

Alumno B (viene de página 153)

7 Muévete por la clase y pregunta a los compañeros.

¿El año pasado tenías el pelo largo?

Encuentra a alguien que…

…el año pasado (tener) el pelo largo.
…cuando (ser) niño (tener) perro o gato.
…(jugar) al fútbol o al baloncesto.
…(comer) en el colegio todos los días.
…antes (fumar), pero ahora no.
…(escribir) poesías cuando (ser) adolescente.
…(salir) con los amigos todos los fines de semana.
…(gustar) la música clásica cuando (ser) adolescente.

UNIDAD 15

MEDIACIÓN ORAL

Alumno B (viene de página 157)

6 Quieres comprar una bicicleta de mujer para la ciudad y pides ayuda a tu compañero porque no sabes dónde comprarla.

7 Tu compañero quiere comprar una maleta de segunda mano. Tú has visto estos anuncios en la web de SHOPENMARCHA y quieres darle esa información.

Ten en cuenta lo siguiente:

a Prepara bien la información que vas a transmitir.
- Utiliza un diccionario para las palabras que no conoces.
- Marca la información más importante.

b Añade ideas tuyas para ayudar a tu compañero (usa ejemplos, etc.).

c Utiliza tus propias palabras.

He visto unos anuncios en la web que te pueden interesar, hay un maletín que cuesta solo 15 €…

1 **15 € MALETÍN**

Bolso pequeño de viaje con dos ruedas. Tipo maletín. Color negro. Bolsillo delantero. Tiene varios años, pero está en muy buen estado, solo se ha usado en un viaje. Su precio original era de 60 euros.

2 **60 € MALETA DE VIAJE**

Maleta antigua. Muy práctica y cómoda, con gran capacidad interior. En perfecto estado. Ideal para subir al avión como equipaje de mano.

3 **30 € BOLSO DE VIAJE CABALLERO**

Bolso de viaje caballero en piel marrón. Asas fuertes. Estilo vintage. Medidas: 50×30×20 cm.

4 **35 € MALETA SALVADOR BACHILLER**

Maleta de viaje marca Salvador Bachiller. Con ruedas y asa para llevar cómodamente. Tiene candado y varios bolsillos interiores para clasificar la ropa y los documentos. No apta como equipaje de mano.

UNIDAD 15

HABLAR

Alumno B (viene de página 163)

7 Escucha a tu compañero y escribe lo que te dicta. Díctale a él tu parte.

GAZPACHO

Ingredientes:

- 1 kg de tomates maduros.
- ....
- .... remojada en agua.
- Sal.
- 6 cucharadas de ....
- 2 cucharadas de vinagre.
- ....

Elaboración:

.... todos los ingredientes .... y se bate ...., como para una sopa. .... en una sopera .... en el frigorífico. ...., se añade el agua .... trocitos de verduras ....

UNIDAD 16

HABLAR

Alumno B (viene de página 173)

4 Responde a tu compañero sobre tus hábitos. ¿Llevas una vida saludable?

5 Ahora pregunta a tu compañero por sus hábitos. Prepara al menos ocho preguntas sobre:

a Caminar
b Ir de excursión al campo
c Meditar
d Hacer yoga
e Comer carne / pescado / frutas / dulces
f Hacer ejercicio
g Dormir
h Beber agua / refrescos

UNIDAD 17

HABLAR

Alumno B (viene de página 183)

7 Imagina que tu compañero ha hecho la foto 1. Hazle estas preguntas.

1 Esta foto es muy buena, ¿la has hecho tú?
2 ¿Dónde estabas cuando la hiciste?
3 ¿Qué están haciendo las personas de la foto?
4 ¿Por qué estaban haciendo eso?
5 ¿Tú también lo hiciste?
6 ¿Por qué?

1

8 Ahora imagina que tú has hecho la foto 2. Contesta a las preguntas que te haga tu compañero.

2

UNIDAD 18

HABLAR

Alumno B (viene de página 193)

6 Responde a tu compañero sobre tu futuro.

Sí, porque la mía es muy pequeña.

7 Pregunta a tu compañero sobre su futuro.

¿Tendrás más de tres hijos?
¿Por qué? / ¿Por qué no?

¿............ tener más de tres hijos?
¿............ aprender jardinería?
¿............ viajar por todo el mundo?
¿............ cambiar de marido/mujer?
¿............ ser muy rico/a?
¿............ ser un deportista famoso?
¿............ irte a una isla desierta?
¿............ comprar un barco?
¿............ escribir un libro?
¿............ vivir en el campo?

GRAMÁTICA

VERBOS *SER* Y *TENER*

	SER	TENER
yo	soy	tengo
tú	eres	tienes
él/ella/Ud.	es	tiene
nosotros/as	somos	tenemos
vosotros/as	sois	tenéis
ellos/ellas/Uds.	son	tienen

- Usamos el verbo *ser* para identificarnos, hablar de la nacionalidad y de la profesión.

  *Esta **es** Pilar. Pilar **es** española. Pilar **es** azafata.*

GÉNERO DE LOS NOMBRES

- Los nombres de las cosas tienen género masculino o femenino:

  el libro — *la ventana*

- Los nombres de las personas y animales tienen género masculino y femenino.

  el gato — *la gata*
  el profesor — *la profesora*
  el hombre — *la mujer*

- En el caso de los nombres de profesión:

a Si el masculino termina en **-o**, cambia por **-a**:

  el abogado — *la abogada*

b Si el masculino termina en consonante, añade **-a**:

  pintor — *pintora*

c Si el masculino termina en **-e**, puede quedar igual o cambiar por **-a**.

  el estudiante — *la estudiante*
  el presidente — *la presidenta*

d Si el masculino termina en **-ista**, no cambia.

  el taxista — *la taxista*

GÉNERO DE LOS ADJETIVOS

- Los adjetivos tienen el mismo género que el nombre al que se refieren.

  *El profesor es **simpático**. La profesora es **simpática**.*

- En el caso de los adjetivos de nacionalidad:

a Si el masculino termina en **-o**, el femenino termina en **-a**.

  brasileño — *brasileña*

b Si el masculino termina en consonante, el femenino añade **-a**.

  alemán — *alemana*

c Si el masculino termina en **-a**, **-e**, **-í**, no cambia.

  belga / belga — *cretense / cretense* — *iraní / iraní*

VERBOS REGULARES EN PRESENTE

Tenemos tres conjugaciones (1.ª, 2.ª, 3.ª), según la terminación del infinitivo: **-ar**, **-er**, **-ir**.

TRABAJAR	COMER	VIVIR
trabaj**o**	com**o**	viv**o**
trabaj**as**	com**es**	viv**es**
trabaj**a**	com**e**	viv**e**
trabaj**amos**	com**emos**	viv**imos**
trabaj**áis**	com**éis**	viv**ís**
trabaj**an**	com**en**	viv**en**

PRONOMBRES PERSONALES SUJETO

- Tenemos doce pronombres personales sujeto:

yo • tú • él • ella • usted (Ud.) • nosotros • nosotras
vosotros • vosotras • ellos • ellas • ustedes (Uds.)

- Estos pronombres no se utilizan siempre, solo cuando queremos distinguir bien entre diferentes sujetos.

TÚ / USTED, VOSOTROS / USTEDES

- Usamos ***tú*** y ***vosotros*** cuando hablamos con conocidos, amigos y personas de igual o inferior rango.
- Usamos ***usted*** y ***ustedes*** cuando hablamos con desconocidos, personas mayores y de mayor rango.
- En América Latina se usa ***ustedes*** en lugar de ***vosotros*** y, en algunos países, ***vos*** en lugar de ***tú***.

VOCABULARIO

GENTILICIOS

alemán/a • andaluz/a • brasileño/a • catalán/a
estadounidense • francés/a
inglés/a • japonés/a • marroquí • mexicano/a

PROFESIONES

ciclista • actriz • camarero/a • cantante
cartero/a • escritor/a • estudiante • futbolista
médico/a • policía • peluquero/a • profesor/a
secretario/a • taxista • torero/a

NÚMEROS

0 cero 1 uno 2 dos 3 tres 4 cuatro 5 cinco 6 seis
7 siete 8 ocho 9 nueve 10 diez 11 once 12 doce
13 trece 14 catorce 15 quince 16 dieciséis
17 diecisiete 18 dieciocho 19 diecinueve 20 veinte

Ejercicios prácticos

EL VERBO *SER*

1 Completa con el verbo *ser*.

1 ¿De dónde ....? (tú)
2 Lisandro .... de Colombia.
3 Nosotros .... estudiantes.
4 Carla y Lola .... abogadas.
5 Yo no .... español.
6 Mi hija .... periodista.
7 ¿ .... alemanas? (vosotras)
8 ¿ .... profesor? (tú)
9 ¿De dónde .... usted?
10 ¿.................. brasileña? (tú)
11 Mis padres .... mexicanos.
12 María y yo .... profesoras.

2 Escribe el pronombre adecuado.

1 Él es francés.
2 .... somos mexicanas.
3 .... somos peruanos.
4 ¿.............. sois españoles?
5 ¿.............. eres de Sevilla?
6 .... no son profesores.
7 .... soy peluquero.
8 .... son actrices.
9 ¿.............. eres actor?
10 .... no es española.

EL GÉNERO DE LOS NOMBRES

3 Clasifica en cada columna.

~~casa~~ • ~~hotel~~ • oficina • leona • coche
hombre • libro • mujer • camarero
calle • compañero • hospital
azafata • gata • lección • hijo

MASCULINO	FEMENINO
el hotel	la casa

GÉNERO DE LOS ADJETIVOS

4 Completa la tabla con el género que falta.

1	la gata blanca	
2	la niña simpática	
3	la profesora amable	
4		el actor bueno
5	la taxista buena	
6	la turista alemana	
7	la abogada china	
8		el pianista inglés
9		el periodista estadounidense

VERBOS REGULARES EN PRESENTE

5 Escribe las frases en la forma adecuada.

1 Yo / estudiar / Matemáticas
2 Nosotros / comer / en casa
3 Rosa / no / beber / agua
4 Luis y Ana / vivir / en Galicia
5 Nosotras / trabajar / mucho
6 ¿Tú / vivir / en París?
7 ¿Ud. / hablar / inglés?
8 Yo / trabajar / en un banco
9 ¿Ustedes / escribir / los datos?
10 Mi marido / no / hablar / mucho
11 ¿Tú / trabajar / aquí?
12 ¿Dónde / vivir / Ud.?
13 ¿Dónde / trabajar / Ud.?
14 ¿Dónde / trabajar / tú?
15 Yo / vivir / en Valencia

PRONOMBRES PERSONALES SUJETO

6 ¿Qué pronombre personal corresponde?

1 ¿Qué estudia Alicia? Ella
2 Elena y Alberto tienen dos hijos.
3 Estos chicos no estudian nada.
4 ¿A qué hora comen los españoles?
5 ¿Cuántos idiomas habla?
6 ¿Llamáis todos los días por teléfono a Óscar?
7 ¿Cómo se llama tu marido?
8 ¿Dónde viven Lola y María?

GRAMÁTICA

PLURAL DE LOS NOMBRES

- Si el singular termina en vocal (excepto -í), el plural se forma añadiendo una **-s**.

  un libro   *dos libros*

- Si el singular termina en consonante, se añade **-es**.

  un hotel   *dos hoteles*   *un lápiz*   *dos lápices*

ADJETIVOS POSESIVOS

	POSESIVOS	
sujeto	**singular**	**plural**
yo	mi	mis
tú	tu	tus
él/ella/Ud.	su	sus
nosotros/as	nuestro/a	nuestros/as
vosotros/as	vuestro/a	vuestros/as
ellos/ellas/Uds.	su	sus

- Los adjetivos posesivos concuerdan en número con el nombre al que acompañan.

  *Esta es **mi** hermana y estos son **mis** padres.*

VERBO *ESTAR*

PRESENTE DEL VERBO *ESTAR*	
yo	estoy
tú	estás
él/ella/Ud.	está
nosotros/as	estamos
vosotros/as	estáis
ellos/ellas/Uds.	están

- Usamos el verbo ***estar*** para expresar ubicación.

  *Pedro **está** en casa.*

DEMOSTRATIVOS

- Los pronombres demostrativos ***esta***, ***este***, ***estas***, ***estos*** se refieren a algo o alguien cercano.

	SINGULAR	PLURAL
masculino	este	estos
femenino	esta	estas

__Esta__ es mi prima.
__Este__ es mi perro Miko.
__Estas__ son las bicicletas de mis hermanos.
__Estos__ son mis compañeros de clase.

VOCABULARIO

MARCADORES DE LUGAR

El móvil está...

al lado del libro

debajo del libro

encima del libro

delante de los libros

detrás de los libros

entre el libro y la lámpara

a la derecha

a la izquierda

FAMILIA

abuelo/a • padre • madre • hijo/a • primo/a • marido • mujer • hermano/a

ESTADO CIVIL

soltero/a • casado/a • divorciado/a

LA CLASE

bolígrafo • cuaderno • diccionario • lápiz • libro • mapa • mesa • silla • televisión • ventana

NÚMEROS

20 veinte	100 cien
21 veintiuno	101 ciento uno
22 veintidós	200 doscientos/as
23 veintitrés	300 trescientos/as
24 veinticuatro	400 cuatrocientos/as
25 veinticinco	500 quinientos/as
26 veintiséis	600 seiscientos/as
27 veintisiete	700 setecientos/as
28 veintiocho	800 ochocientos/as
29 veintinueve	900 novecientos/as
30 treinta	1000 mil
31 treinta y uno	1105 mil ciento cinco
40 cuarenta	1500 mil quinientos
50 cincuenta	1940 mil novecientos cuarenta
60 sesenta	2001 dos mil uno
70 setenta	5000 cinco mil
80 ochenta	
90 noventa	

Ejercicios prácticos

PLURAL DE LOS NOMBRES

1 Completa las frases con el plural de las palabras del recuadro.

amiga • lápiz • profesor • hermano
hotel • diccionario • autobús
mapa • televisión • silla

1 En mi familia somos seis ....
2 Tenemos cinco .... en mi ciudad.
3 Tengo dos .... colombianas.
4 Mis .... son españoles.
5 Los .... son de Laura.
6 Las .... de la cocina están rotas.
7 En mi casa tenemos dos ...., una en el salón y otra en la cocina.
8 Los .... de español están en la estantería.
9 Tengo dos .... de España, uno de Madrid y otro de Barcelona.
10 ¿Cuándo llegan los .... para la excursión?

ADJETIVOS POSESIVOS

2 Elige la palabra correcta.

En **(1) mi / mis** clase somos veinticinco alumnos. **(2) Mi / Mis** compañeros son de distintos países. **(3) Yo / Mi** amigo Henry es de Canadá. **(4) Él / Su** familia vive en Toronto. **(5) Nuestra / Nosotros** profesora de Español se llama Ana. Es argentina y vive con **(6) él / su** marido cerca de la escuela.

VERBO *ESTAR*

3 Completa las frases con la forma correcta del verbo *estar*.

1 Mi familia .... en Andalucía.
2 El gato .... debajo del sofá.
3 ¿Dónde .... las llaves?
4 Mis zapatillas no .... en mi habitación.
5 Mi marido .... en la oficina.
6 El ordenador .... encima de la mesa.
7 Mis padres no .... en casa.
8 ¿Cuándo .... tú en la oficina?
9 Yo .... en el parque con mis hijos.
10 ¿Dónde .... nosotros ahora?

MARCADORES DE LUGAR

4 Mira el dibujo y escribe dónde están los siguientes objetos.

1 El ordenador está encima de la mesa.
2 La lámpara .... del ordenador.
3 El móvil .... la lámpara y el ordenador.
4 Las zapatillas .... la cama.
5 La ventana .... la mesa.
6 La silla .... la mesa.

DEMOSTRATIVOS

5 Elige la palabra correcta.

1 *Este / Estos* es mi hermano Luis.
2 *Este / Esta* es el mapa de España.
3 *Este / Esta* ordenador es de mi padre.
4 ¿*Estos / Este* libros son de Pedro?
5 *Estas / Esta* chicas son de mi clase.
6 *Estas / Esta* es mi familia.

VOCABULARIO

6 Encuentra la palabra que no pertenece al grupo.

1 diccionario • mapa • bolígrafo • coche
2 primo • madre • profesora • tío
3 abuelo • soltero • divorciado • casado
4 treinta • cuarto • cuarenta • sesenta
5 encima • debajo • sofá • al lado
6 hijo • padre • abuelo • tía
7 prima • madre • marido • novia
8 es • este • esta • estos
9 casas • autobús • mapas • mesas
10 autobús • silla • gafas • ordenador

GRAMÁTICA

VERBOS REFLEXIVOS EN PRESENTE

		LEVANTAR(SE)	ACOSTAR(SE)
yo	**me**	levanto	acuesto
tú	**te**	levantas	acuestas
él/ella/Ud.	**se**	levanta	acuesta
nosotros/as	**nos**	levantamos	acostamos
vosotros/as	**os**	levantáis	acostáis
ellos/ellas/Uds.	**se**	levantan	acuestan

- Los pronombres reflexivos se usan con verbos que expresan acciones que el sujeto realiza sobre sí mismo: *lavarse, ducharse, peinarse, acostarse, afeitarse*, etcétera.

  *Rosa **se levanta** a las siete.*

- Cuando la acción del sujeto no se realiza sobre sí mismo estos verbos no llevan pronombre.

  *María **se lava** la cara.*
  *María **lava** la ropa.*

- Tenemos otros verbos que se utilizan con estos pronombres, aunque no son reflexivos: *llamarse, quedarse, casarse*, etcétera.

VERBOS IRREGULARES EN PRESENTE

VERBOS CON IRREGULARIDADES VOCÁLICAS	
empezar (e>ie)	**volver** (o>ue)
emp**ie**zo	v**ue**lvo
emp**ie**zas	v**ue**lves
emp**ie**za	v**ue**lve
empezamos	volvemos
empezáis	volvéis
emp**ie**zan	v**ue**lven

OTROS VERBOS IRREGULARES		
ir	**venir**	**salir**
voy	vengo	salgo
vas	vienes	sales
va	viene	sale
vamos	venimos	salimos
vais	venís	salís
van	vienen	salen

PREPOSICIONES DE TIEMPO

DÍAS		
El lunes Hoy El sábado	por	la mañana la tarde la noche

HORAS			
Son A	las diez las cinco las tres	de	la mañana la tarde la noche la madrugada

*Rosa se levanta **a** las siete.*
*Carlos sale de casa **a** las ocho.*
*Yo trabajo **desde** las ocho **hasta** las tres.*
*Yo no trabajo **por** la tarde.*
*Ella termina su trabajo **a** las cinco **de** la tarde.*
*Rosa vuelve a su casa **a** las cuatro.*
*Mi jefe trabaja **de** ocho **de** la mañana **a** ocho **de** la tarde.*

VOCABULARIO

VERBOS DE ACCIONES COTIDIANAS

levantarse • acostarse • lavarse • ducharse
bañarse • peinarse • afeitarse
desayunar • comer • cenar
estudiar • trabajar • empezar • terminar

VERBOS DE MOVIMIENTO

salir • ir • venir • entrar • llegar • volver

PROFESIONES

médico/a • enfermero/a • informático/a
cocinero/a • camarero/a • secretario/a
cajero/a • profesor/a • dependiente/a
estudiante • recepcionista • azafato/a

DESAYUNOS

leche • té • mantequilla • mermelada
zumo • huevo • queso • bollos
café • bocadillo • tostada

DÍAS DE LA SEMANA

lunes • martes • miércoles • jueves
viernes • sábado • domingo

Ejercicios prácticos

VERBOS REFLEXIVOS EN PRESENTE

1 Completa con el verbo entre paréntesis en presente.

1 ■ ¿A qué hora se levantan tus hijos? (levantarse)
● El niño .... a las siete y las niñas, a las ocho, porque sus clases empiezan más tarde. (levantarse)

2 ■ ¿............................. por la mañana o por la noche? (ducharse, tú)
● Normalmente por la noche, pero los domingos siempre .... por la mañana. (ducharse, yo)

3 ■ ¿A qué hora .... los sábados? (acostarse, vosotros)
● .... tarde, a la una o las dos de la madrugada. (acostarse, nosotros)

4 Juan no .... todos los días, solo los sábados, los lunes y los miércoles. (afeitarse)

5 Nuestros vecinos .... muy temprano porque trabajan a las afueras de la ciudad. (levantarse)

6 Yo nunca .... pronto porque llego del trabajo a las nueve de la noche. Después ceno y veo un rato la tele. (acostarse)

VERBOS IRREGULARES EN PRESENTE

2 Escribe el verbo.

1	empezar, él	empieza
2	volver, yo	
3	ir, nosotros	
4	empezar, vosotros	
5	ir, ellos	
6	volver, Ud.	
7	venir, yo	
8	salir, yo	
9	venir, ellos	
10	ir, yo	
11	volver, ellos	
12	salir, Ud.	
13	venir, Uds.	
14	empezar, tú	
15	volver, nosotros	

PREPOSICIONES

3 Completa con la preposición adecuada.

1 Yo empiezo a trabajar a las ocho de la mañana.
2 José no trabaja .... la tarde.
3 Paloma trabaja .... las ocho .... las tres.
4 Los domingos .... la mañana voy al Rastro.
5 Los sábados .... la noche voy .... la discoteca.
6 Yo salgo .... casa .... las ocho .... la tarde.
7 Mi hija va .... la escuela .... la mañana.
8 Los días de fiesta nos levantamos .... las diez.
9 María va al trabajo .... coche. Sale de su casa .... las ocho y llega .... las ocho y media.
10 Mi marido trabaja .... ocho .... la mañana .... ocho .... la tarde.

PROFESIONES

4 Relaciona.

1 médico	a colegio
2 azafata	b hospital
3 profesor	c restaurante
4 camarero	d hotel
5 recepcionista	e aeropuerto

DESAYUNOS

5 Relaciona.

1 café	a de naranja
2 zumo	b de queso
3 pan	c con leche
4 leche	d con tomate
5 bocadillo	e con cacao

6 Completa con las palabras del recuadro.

zumo de naranja • qué desean • dos
también • y tú • una tostada

■ Buenos días, ¿(1) ....?
● Yo quiero un té con leche, ¿(2) ....?
▲ Yo un zumo de naranja y (3) ....
● Sí, yo (4) .... quiero una tostada.
■ Muy bien, entonces un té con leche, un (5) .... y (6) .... tostadas.

GRAMÁTICA

ORDINALES

1.º / 1.ª primero/a	6.º / 6.ª sexto/a
2.º / 2.ª segundo/a	7.º / 7.ª séptimo/a
3.º / 3.ª tercero/a	8.º / 8.ª octavo/a
4.º / 4.ª cuarto/a	9.º / 9.ª noveno/a
5.º / 5.ª quinto/a	10.º / 10.ª décimo/a

- Los ordinales se usan, por ejemplo, para nombrar los pisos de una casa y el número de orden en un grupo.

  *Mi amigo vive en el **cuarto** piso.*

  *Luis siempre llega el **primero**.*

- Los ordinales concuerdan en género y número con el sustantivo al que acompañan.

  *Mi clase está en la **segunda** planta.*

  *Yo tengo los **primeros** discos de este grupo.*

- Los ordinales ***primero*** y ***tercero*** pierden la **-o** delante de un nombre masculino singular.

  *Estudio **tercer**(o) curso de Inglés.*

  *Vivo en el **primer**(o) piso.*

ARTÍCULOS

	DETERMINADOS		INDETERMINADOS	
	Para algo que conocemos.		Para algo que mencionamos por primera vez.	
	masc.	**fem.**	**masc.**	**fem.**
singular	el	la	un	una
plural	los	las	unos	unas

- Los artículos determinados se usan:
- Cuando hablamos de algo que conocemos.

  *Cierra **la** ventana.*
- Con la hora.

  *Son **las** cinco.*
- Con los días de la semana.

  ***Los** viernes vamos al cine.*

- Los artículos indeterminados se usan:
- Cuando mencionamos algo por primera vez.

  *Tengo **un** coche nuevo.*
- Con el verbo ***haber***.

  *¿Dónde hay **una** silla?*

HAY / ESTÁ(N)

- Se utiliza ***hay*** para hablar de la existencia o no de personas, animales, lugares y objetos.

  ***Hay** vasos en la cocina.*

- Con ***hay***, a los nombres nunca les pueden acompañar los artículos determinados.

  *En mi pueblo no **hay** (la) universidad.*

- Se utiliza ***está(n)*** para indicar un lugar.

  *La leche **está** en la nevera.*

  *¿Dónde **están** mis libros?*

VOCABULARIO

COSAS DE LA CASA

armario • ascensor • frigorífico / nevera
espejo • sillón • lavabo • lámpara • llave
microondas • cocina • cuarto de baño
dormitorio / habitación • salón / comedor
garaje • jardín • piscina • patio
televisión / televisor

derecha • izquierda • arriba • abajo

Ejercicios prácticos

ORDINALES

1 Escribe los números ordinales.

a 9.º noveno
b 1.º ....
c 3.ª ....
d 6.º ....
e 8.ª ....
f 10.º ....
g 4.º ....
h 2.ª ....
i 5.ª ....
j 7.ª ....

ARTÍCULOS

2 Elige el artículo correcto.

1 *La / Un* televisión está en el salón.
2 Tengo *un / las* microondas nuevo.
3 *Los / Unos* platos blancos están en el armario de *la / una* cocina.
4 *Una / La* cartera de Pablo está en *una / la* silla.
5 *Los / Unas* cojines del sofá son azules.
6 *Una / La* familia de Concha cena siempre en *la / una* cocina.
7 Este es *el / un* ordenador de mi hermano.
8 Desayuno *un / el* vaso de leche todas *unas / las* mañanas.
9 Limpio *un / el* cuarto de baño de mi casa todos *unos / los* días.
10 *Los / Unos* sábados me levanto a *las / los* nueve.

3 Completa con el artículo correcto.

1 Estudio español desde .... doce años.
2 Empiezo .... clases a .... nueve de .... mañana.
3 ■ ¿Cuándo recoges .... cocina?
● Cuando termino de ver .... televisión.
4 .... reloj está encima de .... mesa.
5 En .... países árabes no trabajan .... viernes.
6 .... veranos en Andalucía son calurosos.
7 Mi padre está en .... jardín con .... hijos de Javier.
8 ¿Dónde están .... llaves de .... puerta?
9 En el salón hay .... sofá, seis sillas y .... mesa.
10 Tienen .... casa en .... campo con .... jardín muy bonito.

HAY / ESTÁ(N)

4 Completa el texto con *hay / está / están*.

En mi casa (1) .... dos dormitorios, un salón, una cocina y un baño. En el cuarto de baño (2) .... una ducha. En el salón (3) .... una librería, y allí (4) .... los libros de lectura. Tenemos dos ordenadores. (5) .... uno en mi habitación y el otro (6) .... en el salón. También (7) .... en el salón el reproductor de música y la televisión. En los dormitorios no (8) .... televisión. ¿Cuántas televisiones (9) .... en tu casa? ¿Dónde (10) ....?

5 Haz preguntas para estas respuestas.

1 ¿..?
La leche está en el frigorífico.
2 ¿..?
No hay mucho café en la cafetera.
3 ¿..?
Hay un vaso en la cocina.
4 ¿..?
Mis amigos están en el cine.
5 ¿..?
Hay tres sillas en el salón.
6 ¿..?
Mis padres están bien, gracias.
7 ¿..?
El microondas está encima del horno.
8 ¿..?
Hay tres coches en el garaje.

VOCABULARIO

6 Encuentra la palabra que no pertenece al grupo.

1 cocina • salón • frigorífico • garaje
2 tercero • seis • quinto • primero
3 fregadero • horno • microondas • sillón
4 televisión • espejo • toalla • lavabo
5 librería • lavadora • televisión • lámpara
6 derecha • izquierda • norte • arriba
7 el • los • las • unos
8 una • la • un • unas
9 recepcionista • hotel • restaurante • colegio
10 los • la • unas • una

GRAMÁTICA

VERBO *GUSTAR*

(a mí)	me	gusta	el cine la música viajar
(a ti)	te		
(a él/ella/Ud.)	le		
(a nosotros/as)	nos	gustan	los museos los deportes las plantas
(a vosotros/as)	os		
(a ellos/ellas/Uds.)	les		

- El verbo ***gustar*** se utiliza en la tercera persona del singular o del plural, dependiendo del sujeto gramatical.

*A mí **me gusta** el cine.*
*A mí **me gustan** las películas de terror.*

*A ti **te gusta** la música clásica.*
*A ti **te gusta** bailar.*
*¿A ti **te gustan** los videojuegos?*

*A él **le gusta** el chocolate.*
*A ella no **le gustan** los deportes.*
*¿A usted **le gusta** el pescado?*

*A nosotros **nos gusta** el fútbol.*
*A nosotras **nos gustan** los pasteles.*

*¿A vosotros **os gusta** esquiar?*
*¿A vosotras **os gustan** los museos?*

*A ellas **les gusta** el arte.*
*A ellos **les gustan** los animales.*
*¿A ustedes **les gusta** pescar?*

GUSTAR

\+ Me **encanta** escuchar música.
Me gusta **mucho** cocinar.
Me gusta **bastante** leer.
No me gustan **mucho** los deportes.
No me gusta bailar.
– **No** me gusta **nada** ir de compras.

TAMBIÉN / TAMPOCO - SÍ / NO

- *Me encanta el cine.* ☺
- *A mí **también**.* ☺
- *Pues a mí **no**.* ☹
- *No me gusta montar en bicicleta.* ☹
- *A mí **tampoco**.* ☹
- *Pues a mí **sí**.* ☺

VERBO *QUERER*

PRESENTE DEL VERBO *QUERER*	
yo	quiero
tú	quieres
él/ella/Ud.	quiere
nosotros/as	queremos
vosotros/as	queréis
ellos/ellas/Uds.	quieren

*Mamá, **quiero** un helado.*
*Mamá, hoy no **quiero** sopa, **quiero** pasta.*

- Utilizar el verbo ***querer*** en presente para expresar deseo normalmente no es cortés: así, para suavizar, se suele utilizar el verbo en pretérito imperfecto (*quería*...). Pero en este caso concreto, en un restaurante, sí es habitual el uso de ***quiero***...

IMPERATIVO (VERBOS REGULARES)

	CORTAR	COMER	ABRIR
tú	corta	come	abre
usted	corte	coma	abra

- El imperativo se usa para dar instrucciones, órdenes y pedir favores.

***Corta** la lechuga en trozos pequeños.*
***Come** la sopa, por favor.*
***Abre** el libro, Peter.*

VOCABULARIO

COMIDA BÁSICA

arroz • pan • carne • ensalada
pescado • fruta • huevos • queso
patatas • sal • azúcar

BEBIDAS

agua • cerveza • refresco • vino • zumo

ACTIVIDADES DE TIEMPO LIBRE

bailar • escuchar música
navegar por internet • ir al teatro
ir de compras • ir a la discoteca
montar en bicicleta • viajar
hacer deporte • andar

Ejercicios prácticos

VERBOS *GUSTAR* Y *QUERER*

1 Elige la opción correcta.

1 A Luis *quiere / le gustan* mucho los macarrones.
2 Óscar no *quiere / le gusta* carne.
3 Marisa hoy no *quiere / le gusta* beber agua, quiere vino.
4 A nosotros *nos gusta / queremos* el gazpacho.
5 A Elena no *quiere / le gustan* nada las verduras.
6 Federico *quiere / le gustan* muchos caramelos.
7 A Rosa *le gusta / quiere* mucho leer.
8 No *queremos / gustan* más café.
9 Javier y Clara *les gusta / quieren* comer más.
10 A Javier y a Clara no *les gusta / quieren* comer mucho.

2 Construye frases con el verbo *gustar* o *encantar*.

1 Luis / helados
A Luis le gustan mucho los helados.
A Luis le encantan los helados.
A Luis no le gustan los helados.
2 Marta / jugar al tenis
3 Los niños / Matemáticas
4 Elvira / montar en bici
5 Juanjo / películas de ciencia-ficción
6 Nosotros / viajar
7 Ellas / ir de compras
8 Mi marido / ópera
9 ¿Vosotros / comida española?
10 ¿Tú / carne?
11 Yo / música clásica
12 Mis hermanas / plantas

3 Ordena para formar frases.

1 Pablo / mucho / ir / gusta / cine / a / al / le
2 café / no / el / gusta / me / mí / a
3 Pablo / les / a / Rosa / gusta / a / nadar / y
4 Ana / no / los / hacer / deberes / nada / le / a / gusta
5 nosotros / no /gustan / nos / lunes / a / los
6 viajar / mucho / les / a / ellas / gusta
7 ¿ a / gatos / gustan / vosotros / os / los?
8 tío / encanta / a / la / clásica / mi / música / le
9 ¿gustan / te / caracoles / los?
10 trabajar / a / Ismael / mucho / le / no / gusta
11 gazpacho / el / María /no / mucho / gusta / a / le
12 verduras / los / las / niños / gustan / no / a / les

IMPERATIVO

4 Escribe el imperativo.

1 Beber / agua
Bebe agua
2 Comer / más
3 Escribir / en tu cuaderno
4 Cortar / el pan
5 Trabajar / más
6 Hablar / menos
7 Estudiar / Historia
8 Entrar / por aquí
9 Mirar / a la pizarra
10 Abrir / la puerta

COMIDA Y BEBIDA

5 Clasifica los platos siguientes en primero, segundo, postre y bebida.

natillas • helado • sopa de fideos • vino blanco
fruta • ensalada • merluza a la plancha
escalope de ternera • cerveza • pollo asado
agua mineral • flan • chuletas de cordero
vino tinto • espárragos con mayonesa • queso

Primero	Postre
______	______
______	______
______	______
______	______
Segundo	**Bebida**
______	______
______	______
______	______
______	______

ACTIVIDADES DE TIEMPO LIBRE

6 Completa las palabras con las vocales (*a*, *e*, *i*, *o*, *u*).

1 b_ _l _r
2 v_ _j_r
3 n_d_r
4 l_ _r
5 _nd _r
6 n_v _g _r por _nt _r n _t
7 m_nt_r en b_ c _ cl_ t _
8 _r al t_ _ tr_
9 v_r _n_ p_l_c_l_
10 h_c_r d_p_ rt_

7 Relaciona.

1 andar
2 navegar
3 ir
4 ver
5 montar
6 leer
7 jugar

a al fútbol / al tenis
b el periódico / una novela
c de compras
d por la montaña / por el campo
e en el mar / por internet
f una película / una exposición
g en bicicleta

GRAMÁTICA

IMPERATIVOS IRREGULARES

- Los verbos en imperativo tienen la misma irregularidad que en presente.

INFINITIVO	PRESENTE	IMPERATIVO
cerrar	cierro	cierra, cierre
dormir	duermo	duerme, duerma
sentarse	me siento	siéntate, siéntese
poner	pongo	pon, ponga
decir	digo	di, diga
venir	vengo	ven, venga
hacer	hago	haz, haga
irse	voy	vete, váyase
salir	salgo	sal, salga
hervir	hiervo	hierve, hierva
tener	tengo	ten, tenga
torcer	tuerzo	tuerce, tuerza
seguir	sigo	sigue, siga

- Se usa el imperativo:
- Para dar instrucciones o consejos.

  *Primero **eche** una cucharada de sal, luego **hierva** el arroz durante...*

  *Si te duele la cabeza, **toma** una pastilla y **acuéstate**.*

- Hacer peticiones o dar órdenes, especialmente seguido de ***por favor***.

  ***Habla** más despacio, por favor.*

  ***Siéntese**, por favor.*

  *¡**Ven** aquí ahora mismo!*

SER / ESTAR

Ser

- Se usa para describir características o cualidades de algo o de alguien: tamaño, color, carácter...

  *Luis **es** alto y delgado.*

  *Su casa **es** pequeña.*

  *Su coche **es** rojo.*

  *Luis **es** muy simpático.*

- Expresa también nacionalidad, profesión, posesión...

  *Mary **es** inglesa.*

  *¿Ellos **son** médicos?*

  *Ese libro no **es** mío.*

Estar

- Expresa lugar o posición.

  *El colegio **está** en la calle Velázquez.*

  *La parada de autobús **está** enfrente de mi casa.*

- Sirve para expresar también estados de salud o de ánimo.

  *Clara **está** enferma, tiene gripe.*

  *Hoy **estoy** muy contenta.*

- Con los adverbios ***bien*** y ***mal*** siempre usamos ***estar***.

  *Este ejercicio **está** (~~es~~) mal.*

VOCABULARIO

TRANSPORTES

billete • autobús • metro • tren
línea de metro • viaje • estación • parada

ADJETIVOS

tranquilo • ruidoso • céntrico • rápido • frío
lento • malo • pequeño • fácil • difícil • bueno

ADVERBIOS

cerca • lejos • bien • mal

Ejercicios prácticos

IMPERATIVOS IRREGULARES

1 Escribe el imperativo.

1	dormir (usted)	
2	hacer (tú)	
3	salir (tú)	
4	poner (usted)	
5	tener (usted)	
6	irse (usted)	
7	venir (tú)	
8	decir (usted)	
9	hervir (usted)	
10	cerrar (usted)	
11	torcer (tú)	
12	seguir (tú)	
13	acostarse (usted)	
14	poner (tú)	
15	venir (usted)	
16	sentarse (tú)	
17	ponerse (usted)	
18	tomar (tú)	

2 Completa las frases con el imperativo de los verbos del recuadro.

sentarse • decir • cerrar • irse • tener • dormir
hacer • venir • ponerse • salir • acostarse

1 (usted) .... con cuidado. El suelo está mojado.
2 Hace mucho frío. (tú) .... la ventana, por favor.
3 (tú) .... paciencia. Vuelvo enseguida.
4 Pedro, ... la gorra. Hace mucho sol.
5 (tú) .... temprano. Mañana es lunes.
6 (usted) .... el ejercicio número seis para mañana.
7 .... tu nombre y tu fecha de nacimiento.
8 (tú) .... a la cama y .... tranquilo. Yo me encargo de todo.
9 (usted) .... un momento, por favor. El doctor la atiende enseguida.
10 (tú) .... a mi casa a ver el partido.

SER / ESTAR

3 Elige la forma correcta.

1 Alicia y José Luis *son* / *están* en Málaga.
2 El piso *es* / *está* en un barrio tranquilo.
3 La profesora de mi hijo *es* / *está* muy joven.
4 ¿Dónde *están* / *está* mi móvil?
5 Siempre *es* / *está* de buen humor.
6 Estos zapatos *son* / *están* muy caros.
7 ¿Quién *está* / *es* ese chico nuevo?
8 Tu barrio no *es* / *está* muy lejos del centro.
9 Mis amigos no *son* / *están* aficionados al baloncesto.
10 Mi madre *es* / *está* muy mayor, pero *es* / *está* muy bien de salud.
11 Mi novio *es* / *está* informático. Trabaja mucho.
12 Susana hoy *es* / *está* muy nerviosa, pero normalmente *es* / *está* una persona tranquila.

4 Completa las frases con la forma adecuada de *ser* o *estar*.

1 Mañana .... el día de mi cumpleaños.
2 Faysal y Nizha .... de Marruecos.
3 Hoy la paella .... muy buena.
4 Galicia .... en el norte de España.
5 Mi amigo Miguel .... muy inteligente.
6 Mi casa no .... muy grande.
7 ¿(tú) .... en casa por las tardes?
8 ¿Tu barrio .... tranquilo?
9 ¿(vosotros) .... preparados para empezar?
10 Los padres de María .... periodistas.

VOCABULARIO

5 Encuentra la palabra que no pertenece al grupo.

1 metro • tren • céntrico • avión
2 rápido • billete • lento • ruidoso
3 bueno • cerca • lejos • bien
4 ven • haz • toma • viajo
5 coches • arroz • calles • estación
6 Roma • Inglaterra • París • perro
7 grande • pequeño • tranquilo • bien
8 cierra • toma • ven • habla
9 pon • diga • ven • vete
10 venga • haga • vete • váyase

GRAMÁTICA

VERBOS REGULARES EN GERUNDIO

INFINITIVO	GERUNDIO
llorar	llor**ando**
comer	com**iendo**
escribir	escrib**iendo**

VERBOS IRREGULARES EN GERUNDIO

INFINITIVO	GERUNDIO
leer	leyendo
dormir	durmiendo

ESTAR + GERUNDIO

ESTAR + GERUNDIO		
yo	estoy	hablando
tú	estás	
él/ella/Ud.	está	
nosotros/as	estamos	
vosotros/as	estáis	
ellos/ellas/Uds.	están	

- ***Estar* + gerundio** suele expresar acciones que se desarrollan en el momento en que se habla.
  - *¿Qué **estás haciendo**?*
  - ***Estoy leyendo** el periódico.*

ESTAR + GERUNDIO (VERBOS REFLEXIVOS)

Estoy lavándome. / Me estoy lavando.
Estás lavándote. / Te estás lavando.
Está lavándose. / Se está lavando.
Estamos lavándonos. / Nos estamos lavando.
Estáis lavándoos. / Os estáis lavando.
Están lavándose. / Se están lavando.

VOCABULARIO

DEJAR RECADOS

No está en este momento.
¿Quiere dejar un recado?
Sí, por favor, dígale que...

VERBOS DE ACTIVIDADES

leer el periódico

jugar a las cartas

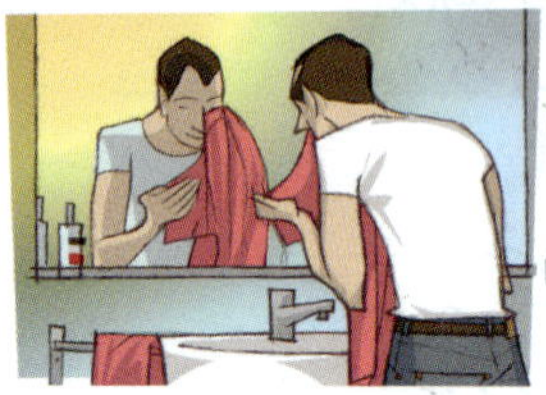
lavarse

pintar

ir al cine

bañarse

bailar

pasear

jugar al fútbol

DESCRIPCIÓN DE PERSONAS

- PELO: rubio / moreno / largo / corto
- OJOS: claros / oscuros / marrones / verdes
- ES: mayor / joven / alto / bajo / delgado / gordo
- LLEVA: barba / bigote / gafas

CARÁCTER

simpático • antipático • tacaño
generoso • hablador • serio
alegre • educado • callado

ESTAR + GERUNDIO (VERBOS REFLEXIVOS)

1 Completa como en el ejemplo.

1 ■ ¿Qué estás haciendo?
● Me estoy duchando. = Estoy duchándome.
2 ■ ¿Dónde está Manolo?
● Se está afeitando. = ...
3 ¿Todavía te estás bañando? = ...
4 ■ ¿Qué hacéis?
● .... = Nos estamos arreglando.
5 .... = Los niños ya se están acostando.
6 María se está lavando los dientes. = ...
7 ■ ¿Qué haces ahora?
● .... = Me estoy pintando las uñas.
8 ■ ¿Qué está haciendo Raquel?
● .... = Se está vistiendo.

DEJAR RECADOS

2 Completa con las palabras del recuadro.

muchas gracias • recado • momento

■ Agencia Segurarte. Buenos días.
● Buenos días. ¿Puedo hablar con el Sr. González?
■ Lo siento, en este .... no está. ¿Quiere dejarle un ....?
● Sí, por favor, dígale que soy Laura García y que mañana no puedo ir a la cita.
■ De acuerdo. Le dejo una nota.
● Muy bien. ....

VERBOS DE ACTIVIDADES

3 Relaciona.

1 jugar	a la siesta
2 dormir	b el coche
3 bañarse	c a internet
4 lavar	d a los videojuegos
5 pintarse	e con los amigos
6 salir	f en la piscina
7 conectarse	g al teatro
8 ir	h los labios

DESCRIPCIÓN DE PERSONAS

4 Completa según el dibujo.

Tiene
- el pelo
  - rubio / ________ / castaño
  - largo / ________
  - rizado / ________
- los ojos
  - claros / ________
  - marrones / azules

Tiene / Lleva
- barba
- ________
- ________

Es
- mayor / ________
- alto / bajo
- ________ / gordo

GRAMÁTICA

PRETÉRITO INDEFINIDO (VERBOS REGULARES)

TRABAJAR	COMER	SALIR
trabaj**é**	com**í**	sal**í**
trabaj**aste**	com**iste**	sal**iste**
trabaj**ó**	com**ió**	sal**ió**
trabaj**amos**	com**imos**	sal**imos**
trabaj**asteis**	com**isteis**	sal**isteis**
trabaj**aron**	com**ieron**	sal**ieron**

- El pretérito indefinido expresa acciones acabadas en un momento determinado del pasado.

  *Ayer **trabajé** mucho.*
  *El verano pasado **estuve** en Cancún.*

PRETÉRITO INDEFINIDO (VERBOS IRREGULARES)

HACER	IR / SER	ESTAR
hice	fui	estuve
hiciste	fuiste	estuviste
hizo	fue	estuvo
hicimos	fuimos	estuvimos
hicisteis	fuisteis	estuvisteis
hicieron	fueron	estuvieron

VOCABULARIO

ESTABLECIMIENTOS

farmacia • oficina de correos • comisaría • iglesia
museo • quiosco • mercado • estanco

OBJETOS

medicinas • cartas • periódicos
sellos • tabaco • revistas

ESTACIONES DEL AÑO

el invierno

la primavera

el verano

el otoño

MESES DEL AÑO

enero • febrero • marzo • abril • mayo
junio • julio • agosto • septiembre • octubre
noviembre • diciembre

EL TIEMPO

llover • llueve • está lloviendo • nevar • nieva
está nevando • hace frío • hace (mucho) calor
hace viento • está nublado

Está lloviendo.

Está nevando.

Hace mucho calor.

Hace viento.

Hace frío.

Está nublado.

Ejercicios prácticos

PRETÉRITO INDEFINIDO (VERBOS REGULARES)

1 Completa las frases con el pretérito indefinido de los verbos del recuadro.

ver • ganar • invitar • escuchar
jugar • salir • vivir • escribir
comprar • llegar

1 El sábado pasado (yo) .... muy tarde de trabajar.
2 ¿(tú) .... ayer las noticias en la tele?
3 Ayer, después de cenar, Pablo y yo .... un rato al ajedrez.
4 Mis primos nos .... a la fiesta de cumpleaños de su hija el domingo pasado.
5 Pablo Picasso .... muchos años en París.
6 La semana pasada (yo) .... en la radio el último disco de Serrat.
7 Cervantes .... *El Quijote* en el siglo XVII.
8 Mi compañero .... tarde a la reunión del jueves.
9 ¿Dónde (tú) .... los libros de español ayer?
10 ¿Quién .... el partido el domingo?

PRETÉRITO INDEFINIDO (VERBOS IRREGULARES)

2 Completa las frases con el pretérito indefinido de *ir / ser / estar*.

1 El jueves por la tarde no .... en casa. .... al cine con los niños. (nosotros)
2 El domingo pasado no hizo sol. .... un día muy frío.
3 ■ ¿Cuándo .... Ana y tú a Buenos Aires?
● .... las Navidades pasadas.
4 ¿Quién .... el primero en llegar en la carrera del sábado pasado?
5 No .... ayer a trabajar. .... en el médico. (yo)

3 Haz preguntas como en el ejemplo.

1 Ir al teatro el jueves. (tú)
¿Fuiste al teatro el jueves?
2 Ver la última película de Almodóvar. (vosotros)
3 Mandar un correo electrónico a Carlos. (Elena)
4 Estar en la montaña el fin de semana pasado. (tú)
5 Vivir en París. (Joan Miró)
6 Comer fabada en Asturias. (vosotros)
7 Conocer a los padres de Ana el verano pasado. (tú)
8 Levantarse muy tarde ayer. (tus hijos)
9 Ir a la playa el verano pasado. (vosotros)
10 Ser el último en llegar. (tú)
11 Trabajar hasta muy tarde ayer. (vosotros)

4 Completa el texto con las palabras del recuadro.

fue • hace • estuvo • hizo • está

Ayer el tiempo estuvo variable en las distintas zonas de España. En el norte (1) .... lloviendo e (2) .... mucho frío. En el este hizo viento y estuvo nublado. En el centro y en el sur, la temperatura (3) .... más suave. Hoy también (4) .... lloviendo en el norte de España y en el sur (5) .... sol y calor.

VOCABULARIO

5 Encuentra la palabra que no pertenece al grupo.

1 farmacia • medicinas • mercado • estanco
2 verano • periódicos • sellos • fruta
3 primavera • verano • agosto • invierno
4 septiembre • enero • mayo • otoño
5 viento • nieve • verano • calor
6 frío • llover • nevar • hacer
7 compró • nevó • salió • llueve
8 salió • termino • empezó • comió
9 trabajé • comí • estuve • fue
10 sale • lleva • fue • corre

GRAMÁTICA

DEMOSTRATIVOS (ADJETIVOS Y PRONOMBRES)

DEMOSTRATIVOS (ADJETIVOS Y PRONOMBRES)		
	singular	plural
masculino	este / ese / aquel	estos / esos / aquellos
femenino	esta / esa / aquella	estas / esas / aquellas

PRONOMBRES DEMOSTRATIVOS (NEUTRO)		
esto	eso	aquello

- Los adjetivos demostrativos van delante del nombre y concuerdan con él en género y número.
  Este coche es de mi vecino.
  Esas chicas son muy simpáticas.
- Los pronombres demostrativos ***esto, eso, aquello*** nunca van con el nombre. Se refieren a una idea o a algo de lo que no sabemos el género.
  Esto no me gusta nada.
  *¿Qué es **aquello** que se ve en el cielo?*
- El uso de un pronombre u otro nos indica la cercanía o lejanía del objeto señalado.
  Este coche. (cerca del hablante, aquí)
  Ese coche. (cerca del oyente, ahí)
  Aquel coche. (lejos de los dos, allí)

PRONOMBRES PERSONALES DE OBJETO DIRECTO

SUJETO	OBJETO
yo	me
tú	te
él/ella/Ud.	lo / la / le
nosotros/as	nos
vosotros/as	os
ellos/ellas/Uds.	los / las / les

*¿Compramos las flores? = ¿**Las** compramos?*
*Hoy no he visto a tu padre. = Hoy no **lo** he visto.*
*¿Sabes que vendo mi casa? = ¿Sabes que **la** vendo?*

- Normalmente, los pronombres personales de objeto directo van delante del verbo y separados.
  ***Te** quiero.*
- Pero con el imperativo afirmativo van detrás y unidos al verbo.
  *¡Míra**me**!*
  *Cómpra**lo**, por favor.*
- Con algunas construcciones pueden ir delante o detrás.
  *La puerta está abierta, ¿puedes cerrar**la**? = ¿**la** puedes cerrar?*

CONCORDANCIA DEL NOMBRE Y LOS ADJETIVOS DE COLOR

- Los adjetivos concuerdan en género y número con el nombre al que se refieren.
  *¿Puedo coger el bolígrafo **rojo**?*
  *Tengo unos pantalones **marrones**.*

	singular	plural
masculino	blanco / verde / azul	blancos / verdes / azules
femenino	blanca / verde / azul	blancas / verdes / azules

- Hay colores que son nombres de plantas, flores y frutos que normalmente no cambian en género ni en número:
  *pantalones **rosa*** *zapatos (de color) **naranja***

COMPARATIVOS

MÁS + ADJETIVO + QUE
*Juan es **más simpático que** Pedro.*

MENOS + ADJETIVO + QUE
*Pedro es **menos simpático que** Juan.*

TAN + ADJETIVO + COMO
*Juan (no) es **tan alto como** Pedro.*

COMPARATIVOS IRREGULARES

BUENO MEJOR / MEJORES + QUE
*Esta película **es mejor que** esa.*

MALO PEOR / PEORES + QUE
*Esos pasteles **son peores que** estos.*

GRANDE MAYOR / MAYORES + QUE
*Yo soy **mayor que** ella.*

PEQUEÑO MENOR / MENORES + QUE
*Sus hijos son **menores que** los míos.*

- ***Mayor*** y ***menor*** se refieren sobre todo a la edad, no al tamaño.
  *Mi hermano **mayor** es arquitecto.*
  *Él es el **menor** de sus hermanos.*
  *Su casa es **más grande que** la mía.*
  *Mi ciudad es **más pequeña que** la tuya.*

VOCABULARIO

ROPA Y COMPLEMENTOS

anillo • camisa • camiseta • cartera • collar
corbata • falda • gafas • jersey • medias
pendientes • vaqueros • zapatos
zapatillas deportivas

Ejercicios prácticos

DE COMPRAS

1 Ordena la siguiente conversación.

- ☐ **Dependiente:** 180 euros.
- ☐ **Clienta:** ¿Puedo probármelas?
- ☐ **Dependiente:** Buenos días, ¿puedo ayudarla?
- ☐ **Clienta:** Me gustan, me las llevo.
- ☐ **Dependiente:** Sí, estas están rebajadas, cuestan 120 euros.
- ☐ **Clienta:** Sí, ¿cuánto cuestan estas gafas de sol rojas?
- ☐ **Dependiente:** ¿Cómo paga, con tarjeta o en efectivo?
- ☐ **Clienta:** ¿No tiene otras más baratas?
- ☐ **Dependiente:** Sí, claro.
- ☐ **Clienta:** Con tarjeta.

PRONOMBRES PERSONALES DE OBJETO DIRECTO

2 Sustituye la parte subrayada por un pronombre: *lo, la, los, las.*

1 ■ ¿Vendiste <u>el ordenador antiguo</u>?
● Sí, lo vendí el lunes pasado.

2 ■ ¿Viste ayer <u>a Rocío</u>?
● No, al final no .... vi.

3 ■ ¿Viste anoche <u>la película de la tele</u>?
● No, no .... vi.

4 ■ ¿Compraste <u>el periódico</u> el sábado pasado?
● No, no .... compré.

5 ■ ¿Y compraste <u>los zapatos</u> que te encargué?
● No, no .... compré, no tuve tiempo.

6 ■ ¿Estudiaste <u>los verbos</u> ayer?
● Sí, ... estudié antes de acostarme.

7 ■ ¿Llevaste <u>al niño</u> al médico?
● Sí, ... llevé el lunes.

8 ■ ¿Escuchaste <u>las noticias</u> en la radio?
● No, no .... escuché, ¿por qué preguntas?

9 ■ ¿Llevaste <u>el coche</u> a arreglar?
● No, no .... llevé, no tuve tiempo.

10 ■ ¿Llamaste por teléfono <u>a tus padres</u>?
● Sí, ... llamé el domingo.

11 ■ ¿Y llamaste <u>a tus hermanas</u>?
● Sí, ... llamé el sábado.

12 ■ ¿Hiciste <u>la cena</u>?
● No, no .... hice, no tuve tiempo.

13 ■ ¿Viste <u>el cuadro</u> que ha comprado Luis?
● Sí, ... vi el martes, es precioso.

3 Completa con un pronombre de objeto directo: *me, te, lo (le), la, nos, os, los (les), las.*

1 Santiago, ¿vamos a tomar algo?, ... invito.

2 Alicia .... invitó a comer el día de su cumpleaños. (a nosotros)

3 ¿A vosotras no .... invitó? Yo creo que se olvidó.

4 A mí .... invita todos los años.

5 ■ ¿A ti .... invitó?
● No, a mí no .... invitó.

6 ■ Alicia, ¿el año pasado invitaste a Jaime y Paloma?
● Sí, claro que .... invité.

7 Ana no tiene mucho dinero, ¿.......... invitamos a ir al cine?

8 ■ ¿Y las hermanas de Jaime?
● A ellas yo no .... invito, no me caen bien.

9 ■ Hoy .... invito yo a tomar café, y mañana .... invitas tú a mí, ¿vale?
● Vale.

10 ■ ¡Qué rollo! A nosotras no .... invita nadie a café.
● Sí, yo .... invito hoy.

11 Y a Andrés, ¿quién .... invita?

COMPARATIVOS

4 Completa con los comparativos del recuadro.

> menos... que ● tan... como ● mejor(es)
> más... que ● peor(es) ● mayor(es)

1 Nadar es .... relajante .... jugar a fútbol.

2 El pescado es .... digestivo .... la carne.

3 Estos zapatos no son .... cómodos .... esos.

4 Aquel coche es mucho .... caro .... este.

5 El vestido gris es .... elegante .... el rojo, pero no es .... bonito.

6 Yo voy a este dentista porque es .... que el otro.

7 Este restaurante es .... que el otro. No me gusta nada.

8 Los productos de este mercado son .... que los del otro mercado, por eso vengo siempre aquí.

9 Julia tiene veintiséis años, es .... que su hermana, que tiene diez años.

GRAMÁTICA

VERBO *DOLER*

(a mí)	me	
(a ti)	te	
(a él/ella/Ud.)	le	**duele** la cabeza
(a nosotros/as)	nos	**duelen** los oídos
(a vosotros/as)	os	
(a ellos/ellas/Uds.)	les	

- El verbo ***doler***, al igual que el verbo ***gustar***, se utiliza en la tercera persona del singular o del plural, según sea el sujeto.

  *¿Te **duele** la cabeza?*

  *A Ana **le duelen** los oídos.*

PRETÉRITO IMPERFECTO (VERBOS REGULARES)

VIAJAR	TENER	SALIR
viaj**aba**	ten**ía**	sal**ía**
viaj**abas**	ten**ías**	sal**ías**
viaj**aba**	ten**ía**	sal**ía**
viaj**ábamos**	ten**íamos**	sal**íamos**
viaj**abais**	ten**íais**	sal**íais**
viaj**aban**	ten**ían**	sal**ían**

- Usamos el pretérito imperfecto para expresar acciones habituales en el pasado.

  *Cuando éramos jóvenes, **íbamos** a la discoteca.*

  *Ahora no salimos, pero antes **salíamos** mucho.*

- También se usa para describir en el pasado.

  *Mi profesor de Matemáticas **era** simpático y nunca nos **castigaba**.*

PRETÉRITO IMPERFECTO (VERBOS IRREGULARES)

IR	SER	VER
iba	era	veía
ibas	eras	veías
iba	era	veía
íbamos	éramos	veíamos
ibais	erais	veíais
iban	eran	veían

IR A + INFINITIVO

IR A + INFINITIVO		
yo	voy a	
tú	vas a	
él/ella/Ud.	va a	estudiar
nosotros/as	vamos a	
vosotros/as	vais a	
ellos/ellas/Uds.	van a	

VOCABULARIO

EL CUERPO HUMANO

brazo • cabeza • cara • cuello
dedo • espalda • estómago • garganta
hombro • mano • oído • oreja
pecho • pie • pierna • rodilla

Ejercicios prácticos

VERBO *DOLER*

1 Completa el hueco con el pronombre y elige la forma correcta.

1 La música está muy alta. A mí .... ***duele / duelen*** los oídos.
2 Cuando tomo mucho el sol .... ***duele / duelen*** la cabeza.
3 Mi hermano lleva unos zapatos nuevos y .... ***duele / duelen*** los pies.
4 ¿......... ***duelen / duele*** la garganta? Tómate un vaso de leche caliente.
5 Ayer comimos mucho y hoy .... ***duele / duelen*** el estómago.

PRETÉRITO IMPERFECTO

2 Escribe la forma correspondiente.

1	ganar, yo	ganaba
2	entrar, tú	
3	ser, ella	
4	vivir, nosotros	
5	ir, ellos	
6	levantarse, yo	
7	leer, vosotros	
8	hacer, él	
9	comprar, ellos	
10	salir, tú	
11	ver, yo	

3 Escribe frases con el pretérito imperfecto.

1 Elías / no tener / mucho dinero
2 Cuando / ser (yo) / joven / no comer / muchas verduras
3 ¿Dónde / vivir / Juan y Marta / cuando / estar / en Argentina?
4 Antes / le / ver (yo) / casi todos los días
5 Daniel / no estudiar / español / en la escuela.
6 ¿Cuál / ser (él) / asignatura favorita / cuando / ir / al colegio?
7 ¿Dónde / vivir (tú) / en Argentina?
8 ¿A qué hora / acostarse (tú) / cuando / ser / pequeño?

4 Corrige los errores.

1 Ayer, a la salida del cine, llueve mucho.
2 ¿Dónde iba Isabel y Fernando cuando los visteis?
3 ¿A qué hora salir del colegio cuando eras pequeño?
4 Yo tenía dos horas de clase a la semana cuando estudio español.
5 Antes siempre desayunamos en una cafetería.

IR A + INFINITIVO

5 Completa las frases con *ir a* + infinitivo con los verbos del recuadro.

jugar • visitar • comer • participar • celebrar
ayudar • trabajar • repasar • viajar • comprar

1 Juanjo y Carlos .... en una pizzería.
2 ¿Dónde .... tu cumpleaños?
3 Manuel y yo .... en un campeonato de ajedrez.
4 ¿(vosotros) .... el partido de mañana?
5 ¿(tú) .... a José a recoger la cocina?
6 Beatriz .... a Brasil este verano.
7 El próximo verano (yo) .... a mis amigos escoceses.
8 El año que viene Concha y yo .... en una nueva empresa.
9 Mi hermano y su mujer .... un coche nuevo.
10 (yo) .... el vocabulario para el examen de mañana.

EL CUERPO HUMANO

6 Elige la palabra correcta.

1 Ayer monté en bicicleta y hoy me duele la ***cabeza / rodilla***.
2 Hoy no puedo comer porque me duele el ***estómago / oído***.
3 Tengo gripe y me duele la ***cara / cabeza***.
4 ¡Ten cuidado! No te cortes un ***dedo / ojo*** al partir el pan.
5 Tengo mucha tos y me duele el ***hombro / pecho***.
6 Tengo que ir al dentista. ¡Me duelen mucho las ***muelas / manos***!

GRAMÁTICA

PRONOMBRES INTERROGATIVOS

- Invariables.
  - *Qué* + verbo / nombre
    *¿**Qué** quieres: un libro o un disco?*
    *¿**Qué** libro quieres?*
  - *Dónde* + verbo
    *¿**Dónde** estuviste ayer?*
  - *Cuándo* + verbo
    *¿**Cuándo** llega tu hermano?w*
  - *Cómo* + verbo
    *¿**Cómo** están tus padres?*

- Variables.
  - *Quién* / *Quiénes* + verbo
    *¿**Quién** te llamó ayer?*
    *¿**Quiénes** vinieron a tu fiesta?*
  - *Cuál* / *Cuáles* + verbo
    *¿**Cuál** te gusta más: el rojo o el verde?*
    *¿**Cuáles** son los más caros?*
  - *Cuánto/-a/-os/-as* + verbo / nombre
    *¿**Cuántos** años tienes?*
    *¿**Cuántas** horas trabajas?*
    *¿**Cuánto** cuesta esto?*

- Acentuación de los pronombres.
  - Los pronombres *qué, cómo, cuándo, cuánto, etc.*, llevan tilde cuando son interrogativos, tanto directos como indirectos.
    *¿**Cómo** te llamas?*
    *¿**Dónde** vives? Yo no sé **dónde** vives.*

PRETÉRITO INDEFINIDO

- El **pretérito indefinido**, que también se llama pretérito perfecto simple, se usa cuando queremos expresar una acción pasada, acabada y puntual en un momento determinado del pasado. Se utiliza especialmente en las biografías.
  *Carmen **nació** en 1956.*
  *Carlos Gardel **murió** el 24 de junio de 1935.*
- También se usa para hablar de periodos de tiempo cerrados o acabados.
  *Durante los años 80 **se dedicó** a la enseñanza.*
  *Mi madre **vivió** tres años en París.*

NÚMEROS

- De 1 a 30 tenemos una sola palabra.
  *Hay **veinticinco** alumnos en la clase.*
- Las centenas tienen forma masculina y femenina.
  *Este abrigo cuesta **doscientos** euros.*
  *Tiene una finca de **trescientas** hectáreas.*

- 100 cien.
- 125 ciento veinticinco.
- 1975 mil novecientos setenta y cinco.
- 20 359 veinte mil trescientos/as cincuenta y nueve.
- 137 460 ciento treinta y siete mil cuatrocientos/as sesenta.
- 2 000 000 dos millones.
- 25 % veinticinco por ciento.

FECHAS

2-1-1976: dos de enero de mil novecientos setenta y seis.
15-8-05: quince de agosto de dos mil cinco.
25-6-1992: veinticinco de junio de mil novecientos noventa y dos.
29-2-2004: veintinueve de febrero de dos mil cuatro.

VOCABULARIO

VERBOS PARA BIOGRAFÍAS

nacer • estudiar • empezar a... • trabajar
actuar • conocer • casarse • tener hijos
trasladarse • divorciarse
ganar / recibir (premios) • morirse

Rosario Flores ***nació*** en Madrid el 4 de noviembre de 1963.

Ejercicios prácticos

PRONOMBRES INTERROGATIVOS

1 Completa las preguntas con los pronombres del recuadro.

cuántos • qué • dónde • cuánta • cómo
cuánto • quién • cuántas • cuál • cuándo
quiénes • por qué

1 ¿ .... fuiste de vacaciones el verano pasado?
2 ¿ .... de estas camisetas te gusta más?
3 ¿A .... hora empiezas a trabajar?
4 ¿ .... compraste tu primer coche?
5 ¿ .... vienes a clase?
6 ¿..................libros has leído?
7 ¿Con ....vives?
8 ¿ .... naranjas hay en la bolsa?
9 ¿ .... dinero te costó tu móvil?
10 ¿ .... agua bebes al día?
11 ¿.................. te levantas tan temprano?
12 ¿.................. son esos dos chicos que están en la puerta?

2 Inventa preguntas para estas respuestas.

1 ....
Prefiero los coches pequeños.
2 ....
Trabajo ocho horas diarias.
3 ....
La conocí en un crucero.
4 ....
El último tren salió a las 07:30.
5 ....
El abrigo rojo es el que más me gusta.
6 ....
Anoche estuve con mis amigos en el teatro.
7 ....
Me fui a la cama después de cenar.
8 ....
Es el novio de mi hermana.
9 ....
El sábado cenamos en un restaurante peruano.
10 ....
Voy a trabajar en bicicleta.
11 ....
Tengo tres hermanos.
12 ....
En agosto estuve de vacaciones en Andalucía.

PRETÉRITO INDEFINIDO

3 Escribe la forma correcta del pretérito indefinido.

1 yo / comer: ....
2 tú / jugar: ....
3 él / perder: ....
4 nosotros / ir: ....
5 vosotros / nacer: ....
6 ellos / estar: ....
7 ella / hacer: ....
8 yo / pagar: ....
9 tú / ser: ....
10 usted / ver: ....

4 Escribe frases con el pretérito indefinido.

1 Vargas Llosa / ganar / el Premio Nobel en 2010.
2 Mis amigos / comer / en un restaurante mexicano.
3 (yo) / hacer / la comida / después de limpiar la casa.
4 A nosotros / no gustar / la película.
5 ¿(tú) / estar / en casa toda la tarde?
6 (él) tener / muchos exámenes la semana pasada.
7 Miguel / venir / a cenar a casa el sábado.
8 ¿Con quién / ir (tú) / a la ópera?

5 Completa el texto con el pretérito indefinido de los verbos entre paréntesis.

Mi abuelo (1) .... (nacer) en un pequeño pueblo de Salamanca. Cuando tenía 16 años (2) .... (empezar) a trabajar en un comercio de la capital. Allí (3) .... (conocer) a mi abuela. Dos años más tarde (4) .... (casarse, ellos) y (5) .... (abrir) una tienda de frutas y verduras. Mis abuelos (6) .... (tener) cuatro hijos y doce nietos. Mi abuelo (7) .... (morirse) cuando tenía 80 años y mi abuela (8) .... (venir) a Madrid a vivir con nosotros. Nosotros (9) .... (vivir) con ella hasta que (10) .... (morir) a los 93 años.

FECHAS

6 Escribe las siguientes fechas.

1 23–6–2011 ....
2 30–5–1999 ....
3 7–7–1957 ....
4 14–4–1931 ....
5 11–9–2001 ....

GRAMÁTICA

VERBO *SER*

- Con el verbo ***ser*** expresamos cualidades o características de las personas y las cosas. Se utiliza para hablar del carácter.

  *Mi primo **es** muy inteligente y simpático.*
- También se utiliza para hablar de la nacionalidad y la profesión.

  *Él **es** médico y ella **es** profesora de música.*

VERBO *ESTAR*

- El verbo ***estar*** se usa para expresar estados de salud y anímicos.

  *Mi jefe **está** enfadado conmigo y no sé por qué.*

SER / ESTAR

- Con muchos adjetivos (*nervioso, tranquilo, cariñoso, simpático, amable, pesado, guapo*) se pueden utilizar tanto ***ser*** como ***estar***. Con ***ser*** se define al sujeto, con ***estar*** se habla de un estado temporal.

  *Este profesor **es** muy pesado.*
  *Hoy los niños **están** muy pesados, no sé qué les pasa.*

PRETÉRITO PERFECTO

yo	he	+ participio
tú	has	
él/ella/Ud.	ha	
nosotros/as	hemos	
vosotros/as	habéis	
ellos/ellas/Uds.	han	

PARTICIPIOS REGULARES		
viajar	**tener**	**salir**
viaj**ado**	ten**ido**	sal**ido**

PARTICIPIOS IRREGULARES	
ver	visto
hacer	hecho
decir	dicho
escribir	escrito
morir	muerto
poner	puesto
abrir	abierto
volver	vuelto
romper	roto

- El **pretérito perfecto**, que también se llama pretérito perfecto compuesto, se utiliza para hablar de una acción acabada en un pasado reciente o muy reciente. Se usa con marcadores temporales como *hoy, esta mañana, este verano, hace un rato, últimamente*...

  *Esta mañana no **he ido** a trabajar.*
- También se usa para preguntar e informar sobre experiencias personales.

  *¿**Has estado** alguna vez en España?*
  *Luisa se **ha casado** tres veces (= a lo largo de toda su vida).*
  *Roberto Gómez es famoso porque **ha escrito** muchos libros.*
- Además, también se usa con las expresiones ***ya*** y ***todavía no***.

  - *¿Has hecho las maletas?*
  - *No, **todavía no**.*
  - *Yo **ya** las he hecho.*

HAY QUE + INFINITIVO

- Es invariable y sirve para expresar obligaciones generales.

  *Para aprobar **hay que estudiar**.*

(NO) SE PUEDE + INFINITIVO

- Indica permiso y prohibición.

  ***No se puede entrar**, está cerrado.*

VOCABULARIO

ADJETIVOS DE CARÁCTER Y ESTADOS DE ÁNIMO

amable • grosero/a • cariñoso/a • egoísta
tranquilo/a • nervioso/a • divertido/a • aburrido/a
alegre • contento/a • simpático/a • antipático/a

FAMILIA

marido • mujer • madre • padre • novio/a
hijo/a • hermano/a • sobrino/a • primo/a
abuelo/a • cuñado/a • nieto/a • suegro/a

ACTIVIDADES COTIDIANAS

llevar a los niños al colegio • ver la tele
hacer la compra • planchar la ropa
tener mucho trabajo • hacer la comida
tener una reunión • leer el periódico

Ejercicios prácticos

SER / ESTAR

1 Completa con *ser* o *estar*.

1 ■ A mí no me gusta Mario porque .... muy egoísta.
● Pues yo creo que .... encantador.

2 ■ ¿Cómo .... tus hijas, Susi?
● No me puedo quejar. Las dos .... buenas estudiantes, aunque la pequeña .... un poco perezosa.

3 ■ Manu, ¿.......... bien?
● No, la verdad es que .... nervioso y preocupado por mi trabajo.

4 ■ ¿............ enfermo Nicolás?
● No, solo .... cansado.

5 ■ Tu hijo .... muy tranquilo, ¿no?
● ¿Tranquilo?, ¡qué va!, solo cuando .... dormido.

6 ¡Uff! .... harta de oír a los compañeros hablar de fútbol.

7 Ahora Emilio .... tranquilo, pero ha .... unos días muy nervioso por su examen.

8 ■ Tus padres .... jóvenes, ¿no?
● Bueno, no .... jóvenes, tienen más de setenta años, pero .... bien de salud, la verdad.

9 ■ ¿Qué te parece la profesora nueva?
● No .... mal, pero la otra .... más eficiente.

10 ■ Irene, ¿............ mejor tu suegra?
● Sí, gracias, ya .... mejor.

11 ■ Carlos no .... muy guapo, pero .... una buena persona.
● Sí, y además siempre .... de buen humor.

12 ■ ¿Tú crees que Ernesto .... sincero?
● Yo creo que sí, pero para mí .... demasiado hablador.

PRETÉRITO PERFECTO

2 Forma preguntas siguiendo el modelo.

1 ¿Ver / hoy / a María?
¿Has visto hoy a María?
2 ¿Llamar / por teléfono / a Gloria?
3 ¿Enviar / el correo / al jefe?
4 ¿Hacer / el informe para Ramón?
5 ¿Hacer / las facturas?
6 ¿Hablar / con el director?
7 ¿Volver a llamar / al comercial de SGEL?
8 ¿Abrir / el ordenador?
9 ¿Decir / la verdad / al gerente?
10 ¿Poner / en orden / las facturas?

3 Mario tiene ocho años y nos cuenta sus actividades. Completa con el pretérito perfecto de los verbos entre paréntesis.

1 Esta semana .... (pelearse) dos veces con mi amigo Jorge.
2 Hoy la profesora me .... (castigar) porque no .... (hacer) los deberes.
3 Mi padre también me .... (castigar) porque le .... (quitar) una muñeca a mi hermana.
4 En el colegio .... (jugar) al fútbol.
5 Luego .... (ir) al entrenamiento de baloncesto.
6 En la clase de Música .... (tocar) la flauta.
7 En la clase de Matemáticas .... (hacer) cuatro problemas.
8 En la de Lengua .... (escribir) una redacción.
9 En el recreo .... (romper) un cristal de una ventana.
10 Al salir del cole .... (merendar) un un bocadillo.
11 No .... (ver) la tele porque estaba castigado.
12 A pesar de todo, hoy .... (ser) un buen día.

4 Completa con *ya* o *todavía* no.

1 .... he desayunado, por eso no tengo hambre.
2 .... he salido del trabajo, podemos ir a la playa.
3 Este año no quiero ir a Roma porque .... he estado allí muchas veces.
4 No sé si he aprobado el examen, ... me han dado las notas.
5 .... he leído el libro que me regalaste, lo quiero leer este fin de semana.
6 .... he estado en Sudamérica, pero quiero ir este verano.

5 Elige la forma correcta del verbo.

Esta mañana (1) ***leí / he leído*** en la prensa la noticia de que el famoso grupo Pasión Imposible (2) ***decidió / ha decidido*** separarse. Ya el año pasado (3) ***se oyeron / se han*** oído rumores de que el grupo (4) ***estaba / ha estado*** en crisis. La situación (5) ***se resolvió / se ha resuelto*** con la grabación de un nuevo disco. Pero por fin en las últimas 24 horas (6) ***saltó / ha saltado*** la noticia. (7) ***Se suspendió / Se ha suspendido*** el concierto previsto para hoy en Madrid y la noticia añade que hace unas horas (8) ***decidieron / han decidido*** dar por terminada su relación profesional, a pesar del gran éxito que (9) ***tuvieron / han tenido*** en la gira del último año.

GRAMÁTICA

ME GUSTARÍA + INFINITIVO

- Para expresar deseos, tanto probables como poco probables, usamos la forma ***me, te, le... gustaría* + infinitivo.**

(A mí) ***Me gustaría vivir*** *en el campo.*
*¿**Te gustaría ir** al concierto del sábado?*
*A Lucía **le gustaría cambiar** de trabajo.*
*A nosotros **nos gustaría comprar** un apartamento en la playa.*
*¿**Os gustaría ver** otra vez El señor de los anillos?*
*A mis amigos **les encantaría tener** tres o cuatro hijos.*

PRETÉRITO INDEFINIDO / PRETÉRITO PERFECTO

- En el español peninsular, usamos el **pretérito perfecto** para hablar de actividades (y estados) acabadas que llegan hasta el presente. Se utiliza con marcadores como *hoy, esta semana, este mes, estas vacaciones, este año, últimamente.*

*Este año **hemos vendido** menos coches que el año pasado. (en diciembre)*
*¡Profesor, ya **he terminado** los ejercicios! (ahora mismo)*

- El **pretérito indefinido** se utiliza para hablar de acciones acabadas en un momento determinado del pasado. Lo usamos con marcadores como *ayer, la semana pasada, el lunes / viernes... pasado, el año pasado, hace dos / ocho meses...*

*El año pasado **fuimos** de viaje a Brasil.*

- En la conversación es muy frecuente mezclar ambos tiempos. El **pretérito perfecto** se utiliza preferentemente cuando el hablante no conoce el contexto temporal o con uno de los marcadores de pretérito perfecto. El **pretérito indefinido** se utiliza siempre con un contexto temporal definido o cerrado, explícito o no.

■ *¿**Has llamado** a tu madre?*
● *Sí, la **llamé** ayer por la tarde.*
■ *¿Qué **has hecho** estas vacaciones?*
● *Nada especial. En julio **fui** a la playa con mi familia y en agosto **estuve** aquí, en Barcelona.*
■ *¿Qué tal el fin de semana, **has salido**?*
● *¿Salir? ¡No **he entrado** en casa! El viernes **fui** a una fiesta, el sábado **fui** a ver al Real Madrid y ayer **estuve** en casa de mis padres...*

PRONOMBRES DE OBJETO DIRECTO E INDIRECTO

SUJETO	OBJETO DIRECTO	OBJETO INDIRECTO
yo	me	me
tú	te	te
él	lo (le)	le (se)
ella	la	le (se)
nosotros/as	nos	nos
vosotros/as	os	os
ellos	los (les)	les (se)
ellas	las	les (se)

Yo he dado un regalo a María.
Sujeto O.D. O.I.
¿Le has dado el regalo a María?
O.I. O.D. O.I.
Sí, ya ~~le~~ lo he dado.
se

- El pronombre de **objeto directo** suele ir antes del verbo.

*¿Dónde están mis gafas? No **las** veo.*

- Si tenemos dos pronombres complemento, primero va el **objeto indirecto** y luego el **objeto directo.** El pronombre de objeto indirecto se convierte en **se**.

*¿Tus gafas? **Se las** he dado a Pedro.*

- Con frecuencia el **objeto indirecto** aparece en forma de pronombre y en forma de nombre.

¿Le has dado a Pedro mis gafas?
O.I. O.I.

VOCABULARIO

HABITACIONES Y MUEBLES

Salón-comedor: mesa • librería • sillón silla • sofá
Dormitorio: cama • alfombra • armario mesita de noche
Cuarto de baño: lavabo • ducha • bañera espejo • váter
Cocina: frigorífico • cocina • horno lavadora

TIPOS DE PELÍCULAS

policíaca • comedia • ciencia ficción
terror • guerra • acción • oeste • musical
de fantasía • de aventuras • histórica

Ejercicios prácticos

PRETÉRITO INDEFINIDO / PRETÉRITO PERFECTO

1 Forma frases tomando un elemento de cada recuadro. Hay más de una opción.

Yo
Roberto
Pepa
Mis padres

este fin de semana
esta semana
este año
el sábado
ayer
hoy
el año pasado

no he salido.
se han cambiado de casa.
he visitado tres veces a mi madre.
fue a la playa.
fui al médico.
compró un cuadro nuevo.
fue a ver a Carmen.
comieron en mi casa.
he comprado unas flores.
se casó con Florinda.

2 Completa las frases con la forma del pretérito perfecto de los verbos.

1 ¿ .... (comprar, tú) las entradas para el concierto de esta noche?
2 El Ayuntamiento .... (abrir) un polideportivo nuevo en mi barrio este mes.
3 .... (perder, nosotros) el partido de fútbol este fin de semana.
4 .... (participar yo) en varias carreras ciclistas últimamente.
5 ¿Quién .... (romper) el jarrón?
6 Hoy .... (hacer, nosotros) una comida especial.
7 ¿Cuántos libros ....(leer, tú) estas vacaciones?
8 No .... (ir, yo) a la playa este verano.
9 Este curso .... (conocer, nosotros) a muchos compañeros nuevos.
10 Los pintores ya .... (terminar) de pintar mi habitación.
11 .... (vivir, yo) en Sevilla estos tres últimos años y estoy muy contenta.
12 Desde el mes de septiembre ....(tener, nosotros) clases de español y dentro de unos días hacemos el examen.

PRONOMBRES OBJETO

3 Contesta afirmativamente, como en el ejemplo.

1 ■ ¿Me has comprado el periódico?
● Sí, te lo he comprado esta mañana.
2 ■ ¿Habéis hecho los ejercicios?
● Sí, ... esta tarde.
3 ■ ¿Le has traído el libro a tu hermana?
● Sí, ... esta mañana.
4 ■ ¿Les has devuelto el dinero a tus amigos?
● Sí, ...hoy.
5 ■ ¿Le has mandado los paquetes a Ana?
● Sí, ... hace unos días.
6 ■ ¿Te has puesto la camisa nueva?
● Sí, ... este domingo.

4 Subraya los pronombres de objeto directo y de objeto indirecto en las siguientes frases.

1 Ayer le compré a mi hermano un libro que le gustó mucho. Se lo compré porque mañana es su cumpleaños.
2 Si ves a tu hermano, dile que ayer lo llamé por teléfono y no lo encontré.
3 Yo no veo películas de terror, pero mis hijos sí las ven.
4 El profesor me ha pedido un trabajo para subir nota, pero no lo he terminado.
5 Yo quiero mucho a mis hijos, pero nunca se lo digo.
6 Yo el dinero lo guardo en el banco.

EXPRESAR OPINIÓN

5 Responde con *a mí sí / a mí no / a mí también / a mí tampoco*.

1 No me gustan nada los deportes.
2 Me preocupan mucho los problemas de los jóvenes.
3 No me importan nada los problemas de los famosos.
4 Me encanta la música clásica.
5 Me encanta la música *reggae*.
6 No me interesa lo que dicen los políticos.
7 No me gusta la gente hipócrita.
8 Me molesta la luz cuando duermo.
9 No me gustan las matemáticas.
10 Me preocupa mucho el cambio climático.

GRAMÁTICA

PRETÉRITO IMPERFECTO

PRETÉRITO IMPERFECTO		
estudiar	**tener**	**salir**
estudi**aba**	ten**ía**	sal**ía**
estudi**abas**	ten**ías**	sal**ías**
estudi**aba**	ten**ía**	sal**ía**
estudi**ábamos**	ten**íamos**	sal**íamos**
estudi**abais**	ten**íais**	sal**íais**
estudi**aban**	ten**ían**	sal**ían**

- El **pretérito imperfecto**, en general, expresa acciones pasadas no acabadas. Se utiliza para hacer descripciones del pasado.
  *Antes en mi ciudad **había** menos coches que ahora.*
- También se utiliza para expresar hábitos en el pasado.
  *Hace años Joaquín **cantaba** en un coro.*

PRETÉRITO IMPERFECTO / PRETÉRITO INDEFINIDO

- Cuando los dos verbos aparecen en la misma frase (o texto), con el **pretérito indefinido** se expresa la acción principal y con el **pretérito imperfecto** se expresan las circunstancias (o causas) donde se da la acción principal.
  *Cuando **venía** del trabajo me **encontré** con Roberto.*
  *Roberto **se fue** de su casa porque **se llevaba** mal con su padre.*

COMPARATIVOS

- De los adjetivos.
  Más / menos / tan + adjetivo + *que / como*
  *Mi casa es **más antigua que** la tuya.*
  *La cocina es **menos luminosa que** el salón.*
  *Tu hijo está **tan alto como** el mío.*
- De los sustantivos.
  Verbo + *más / menos* + sustantivo + *que*
  Verbo + *tanto / a / os / as* + sustantivo + *como*
  *Ellos tienen **más tiempo libre que** nosotros.*
  *La niña come **más fruta que** el niño.*
  *Nadie tiene **tanta paciencia como** él.*
  *No tengo **tanto trabajo como** tú.*
- Comparativos y superlativos irregulares.
  Más bueno / bien — *(el) mejor*
  Más malo / mal — *(el) peor*
  Más grande / viejo — *(el) mayor*
  Más pequeño / joven — *(el) menor*
- *Mayor* y *menor* se utilizan especialmente para hablar de la edad, no del tamaño.
  *Ignacio es **mayor** que Pablo.*

SUPERLATIVOS

- Relativo.
  El / La / Los / Las + *más / menos* + adjetivo + *de / que*
  *Marina es **la más joven de** las hermanas.*
  *Es **el** hombre **más simpático que** conozco.*
- Absoluto.
  a *Muy* + adjetivo.
  b Raíz del adjetivo + *-ísimo.*
  *Nuria es **muy simpática** y su marido es **educadísimo**.*

rico	*riqu**ísimo***	*cerca*	*cerqu**ísima***
amable	*amabil**ísimo***	*lejos*	*lej**ísimos***

VOCABULARIO

EXPRESIONES DE LUGAR

delante de • cerca de • lejos de • enfrente de
en la esquina • en el cruce • detrás de • al lado de
a la derecha de • a la izquierda de

MEDIOS DE TRANSPORTE

autobús • bicicleta • autocar
metro • moto • taxi • tren • avión
barco • andando

Ejercicios prácticos

PRETÉRITO IMPERFECTO

1 Completa las tres presentaciones con el verbo en pretérito imperfecto.

A Me llamo Akiko, soy japonesa y vivo en España desde hace cuatro años. Antes de venir a España yo (1) .... (conocer) algunas costumbres de los españoles. Yo (2) .... (creer) que todos (3) .... (bailar) flamenco, que (4) .... (dormir) la siesta, que les (5) .... (gustar) los toros.

B Me llamo Marcelo y soy brasileño, de Río. Vine aquí hace dos años para trabajar. Antes de venir a España no (6) .... (conocer) las corridas de toros, ni la paella. En mi país no (7) .... (trabajar), solo (8) .... (estudiar), e (9) .... (ir) a la playa todos los fines de semana. Allí (10) .... (vivir) con mis padres y mis hermanas. Los domingos (11) .... (comer) todos juntos con mis abuelos. Los echo de menos.

C Yo me llamo Agnieska y soy polaca. He venido a Salamanca a estudiar español porque quiero ser profesora en mi país. Antes de venir yo (12) .... (saber) muchas cosas de España por mis lecturas. Bueno, en mi país la vida no (13) .... (ser) tan divertida como aquí, pero allí (14) .... (tener) mis amigos de toda la vida. Allí no (15) .... (salir) tanto por las noches como aquí. Por otro lado, allí (16) .... (nadar) todos los días en la piscina, e (17) .... (ir) en bicicleta a todas partes y en invierno (18) .... (ir) a esquiar a las montañas. En España no puedo hacerlo, de momento.

2 Completa con el verbo en la forma adecuada.

1 Cuando .... (conocer, yo) a Ana, ... (trabajar, ella) en el hospital Central de Valladolid.
2 Antes de casarse, Felipe no ....(saber) cocinar.
3 Antes de venir a España, Sungjing .... (trabajar) en un estudio de arquitectura.
4 Ana y Luis .... (trabajar) muchos años en el mismo banco, hasta que los ....(despedir) en 2011.
5 Elena .... (estar) trabajando de camarera en Noruega en 2008.
6 Ayer, cuando Pedro y yo .... (estar) tomando un café, ... (ver) pasar a Lucía y a su jefe.
7 Mis abuelos .... (vivir) en un pueblo de Castilla hasta que .... (morir)
8 Mi abuela .... (ser) cantante de ópera, pero .... (dejar) de cantar cuando .... (nacer) mi madre.
9 Pedro antes .... (trabajar) mucho, pero un día .... (sufrir) un ataque al corazón y .... (dejar) los negocios.
10 Antonio .... (estudiar) tres cursos de alemán cuando .... (vivir) en Alemania.

COMPARATIVOS

3 Forma frases siguiendo el modelo:

1 Ahora gano mucho dinero, antes ganaba menos.
Antes ganaba menos dinero que ahora.
2 Ahora se porta mal, antes se portaba mejor.
3 Ahora come poco, antes comía más.
4 De día duerme mucho, de noche, poco.
5 En Galicia llueve mucho, en Jaén, poco.
6 En Polonia tenía muchos amigos, aquí menos.
7 Mis padres son mayores, tus padres son jóvenes.
8 Fernando es inteligente, Mercedes no tanto.
9 El cine nos gusta mucho. El teatro no tanto.
10 Este reloj es bueno, aquel también.

4 Relaciona.

1 La Universidad de Salamanca es ☐
2 Roberto es el chico ☐
3 Lucía es ☐
4 Estos son ☐
5 Estas son ☐
6 Esta es ☐
7 Este bar de tapas es ☐
8 Esta tienda es ☐

a ...el más barato de la ciudad.
b ...más antipático que conozco.
c ...la más antigua de España.
d ...la peor cantante que conozco.
e ...la mujer más guapa que conozco.
f ...los peores días de mi vida.
g ...las flores más bonitas del mundo.
h ...la más grande del barrio.

GRAMÁTICA

INDEFINIDOS

- Invariables.
- Para personas: ***alguien, nadie.***
  - *¿Ha llamado **alguien**?*
  - *No, esta mañana no ha llamado **nadie**.*
- Para cosas: ***algo, nada.***
  - *¿Quiere usted tomar **algo**?*
  - *No, gracias, no me apetece **nada**.*

- Variables.
- Para personas y cosas:
  algún / alguno/a/os/as
  ningún / ninguno/a
  - *¿Tienes **alguna** revista de coches?*
  - *No, no tengo **ninguna**.*
- ***Algún(o)*** y ***ningún(o)*** pierden la **-o** delante de un nombre masculino singular.
  - *¿Te queda **algún** bocadillo de jamón?*
  - *No, de jamón no tengo **ninguno**.*

  *No queda **ningún** sitio libre.*

EXPRESIÓN DE LA IMPERSONALIDAD

- Se utiliza la forma impersonal pasiva cuando no se conoce el sujeto o no es importante.

  ***Se venden** casas.*

- Se usa para hablar de hechos generales.

  *En España **se cena** a las diez de la noche.*

- Y también se usa muy frecuentemente en instrucciones de todo tipo, para recetas, instrucciones de uso de aparatos, etc.

  *Para utilizar este aparato, primero **se enchufa** a la red eléctrica y luego **se aprieta** el botón verde.*

- El verbo tiene que concordar con el sujeto (pasivo) en plural.

  *Antes de nada, **se limpian** los calamares y se trocean.*

VOCABULARIO

INGREDIENTES DE COCINA BÁSICA

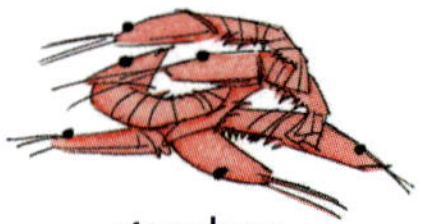
gambas

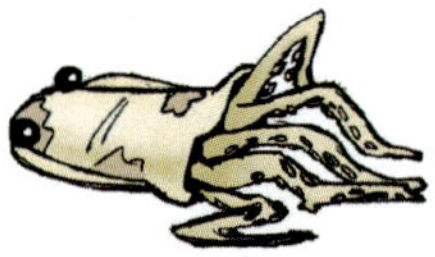
calamar

mejillones

cebolla

tomate

pimiento

azafrán

ajo

aceite de oliva

guisantes

judías verdes

VERBOS DE COCINA BÁSICA

cocer • picar • freír • trocear • machacar
lavar • añadir • servir • revolver
mezclar • reposar

EN EL BAR / RESTAURANTE

camarero/a • aperitivo • tapa
bebida • merienda • desayuno
vino • cerveza • refrescos
primer plato • segundo plato • postre
café solo • comida • agua • café con leche
té con limón • tostadas • churros
chocolate • cuenta

INDEFINIDOS

1 Elige la palabra correcta.

1 ¿Has preparado *algún / alguno* bocadillo de queso?
2 ■ ¿Queda *algo / alguna* de leche en la nevera?
● No, no queda *ninguna / nada*.
3 No he comido *ninguno / ningún* caramelo porque son de fresa y no me gustan.
4 ■ ¿Tienes *alguna / algún* reunión hoy?
● No, no tengo *ninguno / ninguna*.
5 ■ ¿Has preparado *algún / algo* de comer?
● No, no he tenido tiempo. No he preparado *algo / nada*.
6 ■ ¿Has comido *alguna / algún* vez empanada?
● Sí, *alguna / algunas* veces, cuando estuve en Galicia.
7 ¿Conoces a *alguien / algún* en esta escuela?
8 En la playa no había *ningún / nadie*.

2 Corrige los errores.

1 No hay ninguno coche en el aparcamiento...........
2 ■ ¿Hay alguien en casa?
■ No, no hay ninguno. ....
3 Alguna manzanas se han estropeado. ....
4 ¿Hay nada que hacer?...
5 Esta sopa no tiene ninguna de sal...........................
6 Algunas profesores están de excursión..................
7 Esta casa está deshabitada. No vive nada..............
8 Durante el viaje hemos comido en algunas restaurantes buenísimos...

3 Completa las frases con el indefinido correspondiente.

1 Estoy aburrido. Quiero hacer ....
2 No tengo hambre. No quiero comer ....
3 ¿Ponen .... programa interesante en la televisión esta noche?
4 No compres naranjas. Quedan .... en el frutero.
5 ¿Hay .... trabajando en la oficina?
6 A .... le ha gustado su última novela. Es muy aburrida.
7 Hay .... hombres que usan sombrero.
8 Tengo .... muy importante que deciros.
9 No tengo .... hermano. Soy hijo único.
10 ¿Te apetece tomar ....?

ORACIONES IMPERSONALES

4 Completa el texto con los verbos del recuadro.

lavar • poder • añadir • comprar
cortar • poner

Consejos para preparar una buena ensalada.
Primero se (1) .... unas verduras frescas y, si es posible, de cultivo ecológico. Después se (2) .... con agua fría, luego se (3) .... en trozos no muy grandes, se (4) .... en una ensaladera y, por último, se (5) ....sal, aceite y vinagre.
Se (6) .... completar con otros ingredientes como atún, maíz...

5 Elige el verbo adecuado y escribe su forma correcta.

UN PASEO POR SAN RAFAEL

Vamos a dar un paseo por el núcleo urbano de San Rafael, en la sierra segoviana.

Empezamos en la plaza de Castilla, desde donde se (1) .... ***(cruzar / parar)*** la avenida del Alto del León. Allí podemos contemplar el monumento al leñador. Después se (2) ....(***ver / subir***) por la calle principal y se (3) .... (***parar / torcer***) a la izquierda, para llegar al hermoso paseo de los Cedros, donde se conservan antiguas y misteriosas villas. Al final del paseo se (4) .... (***coger / girar***) un sendero por el que los caminantes pueden pasear sin ser molestados por el ruido de los coches. Se (5) .... (***terminar / ascender***) en dirección sur y nos internamos en el pinar. Se (6) .... (***dejar / llegar***) atrás las últimas casas para llegar a una explanada, donde el caminante se (7) .... (***tener / deber***) detener y apreciar el paisaje. Allí nos encontraremos los restos de una antigua ermita. Se (8) .... (***descender / llevar***) por la calle de la Calzada, donde están la biblioteca, la iglesia y el centro cultural y se (9) .... (***volver / empezar***) al punto de partida. Aquí se (10) .... (***tener / poder***) tomar unas excelentes tapas en alguno de los bares y restaurantes de este hermoso pueblo.

GRAMÁTICA

IMPERATIVO AFIRMATIVO Y NEGATIVO

- Se usa el imperativo para dar órdenes e instrucciones.

  *Antes de tomar el sol, **póngase** crema protectora.*

- Pedir un favor.

  *Rosa, **compra** tú el pan, yo no puedo.*

- Se usa también en la publicidad.

  *No lo dude, **compre** aquí.*

- Los imperativos irregulares tienen la misma irregularidad que los presentes irregulares.

INFINITIVO	PRESENTE	IMPERATIVO
dormir	duermo	duerme (tú), duerma (Ud.) no duermas (tú), no duerma (Ud.)
salir	salgo	sal (tú), salga (Ud.) no salgas (tú), no salga (Ud.)
poner	pongo	pon (tú), ponga (Ud.) no pongas (tú), no ponga (Ud.)

IMPERATIVO + PRONOMBRES

- **Imperativo afirmativo.** Los pronombres personales van después del verbo y junto a él.

  *¡Rafa, **siéntate**!*

  *Nuria, ¿dónde están los caramelos? **¡Dámelos**!*

- **Imperativo negativo.** Los pronombres van delante del verbo.

  *Lucía, **no te sientes** ahí.*

  *Roberto, ahora no puedo ver tu cuaderno, **no me lo des**.*

  *Laura, **no le pegues** a Iván. Mohammed, **no pintes** en la pared. Li, **siéntate**.*

ESTAR + ADJETIVO

- Se usa el verbo ***estar*** siempre con algunos adjetivos que significan estados de ánimo: *deprimido, enfermo, harto, enfadado, enamorado, preocupado.*

  *Creo que la profesora **está enfadada** con nosotros por algo.*

- Con muchos otros adjetivos podemos usar ***ser*** para indicar una valoración del sujeto o ***estar*** para hablar de algo temporal.

  *Manu **es guapo**, ¿verdad?*

  *Manu hoy **está más guapo** que ayer.*

- Otras veces el uso de ***ser*** o ***estar*** cambia por completo el significado.

  *Manu **es listo**, ¿no te parece? (= inteligente)*

  *Manu, ¿**estás listo** para salir? (= preparado)*

ESPERO QUE + SUBJUNTIVO

- Se usa el subjuntivo en oraciones subordinadas dependientes de verbos de deseo como *quiero, espero, deseo, necesito.*

  *(Yo) **espero que** (tú) **descanses** bien.*

- Si el sujeto del verbo principal (*espero*) y el del verbo subordinado (*descansar*) es el mismo, entonces usamos el infinitivo.

  *(Yo) **espero descansar** bien esta noche.*

- Se utiliza en fórmulas de cortesía para expresar buenos deseos. En este caso no aparece el verbo principal (*deseo*).

  *(Deseo) ¡**Que tengas** buen viaje! ¡**Que seáis** felices!*

- Forma del presente de subjuntivo.

trabajar	comer	vivir
trabaj**e**	com**a**	viv**a**
trabaj**es**	com**as**	viv**as**
trabaj**e**	com**a**	viv**a**
trabaj**emos**	com**amos**	viv**amos**
trabaj**éis**	com**áis**	viv**áis**
trabaj**en**	com**an**	viv**an**

- Las irregularidades del presente de subjuntivo son las mismas que las del presente de indicativo. Algunas formas son también las del imperativo.

INFINITIVO	PRESENTE INDIC.	PRESENTE SUBJ.
tener	tengo	teng**a**, teng**as**, teng**a**, teng**amos**, teng**áis**, teng**an**.
poder	puedo	pued**a**, pued**as**, pued**a**, pod**amos**, pod**áis**, pued**an**.
poner	pongo	pong**a**, pong**as**, pong**a**, pong**amos**, pong**áis**, pong**an**.

VOCABULARIO

ESTADOS DE ÁNIMO

enamorado • contento • preocupado
harto • animado • deprimido • enfadado
cansado • enfermo • de buen / mal humor

ESTADO DE LAS COSAS

lleno • vacío • sucio • limpio • abierto
cerrado • reservado • roto • viejo • libre
caliente • frío • ocupado • desordenado

Ejercicios prácticos

IMPERATIVO

1 Completa las frases con el imperativo adecuado.

1 Rosa, no *salgas* (salir) a la calle sin gorro.
2 Arturo, ... (ponerse) la crema protectora para el sol.
3 Eduardo, no .... (beber) más vino, no es bueno.
4 Señor Castaño, ... (entrar) en mi despacho, por favor, yo iré ahora.
5 Usted, señora, ... (ponerse) aquí y no moleste.
6 Laura, hija, no .... (bañarse) ahora, acabas de comer.
7 Ana, ... (dar, le) el cubo y la pala a ese niño.
8 Usted, ... (quitarse) la camisa y .... (tumbarse) en la camilla, voy a auscultarle.

IMPERATIVOS IRREGULARES

2 Sigue el modelo.

1 ¿Por qué dices esas tonterías?
No digas tonterías.
2 ¿Por qué le pides dinero a Joaquín?
3 ¿Por qué duermes tanto?
4 ¿Por qué tienes tanta prisa?
5 ¿Por qué cierras la ventana?
6 ¿Por qué sales tan pronto?
7 ¿Por qué pones ahí las flores?
8 ¿Por qué vienes en taxi?
9 ¿Por qué juegas con Manu?

SER / ESTAR

3 Completa las frases con la forma adecuada de *ser* o *estar*.

1 ¿Tú .... segura de que Mario va a venir?
2 Mira la cocina, ¡............ sucísima!
3 Cuando yo .... pequeño .... muy ordenado.
4 Mi hermana Rocío .... harta de estudiar Medicina, creo que va a cambiar de carrera.
5 Elena .... preocupada porque su hijo mayor .... un poco deprimido.
6 Los vecinos del piso de arriba .... insoportables, están todo el día haciendo ruido.
7 Aunque .... muy inteligente, Clara no .... preparada para el examen final.
8 Todavía no .... seguros de si quieren casarse o no.
9 Creo que mi hija no .... muy enamorada de Héctor.
10 Jorge no .... seguro de que le admitan en la Universidad.
11 Esta mañana me han robado el bolso en la calle y por eso .... muy asustada.
12 María dice que su novio .... muy reservado y no le cuenta nada de su vida.
13 ¿Este taxi .... libre?
14 Por favor, ¿.............. ocupada esta silla?, ¿puedo cogerla?
15 Niños, ¿.............. listos? El autocar no espera.
16 Vamos a la esquina, allí .... aparcado el coche de Jaime.
17 ¿Ya tienes hambre? Solo .... la una de la tarde.
18 Mi abuela siempre .... de buen humor.
19 ¿Qué día .... hoy?
20 No te levantes, todavía .... de noche.

SUBJUNTIVO

4 Escribe la forma del subjuntivo.

1 Ella, ir: *vaya*.
2 Ellos, venir: ....
3 Nosotros, tener: ....
4 Yo, ser: ....
5 Usted, venir: ....
6 Tú, cumplir: ....
7 Ellos, estudiar: ....
8 Yo, casarse: ....
9 Tú, vivir: ....
10 Él, ser: ....
11 Ella, tener: ....
12 Ellos, terminar: ....
13 Nosotros, ser: ....
14 Uds., mejorar: ....
15 Yo, ir: ....
16 Tú, escribir: ....
17 Vosotros, venir: ....
18 Tú, tener: ....

5 Completa con el verbo adecuado.

1 Rosa espera que su hijo .... (estudiar) Medicina.
2 Mi padre espera que yo .... (casarse) pronto con David.
3 Pablo espera que María .... (ir) este verano de vacaciones con él.
4 Nosotros esperamos que Julia .... (volver) de Holanda.
5 Yo espero que Clara .... (ser) una chica responsable.
6 La profesora espera que sus alumnos .... (hacer) sus deberes.
7 Elena espera que Juan no .... (decir) muchas tonterías.
8 ¿Te vas de vacaciones? ¡Que .... (tener) un buen viaje!

GRAMÁTICA

ESTABA + GERUNDIO

- La forma ***estaba*** + **gerundio** describe una acción en desarrollo en el pasado.

  *Ayer a las cuatro de la tarde todavía **estaba comiendo**.*

- Se utiliza junto al pretérito indefinido cuando una acción puntual interrumpe la acción en desarrollo.

  *Cuando **estábamos comiendo**, sonó el teléfono.*

ESTAR (IMPERFECTO) + GERUNDIO		
yo	estaba	comiendo
tú	estabas	
él/ella/Ud.	estaba	
nosotros/as	estábamos	
vosotros/as	estabais	
ellos/ellas/Uds.	estaban	

ESTABA + GERUNDIO / PRETÉRITO IMPERFECTO

- Indica una acción en desarrollo no acabada. Muchas veces se puede intercambiar con el pretérito imperfecto.

  *La conocí cuando **estudiaba / estaba estudiando** en el instituto.*

- Pero no se puede utilizar para expresar hábitos en el pasado, en este caso es necesario utilizar el pretérito imperfecto.

  *Pedro antes **compraba** el periódico todos los días, pero ahora lo lee en internet.*

ESTILO INDIRECTO

- Utilizamos el estilo indirecto para informar de lo que otra persona ha dicho, sin citar sus palabras exactas.

  *Estilo **directo**: (Yo) **Quiero** visitar España.*
  *Estilo **indirecto**: (Él) **Dijo que quería** visitar España.*

ESTILO DIRECTO	ESTILO INDIRECTO
Presente	**Imperfecto**
"Vivo en Cádiz". "Voy a ir con mis padres".	*Me dijo que vivía en Cádiz. Dijo que iba a venir con sus padres.*
Imperfecto	**Imperfecto**
"Antes veía bien".	*Me dijo que veía bien.*

- Al repetir la información también hay que cambiar otros elementos como adjetivos, adverbios o pronombres.

  "Voy a ver a mi primo".
  *Dijo que **iba** a ver a su primo.*
  "Tenemos una fiesta aquí".
  *Dijo que **tenían** un fiesta allí.*
  "No me gusta esta casa".
  *Dijo que no le **gustaba** aquella casa.*

PREGUNTAS EN ESTILO INDIRECTO

- Se mantienen las mismas reglas que en las oraciones enunciativas.

  Juan me preguntó: "¿Vas a ir al cine?".
  *Juan me preguntó **que si iba a ir** al cine.*

- En preguntas con pronombre interrogativo, se mantiene el interrogativo.

  "¿Dónde estabas?".
  *Me preguntó que dónde **estaba**.*

- En preguntas sin pronombres interrogativos, utilizamos la conjunción "si".

  "¿Has leído El Quijote?".
  *Me preguntó **que si había leído** El Quijote.*

VOCABULARIO

PROFESIONES

mecánico • profesor/a • periodista • dependiente/a • conductor/a de autobús • guía turístico/a • enfermero/a • cocinero/a • peluquero/a • programador/a • pintor/a

LUGARES DE TRABAJO

hospital • oficina • empresa • colegio • taller en casa • periódico • restaurante • peluquería • tienda

VERBOS RELACIONADOS CON EL TRABAJO

buscar trabajo • encontrar trabajo • hacer una entrevista • enviar un currículum • tener experiencia • tener conocimientos de algo

SECCIONES DE UN PERIÓDICO

nacionales • internacionales • locales • sucesos • anuncios • cartelera • editorial • economía • deportes • cartas al director

ESTABA + GERUNDIO

1 Completa las frases con el imperfecto de *estar* + gerundio.

1 Juan .... (escribir) un *e-mail*.
2 Cuando llegué, ... (llover).
3 ■ ¿Qué .... (hacer, vosotros) cuando llamé por teléfono?
● .... (leer, nosotros).
4 Mientras yo veía la televisión, Sofía y Elena .... (jugar) al ajedrez.
5 Julián .... (recorrer) Europa cuando tuvo el accidente.
6 .... (dormir, yo) cuando oí un ruido muy fuerte.
7 ■ Ayer te llamé a casa y no estabas.
● A esa hora .... (ver) una exposición.
8 El sábado por la noche, Fernando y Carolina .... (cenar) en un restaurante peruano cuando vieron a Luis.
9 Ángel se rompió un brazo cuando .... (montar) en bicicleta.
10 Anoche, cuando salía de tu casa, ... (empezar) a nevar.

2 Elige la forma correcta.

1 Cuando Elena *llegó / estaba llegando* al aeropuerto, su madre la *esperó / estaba esperando*.
2 *Empezó / Estaba empezando* a nevar mientras *vimos / estábamos viendo* el partido.
3 *Vi / Estaba viendo* a un actor muy famoso en el restaurante. *Cenó / Estaba cenando* con sus amigos.
4 Jorge *conoció / estaba conociendo* a su novia cuando *viajó / estaba viajando* por Andalucía.
5 *Estábamos esquiando / Esquiamos* cuando Tomás se *estaba rompiendo / rompió* una pierna.
6 Roberto *llegó / estaba llegando* cuando *vimos / estábamos viendo* una película.
7 ¿De qué *hablasteis / estabais hablando* cuando Ana os *estaba interrumpiendo / interrumpió*?
8 Me estaba *duchando / duché* cuando *estaba sonando / sonó* el teléfono.
9 Cuando *comimos / estábamos comiendo*, *estaba llamando / llamó* Felipe.
10 *Salí / Estaba saliendo* de casa cuando *llegó / estaba llegando* mi hermana.

3 Completa el texto con las formas del pretérito indefinido o *estaba* + gerundio.

El año pasado mi novio y yo (1) .... **(estar)** de vacaciones en las islas Canarias. Nuestro avión (2) .... **(aterrizar)** en Tenerife, pero solo (3) .... (dormir) allí una noche. Al día siguiente, (4) .... (ir) a La Gomera en barco y mientras (5) .... (navegar), un grupo de delfines (6) .... **(nadar)** junto a nosotros. La isla es volcánica, pero en el sur hay playas de arena y aguas transparentes. (7) .... **(alojarse)** en un hotel junto a la playa. (8) .... **(hacer)** muchas actividades diferentes. Un día, cuando (9) .... **(bucear)**, (10) .... **(ver)** unas preciosas estrellas de mar. Otro día, mientras (11) .... **(hacer)** una excursión en catamarán por la costa, (12) .... **(encontrarse)** con un grupo de ballenas. Fueron unas vacaciones inolvidables.

ESTILO INDIRECTO

4 Transforma en estilo indirecto.

1 Voy al cine con mi novia.
Dijo que ....
2 De pequeño tenía un perrito.
Dijo que ....
3 Había mucha gente en el concierto.
Dijeron que ....
4 Nunca voy de vacaciones a la playa.
Dijo que ....
5 Voy a ver a María el domingo.
Dijo que ....

5 Transforma las preguntas en estilo indirecto.

1 ¿Por qué no vienes a mi fiesta?
Me preguntó ....
2 ¿Escribes postales en tus vacaciones?
Me preguntó ....
3 ¿Cuándo jugamos el próximo partido?
Quería saber ....
4 ¿Hacéis los deberes que os manda la profesora?
Nos preguntó ....
5 ¿Tienes trabajo ahora?
Me preguntó ....

GRAMÁTICA

LLEVAR + GERUNDIO

LLEVAR (PRESENTE) + GERUNDIO		
yo	llevo	+ viviendo
tú	llevas	
él/ella/Ud.	lleva	
nosotros/as	llevamos	
vosotros/as	lleváis	
ellos/ellas/Uds.	llevan	

- Se utiliza la expresión ***llevar*** + **gerundio** para expresar actividades que empezaron en el pasado y continúan en el presente. Normalmente expresamos la duración de la acción.

  Llevo estudiando *español más de dos años.*

- Cuando hablamos de *vivir* o *trabajar*, es normal suprimir el **gerundio** (*viviendo* o *trabajando*).
  - *¿Cuánto tiempo* ***llevas (trabajando)*** *en este hospital?*
  - *Tres meses.*

FUTURO IMPERFECTO

- La forma del **futuro imperfecto** es igual para las tres conjugaciones *(-ar, -er, -ir)*.

ESTUDIAR	
yo	estudi**aré**
tú	estudi**arás**
él/ella/Ud.	estudi**ará**
nosotros/as	estudi**aremos**
vosotros/as	estudi**aréis**
ellos/ellas/Uds.	estudi**arán**

- *Irregulares* más frecuentes.

Decir: diré, dirás, dirá, diremos, diréis, dirán.
Haber: habré, habrás, habrá, habremos, habréis, habrán.
Hacer: haré, harás, hará, haremos, haréis, harán.
Tener: tendré, tendrás, tendrá, tendremos, tendréis, tendrán.
Poder: podré, podrás, podrá, podremos, podréis, podrán.
Poner: pondré, pondrás, pondrá, pondremos, pondréis, pondrán.
Salir: saldré, saldrás, saldrá, saldremos, saldréis, saldrán.

- Usamos el futuro para hablar de eventos futuros en general, con marcadores como *mañana, el año próximo, la semana próxima, dentro de tres años*, etc.

  El año que viene ***habrá*** *elecciones otra vez.*
- Se usa para hacer predicciones.

  Dentro de unos años todo el mundo ***tendrá*** *un coche eléctrico.*
- Para hacer promesas.

  El domingo te ***llevaré*** *al cine.*
- Se utiliza frecuentemente en las oraciones condicionales.

  Si salgo pronto del trabajo, ***iré*** *a verte.*

MARCADORES TEMPORALES DE FUTURO	
Iré a verte	*luego / más tarde.*
	el mes próximo / que viene.
	la semana que viene.
	dentro de un mes / un año.

CONDICIONALES

- Para hablar de condiciones probables usamos:
  - *Si* + presente de indicativo, futuro.

    Si tenemos *dinero,* ***compraremos*** *el coche.*
  - *Si* + presente de indicativo, imperativo.

    Si te gusta *viajar,* ***ven*** *con nosotros.*
  - *Si* + presente de indicativo, presente.

    Si podemos, salimos *a dar una vuelta.*

VOCABULARIO

PLANETA

medioambiente • gases tóxicos • ozono
espacio • contaminación • milenio

POLÍTICA

elecciones • partido político • votar • las pensiones
elegir • gobierno • educación • sanidad

ADJETIVOS DE OPINIÓN

divertido/a • raro/a • interesante
aburrido/a • maravilloso/a • horrible
estúpido/a • desagradable • original
emocionante • precioso/a • romántico/a

Ejercicios prácticos

LLEVAR + GERUNDIO

1 Ordena los elementos para formar frases correctas.

1 año / lleva / Julia / Holanda / en / viviendo / un.
2 viendo / tele / horas / la / Clara / lleva / dos.
3 esperando / Llevamos / autobús / el / hora / media.
4 Manu / llevan / juntos / mucho / Elena / saliendo / tiempo / y.
5 llorando / bebé / El / lleva / toda / noche / la.
6 desde / aquí / abril / llevo / Yo / viviendo / 2009 / yo / de.
7 María / durmiendo / lleva / tres / desde / las.
8 esperándote / media / Llevo / hora.
9 dos / lleva / haciendo / Jorge / años / doctoral / tesis / la.

2 Formula las preguntas como en el modelo:

1 Vosotros / esperar / Lucía.
¿Cuánto tiempo lleváis esperando a Lucía?
2 Estudiar español (tú).
3 Vivir en esta ciudad (tú).
4 Estudiar chino (tú).
5 Practicar yoga (tú).
6 Jugar en este equipo de fútbol (vosotros).
7 Pintar cuadros (tú).
8 Trabajar en esta empresa (tú).

FUTURO IMPERFECTO

3 Completa las frases con el futuro de los verbos del recuadro.

haber • hacer • decir • traer
invitar • tener • poder • estar • ir

1 No le .... a mi cumpleaños porque estoy enfadada con él.
2 ¿A qué hora te .... la lavadora nueva?
3 Estoy segura de que este nuevo director se .... famoso con su primera película.
4 Juan y yo .... a verte el martes. ¿Estarás en casa?
5 El próximo curso en nuestra escuela .... clases de alemán.
6 No .... ir con vosotros al concierto. .... de vacaciones. (nosotros)
7 Suspendí dos asignaturas y .... que estudiar este verano.
8 No se lo he dicho aún. Se lo .... mañana.

CONDICIONALES

4 Elige la forma correcta.

1 Si no *eres / serás* puntual, *llegar / llegaremos* tarde.
2 ¿Qué *haces / harás* si *apruebas / aprobarás* el examen?
3 Si *llueve / lloverá*, no *ir / iremos* al campo.
4 *Llamaré / Llámame* si *tienes / tendrás* algún problema.
5 Si *cojo / cogeré* el autobús de las ocho, *llego / llega* a tiempo.
6 Si no lo *entiendes / entenderás*, te lo *explicar / explicaré*.
7 Te *llama / llamaré* si *salgo / saldré* pronto de trabajar.
8 Si *volveré / vuelvo* pronto a casa, *preparo / preparar* yo la cena.

5 Completa las frases con las forma correctas de los verbos entre paréntesis.

1 Si .... (tener , vosotros) frío, ... (encender) la calefacción.
2 Si me .... (comprar) un coche nuevo, no me .... (ir) de vacaciones.
3 ¿............ (hacer, tú) los ejercicios si te .... (ayudar, yo)?
4 Si no .... (querer, tú), no se lo .... (decir, nosotros) a Juan.
5 Si .... (ir, nosotros) a la fiesta, nos .... (encontrar, nosotros) con mis primos.
6 No .... (haber) sitio para sentarse si .... (llegar, nosotros) tarde.
7 Si .... (ir, tú) a Valencia este fin de semana, ... (llamar, tú) a mi hermana.
8 .... (pedir, tú) la cuenta si .... (ver, tú) al camarero.
9 Si .... (encontrar, ellos) trabajo, ... (casarse, ellos) el año próximo.
10 Si no les .... (invitar, nosotros), no .... (venir, ellos) a la fiesta.

6 Completa las frases con información sobre ti.

1 Si tengo que cambiar de ciudad, ...
....
2 Si me invitan a un viaje a América Latina, ...
....
3 Si este fin de semana hace buen tiempo, ...
....

VERBOS REGULARES

TRABAJAR

Presente ind.	Pret. indefinido	Pret. imperfecto	Futuro	Pret. perfecto
trabajo	trabajé	trabajaba	trabajaré	he trabajado
trabajas	trabajaste	trabajabas	trabajarás	has trabajado
trabaja	trabajó	trabajaba	trabajará	ha trabajado
trabajamos	trabajamos	trabajábamos	trabajaremos	hemos trabajado
trabajáis	trabajasteis	trabajabais	trabajaréis	habéis trabajado
trabajan	trabajaron	trabajaban	trabajarán	han trabajado

Pret. pluscuamperfecto	Imperativo afirmativo / negativo	Presente de subjuntivo
había trabajado	trabaja / no trabajes (tú)	trabaje
habías trabajado	trabaje / no trabaje (Ud.)	trabajes
había trabajado	trabajad / no trabajéis (vosotros)	trabaje
habíamos trabajado	trabajen / no trabajen (Uds.)	trabajemos
habíais trabajado		trabajéis
habían trabajado		trabajen

COMER

Presente ind.	Pret. indefinido	Pret. imperfecto	Futuro	Pret. perfecto
como	comí	comía	comeré	he comido
comes	comiste	comías	comerás	has comido
come	comió	comía	comerá	ha comido
comemos	comimos	comíamos	comeremos	hemos comido
coméis	comisteis	comíais	comeréis	habéis comido
comen	comieron	comían	comerán	han comido

Pret. pluscuamperfecto	Imperativo afirmativo / negativo	Presente de subjuntivo
había comido	come / no comas (tú)	coma
habías comido	coma / no coma (Ud.)	comas
había comido	comed / no comáis (vosotros)	coma
habíamos comido	coman / no coman (Uds.)	comamos
habíais comido		comáis
habían comido		coman

VIVIR

Presente ind.	Pret. indefinido	Pret. imperfecto	Futuro	Pret. perfecto
vivo	viví	vivía	viviré	he vivido
vives	viviste	vivías	vivirás	has vivido
vive	vivió	vivía	vivirá	ha vivido
vivimos	vivimos	vivíamos	viviremos	hemos vivido
vivís	vivisteis	vivíais	viviréis	habéis vivido
viven	vivieron	vivían	vivirán	han vivido

Pret. pluscuamperfecto	Imperativo afirmativo / negativo	Presente de subjuntivo
había viv**ido**	viv**e** / no viv**as** (tú)	viv**a**
habías viv**ido**	viv**a** / no viv**a** (Ud.)	viv**as**
había viv**ido**	viv**id** / no viv**áis** (vosotros)	viv**a**
habíamos viv**ido**	viv**an** / no viv**an** (Uds.)	viv**amos**
habíais viv**ido**		viv**áis**
habían viv**ido**		viv**an**

VERBOS IRREGULARES

Presente ind.	Pret. indefinido	Futuro	Imperativo	Presente sub.
		ACORDAR(SE)		
(me) acuerdo	acordé	acordaré		acuerde
(te) acuerdas	acordaste	acordarás	acuerda/acuérdate / no (te) acuerdes	acuerdes
(se) acuerda	acordó	acordará	acuerde/acuérdese / no (se) acuerde	acuerde
(nos) acordamos	acordamos	acordaremos		acordemos
(os) acordáis	acordasteis	acordaréis	acordad/acordaos / no (os) acordéis	acordéis
(se) acuerdan	acordaron	acordarán	acuerden/acuérdense / no (se) acuerden	acuerden
		ACOSTAR(SE)		
(me) acuesto	acosté	acostaré		acueste
(te) acuestas	acostaste	acostarás	acuesta/acuéstate / no (te) acuestes	acuestes
(se) acuesta	acostó	acostará	acueste/acuéstese / no (se) acueste	acueste
(nos) acostamos	acostamos	acostaremos		acostemos
(os) acostáis	acostasteis	acostaréis	acostad/acostaos / no (os) acostéis	acostéis
(se) acuestan	acostaron	acostarán	acuesten/acuéstense / no (se) acuesten	acuesten
		ANDAR		
ando	anduve	andaré		ande
andas	anduviste	andarás	anda / no andes	andes
anda	anduvo	andará	ande / no ande	ande
andamos	anduvimos	andaremos		andemos
andáis	anduvisteis	andaréis	andad / no andéis	andéis
andan	anduvieron	andarán	anden / no anden	anden
		APROBAR		
apruebo	aprobé	aprobaré		apruebe
apruebas	aprobaste	aprobarás	aprueba / no apruebes	apruebes
aprueba	aprobó	aprobará	apruebe / no apruebe	apruebe
aprobamos	aprobamos	aprobaremos		aprobemos
aprobáis	aprobasteis	aprobaréis	aprobad / no aprobéis	aprobéis
aprueban	aprobaron	aprobarán	aprueben / no aprueben	aprueben

Presente ind.	Pret. indefinido	Futuro	Imperativo	Presente sub.
		CERRAR		
cierro	cerré	cerraré		cierre
cierras	cerraste	cerrarás	cierra / no cierres	cierres
cierra	cerró	cerrará	cierre / no cierre	cierre
cerramos	cerramos	cerraremos		cerremos
cerráis	cerrasteis	cerraréis	cerrad / no cerréis	cerréis
cierran	cerraron	cerrarán	cierren / no cierren	cierren
		CONOCER		
conozco	conocí	conoceré		conozca
conoces	conociste	conocerás	conoce / no conozcas	conozcas
conoce	conoció	conocerá	conozca / no conozca	conozca
conocemos	conocimos	conoceremos		conozcamos
conocéis	conocisteis	conoceréis	conoced / no conozcáis	conozcáis
conocen	conocieron	conocerán	conozcan / no conozcan	conozcan
		DAR		
doy	di	daré		dé
das	diste	darás	da / no des	des
da	dio	dará	dé / no dé	dé
damos	dimos	daremos		demos
dais	disteis	daréis	dad / no deis	deis
dan	dieron	darán	den / no den	den
		DECIR		
digo	dije	diré		diga
dices	dijiste	dirás	di / no digas	digas
dice	dijo	dirá	diga / no diga	diga
decimos	dijimos	diremos		digamos
decís	dijisteis	diréis	decid / no digáis	digáis
dicen	dijeron	dirán	digan / no digan	digan
		DESPERTAR(SE)		
(me) despierto	desperté	despertaré		despierte
(te) despiertas	despertaste	despertarás	despierta/despiértate / no (te) despiertes	despiertes
(se) despierta	despertó	despertará	despierte/despiértese / no (se) despierte	despierte
(nos) despertamos	despertamos	despertaremos		despertemos
(os) despertáis	despertasteis	despertaréis	despertad/despertaos / no (os) despertéis	despertéis
(se) despiertan	despertaron	despertarán	despierten/despiértense / no (se) despierten	despierten
		DIVERTIR(SE)		
(me) divierto	divertí	divertiré		divierta
(te) diviertes	divertiste	divertirás	divierte/diviértete / no (te) diviertas	diviertas
(se) divierte	divirtió	divertirá	divierta/diviértase / no (se) divierta	divierta
(nos) divertimos	divertimos	divertiremos		divirtamos
(os) divertís	divertisteis	divertiréis	divertid/divertíos / no (os) divirtáis	divirtáis
(se) divierten	divirtieron	divertirán	diviertan/diviértanse / no (se) diviertan	diviertan

Presente ind.	Pret. indefinido	Futuro	Imperativo	Presente sub.
		DORMIR (SE)		
(me) duermo	dormí	dormiré		duerma
(te) duermes	dormiste	dormirás	duerme/duérmete / no (te) duermas	duermas
(se) duerme	durmió	dormirá	duerma/duérmase / no (se) duerma	duerma
(nos) dormimos	dormimos	dormiremos		durmamos
(os) dormís	dormisteis	dormiréis	dormid/dormíos / no (os) durmáis	durmáis
(se) duermen	durmieron	dormirán	duerman/duérmanse / no (se) duerman	duerman
		EMPEZAR		
empiezo	empecé	empezaré		empiece
empiezas	empezaste	empezarás	empieza / no empieces	empieces
empieza	empezó	empezará	empiece / no empiece	empiece
empezamos	empezamos	empezaremos		empecemos
empezáis	empezasteis	empezaréis	empezad / no empecéis	empecéis
empiezan	empezaron	empezarán	empiecen / no empiecen	empiecen
		ENCONTRAR		
encuentro	encontré	encontraré		encuentre
encuentras	encontraste	encontrarás	encuentra / no encuentres	encuentres
encuentra	encontró	encontrará	encuentre / no encuentre	encuentre
encontramos	encontramos	encontraremos		encontremos
encontráis	encontrasteis	encontraréis	encontrad / no encontréis	encontréis
encuentran	encontraron	encontrarán	encuentren / no encuentren	encuentren
		ESTAR		
estoy	estuve	estaré		esté
estás	estuviste	estarás	está / no estés	estés
está	estuvo	estará	esté / no esté	esté
estamos	estuvimos	estaremos		estemos
estáis	estuvisteis	estaréis	estad / no estéis	estéis
están	estuvieron	estarán	estén / no estén	estén
		HACER		
hago	hice	haré		haga
haces	hiciste	harás	haz / no hagas	hagas
hace	hizo	hará	haga / no haga	haga
hacemos	hicimos	haremos		hagamos
hacéis	hicisteis	haréis	haced / no hagáis	hagáis
hacen	hicieron	harán	hagan / no hagan	hagan
		HABER		
he	hube	habré		haya
has	hubiste	habrás	he / no hayas	hayas
ha	hubo	habrá	haya / no haya	haya
hemos	hubimos	habremos		hayamos
habéis	hubisteis	habréis	habed / no hayáis	hayáis
han	hubieron	habrán	hayan / no hayan	hayan

Presente ind.	Pret. indefinido	Futuro	Imperativo	Presente sub.
IR				
voy	fui	iré		vaya
vas	fuiste	irás	ve / no vayas	vayas
va	fue	irá	vaya / no vaya	vaya
vamos	fuimos	iremos		vayamos
vais	fuisteis	iréis	id / no vayáis	vayáis
van	fueron	irán	vayan / no vayan	vayan
JUGAR				
juego	jugué	jugaré		juegue
juegas	jugaste	jugarás	juega / no juegues	juegues
juega	jugó	jugará	juegue / no juegue	juegue
jugamos	jugamos	jugaremos		juguemos
jugáis	jugasteis	jugaréis	jugad / no juguéis	juguéis
juegan	jugaron	jugarán	jueguen / no jueguen	jueguen
LEER				
leo	leí	leeré		lea
lees	leíste	leerás	lee /no leas	leas
lee	leyó	leerá	lea / no lea	lea
leemos	leímos	leeremos		leamos
leéis	leísteis	leeréis	leed / no leáis	leáis
leen	leyeron	leerán	lean / no lean	lean
OÍR				
oigo	oí	oiré		oiga
oyes	oíste	oirás	oye / no oigas	oigas
oye	oyó	oirá	oiga / no oiga	oiga
oímos	oímos	oiremos		oigamos
oís	oísteis	oiréis	oíd / no oigáis	oigáis
oyen	oyeron	oirán	oigan / no oigan	oigan
PEDIR				
pido	pedí	pediré		pida
pides	pediste	pedirás	pide / no pidas	pidas
pide	pidió	pedirá	pida / no pida	pida
pedimos	pedimos	pediremos		pidamos
pedís	pedisteis	pediréis	pedid / no pidáis	pidáis
piden	pidieron	pedirán	pidan / no pidan	pidan
PREFERIR				
prefiero	preferí	preferiré		prefiráis
prefieres	preferiste	preferirás	prefiere / no prefieras	prefieran
prefiere	prefirió	preferirá	prefiera / no prefiera	prefiera
preferimos	preferimos	preferiremos		prefiramos
preferís	preferisteis	preferiréis	preferid / no prefiráis	prefiráis
prefieren	prefirieron	preferirán	prefieran / no prefieran	prefieran

Presente ind.	Pret. indefinido	Futuro	Imperativo	Presente sub.
		PODER		
puedo	pude	podré		pueda
puedes	pudiste	podrás	puede / no puedas	puedas
puede	pudo	podrá	pueda / no pueda	pueda
podemos	pudimos	podremos		podamos
podéis	pudisteis	podréis	poded / no podáis	podáis
pueden	pudieron	podrán	puedan / no puedan	puedan
		PONER		
pongo	puse	pondré		ponga
pones	pusiste	pondrás	pon / no pongas	pongas
pone	puso	pondrá	ponga / no ponga	ponga
ponemos	pusimos	pondremos		pongamos
ponéis	pusisteis	pondréis	poned / no pongáis	pongáis
ponen	pusieron	pondrán	pongan / no pongan	pongan
		QUERER		
quiero	quise	querré		quiera
quieres	quisiste	querrás	quiere / no quieras	quieras
quiere	quiso	querrá	quiera / no quiera	quiera
queremos	quisimos	querremos		queramos
queréis	quisisteis	querréis	quered / no queráis	queráis
quieren	quisieron	querrán	quieran / no quieran	quieran
		RECORDAR		
recuerdo	recordé	recordaré		recuerde
recuerdas	recordaste	recordarás	recuerda / no recuerdes	recuerdes
recuerda	recordó	recordará	recuerde / no recuerde	recuerde
recordamos	recordamos	recordaremos		recordemos
recordáis	recordasteis	recordaréis	recordad / no recordéis	recordéis
recuerdan	recordaron	recordarán	recuerden / no recuerden	recuerden
		SABER		
sé	supe	sabré		sepa
sabes	supiste	sabrás	sabe / no sepas	sepas
sabe	supo	sabrá	sepa / no sepa	sepa
sabemos	supimos	sabremos		sepamos
sabéis	supisteis	sabréis	sabed / no sepáis	sepáis
saben	supieron	sabrán	sepan / no sepan	sepan
		SALIR		
salgo	salí	saldré		salga
sales	saliste	saldrás	sal / no salgas	salgas
sale	salió	saldrá	salga / no salga	salga
salimos	salimos	saldremos		salgamos
salís	salisteis	saldréis	salid / no salgáis	salgáis
salen	salieron	saldrán	salgan / no salgan	salgan

Presente ind.	Pret. indefinido	Futuro	Imperativo	Presente sub.
SEGUIR				
sigo	seguí	seguiré		siga
sigues	seguiste	seguirás	sigue / no sigas	sigas
sigue	siguió	seguirá	siga / no siga	siga
seguimos	seguimos	seguiremos		sigamos
seguís	seguisteis	seguiréis	seguid / no sigáis	sigáis
siguen	siguieron	seguirán	sigan / no sigan	sigan
SER				
soy	fui	seré		sea
eres	fuiste	serás	sé / no seas	seas
es	fue	será	sea / no sea	sea
somos	fuimos	seremos		seamos
sois	fuisteis	seréis	sed / no seáis	seáis
son	fueron	serán	sean / no sean	sean
SERVIR				
sirvo	serví	serviré		sirva
sirves	serviste	servirás	sirve / no sirvas	sirvas
sirve	sirvió	servirá	sirva / no sirva	sirva
servimos	servimos	serviremos		sirvamos
servís	servisteis	serviréis	servid / no sirváis	sirváis
sirven	sirvieron	servirán	sirvan / no sirvan	sirvan
TRADUCIR				
traduzco	traduje	traduciré		traduzca
traduces	tradujiste	traducirás	traduce / no traduzcas	traduzcas
traduce	tradujo	traducirá	traduzca / no traduzca	traduzca
traducimos	tradujimos	traduciremos		traduzcamos
traducís	tradujisteis	traduciréis	traducid / no traduzcáis	traduzcáis
traducen	tradujeron	traducirán	traduzcan / no traduzcan	traduzcan
VENIR				
vengo	vine	vendré		venga
vienes	viniste	vendrás	ven / no vengas	vengas
viene	vino	vendrá	venga / no venga	venga
venimos	vinimos	vendremos		vengamos
venís	vinisteis	vendréis	venid / no vengáis	vengáis
vienen	vinieron	vendrán	vengan / no vengan	vengan

ANTES DE EMPEZAR

1 (1)

Profesora: ¡Hola! Me llamo Maribel y soy la profesora de español. Vamos a presentarnos. A ver, empieza tú, ¿cómo te llamas?
Estudiante 1: Me llamo Marcelo.
Profesora: ¿De dónde eres, Marcelo?
Estudiante 1: Soy brasileño, de Porto Alegre.
Estudiante 2: Yo me llamo Isabelle y soy francesa.

4 (2)

Las vocales:
A – E – I – O – U
Las consonantes: B – C – D – F – G – H – J – K – L – M – N – Ñ – P – Q – R – S – T – V – W – X – Y – Z
Los conjuntos de letras: CH – LL

5 (3)

ca: casa – **que:** queso – **qui:** quiero – **co:** color – **cu:** cuatro
ga: gato – **gue:** guerra – **gui:** guitarra – **go:** agosto – **gu:** agua
za: zapato – **ce:** cerrado – **ci:** cine – **zo:** zoo – **zu:** azul
ja: jamón – **je** / **ge:** jefe / genio – **ji** / **gi:** jirafa / gitano – **jo:** jota – **ju:** julio

7 (4)

1 erre-o-eme-e-erre-o; **2** de-i-a-zeta; **3** ge-o-ene-zeta-a-ele-uve-o; **4** erre-i-be-e-erre-a; **5** ge-i-eme-e-ene-e-zeta; **6** pe-a-de-i-ene

10 (5)

alemán – alemana – japonés – profesor – estudiante – profesora – brasileño – hospital – estudiar – libro – lección – compañero – madre

13 (6)

fiesta – hotel – cine – hospital – restaurante – flamenco – tango – bar – chocolate – café – salsa – playa – paella – guitarra – siesta

UNIDAD 1 - SALUDOS

2 (7)

En clase
Isabelle: ¡Hola, Marcelo!, ¿qué tal?
Marcelo: Bien, ¿y tú?
Isabelle: Muy bien. Mira, esta es Ulrike, una nueva compañera, es alemana.
Marcelo: ¡Hola! ¡Encantado! ¿Eres de Berlín?
Ulrike: Sí, pero ahora vivo en Madrid.

En un hotel
Recepcionista: Su nombre, por favor.
Fernando: Yo me llamo Fernando Álvarez y ella es Carmen Hernández.
Recepcionista: ¿De dónde son ustedes?
Fernando: Somos argentinos, de Buenos Aires.
Recepcionista: Ah, Buenos Aires... Aquí están sus tarjetas, bienvenidos a Madrid.
Fernando: Gracias.

En una oficina
Díaz: ¡Buenos días!, señor Álvarez, ¿qué tal está?
Álvarez: Muy bien, gracias. Mire, le presento a Marta Rodríguez, la nueva directora.
Díaz: Encantado de conocerla, yo me llamo Gerardo Díaz, y soy el responsable de administración.
Rodríguez: Mucho gusto, Gerardo.

4 (8)

En una cafetería
Luis: ¡Hola, Eva!, ¿qué tal?
Eva: Bien, ¿y tú?
Luis: Muy bien. Mira, este es Roberto, un compañero nuevo.
Eva: ¡Hola! ¡Encantada! ¿De dónde eres?
Roberto: Soy cubano.

7 (9)

1 China: chino / china; **2** Irán: iraní / iraní; **3** Reino Unido: británico / británica; **4** Turquía: turco / turca; **5** Sudáfrica: sudafricano / sudafricana; **6** Colombia: colombiano / colombiana; **7** Brasil: brasileño / brasileña; **8** Francia: francés / francesa; **9** Polonia: polaco / polaca; **10** Suecia: sueco / sueca; **11** Alemania: alemán / alemana; **12** Canadá: canadiense / canadiense

9 (10)

1 Secretaria: Hola, su nombre, por favor.
Claudia: Sí, me llamo Claudia Pereyra.
Secretaria: ¿Cómo se escribe su apellido?
Claudia: Pe-e-erre-e-i griega-erre-a.
Secretaria: ¿De dónde es usted, señora Pereyra?
Claudia: Soy argentina.
Secretaria: Muy bien, esta es su tarjeta.
Claudia: Gracias.

2 Secretaria: Hola, ¿me dice su nombre?
Francisco: Sí, me llamo Francisco Rodríguez.
Secretaria: ¿Puede repetir, por favor?
Francisco: Fran-cis-co Ro-drí-guez.
Secretaria: ¿De dónde es usted?
Francisco: Soy español, de Toledo.
Secretaria: Vale. Aquí tiene su tarjeta.
Francisco: Muchas gracias.

3 Secretaria: Buenos días, ¿me dice su nombre?
Elizabeth: Sí, claro, me llamo Elizabeth Henríquez.
Secretaria: ¿Puede deletrearlo, por favor?
Elizabeth: Sí, e-ele-i-zeta-a-be-e-te-hache es mi nombre y hache-e-ene-erre-i-cu-u-e-zeta mi apellido.
Secretaria: ¿Y de dónde es usted?
Elizabeth: Soy venezolana.
Secretaria: Bien, gracias, aquí tiene su tarjeta.
Elizabeth: Gracias a usted.

4 Secretaria: Buenos días, señor.
Manuel: Buenos días, me llamo Manuel Jiménez.
Secretaria: ¿Jiménez con ge o con jota?
Manuel: Con jota.
Secretaria: Aquí está. ¿De dónde es usted?
Manuel: Soy mexicano.
Secretaria: Muy bien, aquí tiene su tarjeta.
Manuel: Muchas gracias.

4 (11)

Me llamo Manolo García. Soy médico. Soy sevillano, pero vivo en Barcelona. Trabajo en un hospital. Mi mujer se llama Amelia, es profesora y trabaja en un instituto. Ella es catalana. Tenemos dos hijos, Sergio y Elena; los dos son estudiantes. Sergio estudia en la universidad, y Elena, en el instituto.

1 (12)

1 ¿De dónde eres?
2 ¿De dónde son ustedes?
3 ¿Cómo te llamas?
4 ¿Quién es este?
5 ¿Dónde vives?
6 ¿Dónde trabaja usted?
7 ¿Dónde viven ustedes?
8 ¿Cómo se llama el marido de Ana?

2 (13)

cero – uno – dos – tres – cuatro – cinco – seis – siete – ocho – nueve – diez

4 (14)

1 ■ María, ¿cuál es tu número de teléfono?
● El nueve-tres-seis cinco-cuatro-siete ocho-tres-dos.
■ ¿Puedes repetir?
● Nueve-tres-seis-cinco-cuatro-siete-ocho-tres-dos.
■ Gracias.

2 ■ Jorge, ¿me das tu teléfono?
● Sí, es el nueve-cuatro-cinco cuatro-cero-uno ocho-tres-dos.
■ Gracias.

3 ■ Marina, ¿cuál es tu número de teléfono?
● Mi móvil es el seis-ocho-seis cinco-dos seis-uno tres-seis.
■ ¿Y el de tu casa?
● Sí, es el nueve-uno cinco-tres-nueve ocho-dos seis-siete.
■ Vale, gracias.

4 ■ Información, dígame.
● ¿Puede decirme el teléfono del Aeropuerto de Barajas?
■ Sí, tome nota, es el nueve-cero-dos tres-cinco-tres cinco-siete-cero.
● ¿Puede repetir?
■ Sí, nueve-cero-dos tres-cinco-tres cinco-siete-cero.
● Gracias.

5 ■ Información, dígame.
● ¿Puede decirme el teléfono de la Cruz Roja?
■ Sí, tome nota, es el nueve-uno-cinco-tres-tres-seis-seis-seis-cinco.
● ¿Puede repetir?
■ Sí, nueve-uno-cinco-tres-tres-seis-seis-seis-cinco.

6 ■ Información, dígame.
● Buenos días, ¿puede decirme el teléfono de Radiotaxi?
■ Tome nota, por favor. El número solicitado es: nueve-uno-cuatro-cero-cinco-uno-dos-uno-tres. El número solicitado es: nueve-uno-cuatro-cero-cinco-uno-dos-uno-tres.

7 15

once - doce - trece - catorce - quince - dieciséis - diecisiete - dieciocho - diecinueve - veinte

9 16

quince - uno - cuatro - veinte - ocho - siete - tres - once - cinco - seis - catorce - nueve - dieciocho - diecinueve - dos - trece - dieciséis

10 17

En un gimnasio

Felipe: ¡Buenas tardes!
Rosa: ¡Hola!, ¿qué deseas?
Felipe: Quiero apuntarme al gimnasio.
Rosa: Tienes que darme tus datos. A ver, ¿cómo te llamas?
Felipe: Felipe Martínez.
Rosa: ¿Y de segundo apellido?
Felipe: Franco.
Rosa: ¿Dónde vives?
Felipe: En la calle Goya, número ochenta y siete, tercero izquierda.
Rosa: ¿Teléfono?
Felipe: Seis-ocho-seis cero-cinco-cinco cero-nueve-siete.
Rosa: ¿Profesión?
Felipe: Profesor.
Rosa: Bueno, ya está; el precio es...

4 18

- Hola, yo me llamo Francisco. Vivo en Getafe, un pueblo de Madrid. Estudio en la universidad de mi pueblo. Mi número de móvil es seis-cero-ocho dos-nueve-uno cero-siete-seis.
- Hola, me llamo Claudia y soy músico. Toco la guitarra. Soy argentina, pero vivo en Barcelona desde hace cinco años. Mi número de celular es seis-cero-nueve tres-cuatro dos-seis siete-uno.
- Yo soy Elizabeth. Soy de un pueblo, pero vivo en Caracas porque soy informática y trabajo en la universidad. Mi número de celular es seis-ocho-cero dos-tres-uno siete-seis-cinco.
- Yo soy Manuel, soy mexicano. Vivo en Málaga porque trabajo en una escuela de música, soy profesor de niños de ocho años. Mi celular es el seis-cero-seis dos-uno-cero tres-dos-nueve.

3 19

1 Martínez; **2** Romero; **3** Marín; **4** Serrano; **5** López; **6** Moreno; **7** Jiménez; **8** Pérez; **9** Díaz; **10** Martín; **11** Vargas; **12** García; **13** Díez

UNIDAD 2 - FAMILIAS

2 20

- Hola, soy Marta. Estoy casada y esta es mi familia. Mi marido se llama Jorge y tenemos dos hijos: Isabel, de doce años, y David, de diez. Vivimos en Fuenlabrada, cerca de Madrid. Soy dependienta, trabajo en una tienda de ropa de niños.
- Yo soy Luis. No tengo hermanos, no tengo novia, soy soltero y vivo en Mérida con mis papás y mi abuela. Mi papá se llama Manuel y tiene cincuenta y ocho años. Mi mamá se llama Rocío y tiene cincuenta y seis años. Mi abuela tiene setenta y nueve años y se llama Carmen. Soy estudiante de Medicina.

2 21

1 las tres y media; **2** las dos menos cuarto; **3** las diez y cuarto; **4** la una; **5** las doce y cinco; **6** las ocho menos veinte; **7** las doce y diez; **8** las cinco y media; **9** la una menos cuarto

7 22

veintiuno - veintidós - veintitrés - veinticuatro - treinta - treinta y uno - cuarenta - cincuenta - cincuenta y dos - sesenta - setenta - ochenta - noventa - cien - ciento tres - ciento once - doscientos / doscientas - trescientos / trescientas - cuatrocientos / cuatrocientas - quinientos / quinientas - seiscientos / seiscientas - mil - dos mil - cinco mil

8 23

a dos; **b** veinticinco; **c** cincuenta; **d** treinta y siete; **e** trescientos veintitrés; **f** ciento treinta y cinco; **g** ochocientos cincuenta; **h** mil quinientos ochenta y nueve; **i** mil novecientos noventa y ocho; **j** mil novecientos ochenta y cinco

9 24

1 ■ Hola, Clara, ¿cuántos años tienes?
● Doce.
2 ■ ¿Cuánto son las naranjas?
● Uno con diez.
3 ■ ¿Cuánto es el paquete de café?
● Uno treinta.
4 ■ ¿En qué año nació usted?
● En mil novecientos cuarenta y siete.
5 ■ Por favor, ¿cuántos kilómetros hay entre Madrid y Barcelona?
● Seiscientos cincuenta.
6 ■ Por favor, ¿cuánto es el café y la cerveza?
● Tres euros.
7 ■ Perdone, ¿qué hora es?
● Son las nueve.
8 ■ ¿Cuántas páginas tiene el libro?
● Quinientas cuarenta páginas.
9 ■ ¿Cuántos días tiene el mes de marzo?
● Treinta y un días.
10 ■ ¿Dónde vives?
● En la calle Alcalá, número sesenta y seis.

1 y 2 25

teléfono - lápiz - ventana - hotel - profesor - hermano - familia - música

3 26

profesora - español - café - gramática - mesa - vivir - hablar - médico - autobús - Pilar - alemán - brasileña - familia - libro - examen

6 27

1 Dos de los actores españoles más famosos en el mundo son Penélope Cruz y su marido, Javier Bardem. Mónica, la hermana de Penélope, y Pilar y Carlos, la madre y el hermano de Javier, también son actores.
2 La familia Alcántara celebra la primera comunión de su hija María. Junto a la niña están sus padres, Antonio y Merche, sus hermanos, Carlitos y Toni, y su abuela, Herminia.

5 28

Salidas:
- El tren Altaria exprés, situado en el andén número tres, con destino Zaragoza, efectuará su salida a las quince treinta y cinco.
- El tren Talgo, con destino Málaga, situado en el andén número seis, saldrá dentro de quince minutos, a las catorce treinta.
- El AVE, con destino Sevilla, sale a las diez en punto, del andén número dos.

Llegadas:
- El AVE, procedente de Sevilla, tiene su llegada a las veinte horas, en el andén número once.
- El Alaris, procedente de Valencia, efectuará su entrada por el andén número ocho, a las dieciséis cuarenta y cinco horas.
- El tren Talgo, procedente de Vigo, hará su entrada en el andén número cuatro, a las diecisiete horas.

UNIDAD 3 - EL TRABAJO

4 29

■ Y tú, Juan, ¿a qué hora te levantas?
● Bueno, yo me levanto pronto, a las siete, más o menos, me ducho rápidamente y tomo un café.
■ Y tu mujer, ¿a qué hora se levanta?
● Pues a las siete y media. Ella también se acuesta más tarde, sobre las doce de la noche.
■ ¿Y tus hijos?
● Ellos cenan, ven un poco la tele y se acuestan temprano, a las diez.
■ ¿Y a qué hora se levantan?
● A las ocho, porque entran al colegio a las nueve.
■ ¿Y los días de fiesta también os levantáis todos temprano?
● ¡Ah, no!, ni hablar, los domingos nos levantamos más tarde, a las diez, porque, claro, también nos acostamos más tarde.

2 30

- Lucía es técnico de sonido y trabaja en una emisora de radio, la Cadena Día. Tiene veintinueve años y no está casada. Vive en Valencia, y habla inglés y francés perfectamente. Todos los días trabaja de ocho a tres, menos los sábados y domingos. Los días laborables se levanta a las siete y sale de casa a las siete y media. Va al trabajo en autobús. Los sábados por la noche siempre sale con sus amigos a cenar y a bailar, por eso se acuesta muy tarde, a las tres o las cuatro de la madrugada.
- Carlos es bombero. Trabaja en el Ayuntamiento de Toledo. Vive en un pueblo cerca de Toledo y va

al trabajo en tren. Tiene treinta y cuatro años, está casado y no tiene hijos. Trabaja en turnos de veinticuatro horas, un día sí y otro no. Si trabaja el sábado o el domingo, después tiene dos días libres. Siempre se levanta muy temprano, a las siete o las ocho de la mañana, por eso normalmente no sale por las noches. Cena a las diez, después ve la tele y a las once y media se acuesta.

3 31

1 ■ Philip, ¿qué se toma en Alemania para desayunar?
● Hay muchas cosas. Algunos toman pan con mantequilla y salami y un huevo. Otros toman muesli con yogur. Y té, mucha gente toma té. Algunos toman café, claro.
2 ■ Claudia, ¿qué se desayuna en Argentina?
● Bueno, generalmente tomamos tostadas con dulce de leche o medialunas. Y para beber, mate, té o café con leche.
3 ■ Elizabeth, ¿qué se desayuna en Venezuela?
● La gente toma café con leche y arepas rellenas de queso o carne mechada, o también empanadas de harina de maíz.
4 ■ Manuel, ¿qué desayuna la gente en México?
● En México desayunamos fuerte. El platillo central suele ser huevos con frijoles y tortillas, y para beber, jugo de frutas.

7 32

Camarera: Buenos días, ¿qué desean?
Madre: Yo quiero un desayuno andaluz, ¿y tú, hijo?
Hijo: Yo solo quiero un zumo.
Madre: Toma algo más: un bollo o una tostada.
Hijo: No, mamá, solo quiero un zumo de naranja.
Madre: Bueno, pues un andaluz y un zumo de naranja.
Camarera: Muy bien.

1 33

gato - agua - gota - guerra - guion

3 34

1 guapo; 2 cigarrillos; 3 guitarra; 4 gafas; 5 pagar; 6 guerra; 7 Guatemala; 8 goma

4 35

■ Adriana, tú eres argentina, ¿no?
● Sí, claro.
■ ¿Y de qué ciudad?
● De Buenos Aires.
■ Cuéntame un poco los horarios habituales... Por ejemplo, ¿a qué hora os levantáis?
● Nos levantamos muy temprano, a las cinco y media o las seis, porque el trabajo está lejos... y, bueno, normalmente empezamos a trabajar a las ocho.
■ ¿Y hasta qué hora trabajáis?
● Hasta las seis... sí, en las oficinas hasta las seis de la tarde. Paramos una hora para almorzar, entre las doce y las dos: comemos algo rápido y, ya, volvemos al trabajo.
■ ¿Y en las tiendas?
● Bueno, el horario de las tiendas es distinto: abren también sobre las ocho de la mañana y cierran a las ocho o las nueve de la noche, y no cierran al mediodía, ¿eh?, no es como en España. Ah, y los bancos también tienen otro horario: abren a las diez y cierran a las tres, y por la tarde ya no abren.
■ Y una cosa, Adriana: cuando la gente sale del trabajo, ¿va directamente a su casa?
● Sí, sí, eso es lo normal, vamos a casa. Tenemos otra hora más para volver, claro. Cenamos entre las ocho y las nueve y media; y no nos acostamos tarde, sobre las once más o menos.
■ Oye, ¿y los niños?, ¿qué horario tienen en el colegio?
● Estudian solo o por la mañana o por la tarde: creo que es de ocho a doce en el turno de la mañana y de una a cinco los que estudian por la tarde.

6 36

- Susana se levanta normalmente a las siete, se ducha, se viste, desayuna algo rápido y sale de casa a las ocho. Su trabajo empieza a las nueve. Primero va a la compra y después prepara la comida para unas treinta personas.
- Emilio se levanta tarde porque no trabaja por la mañana. Desayuna un café con leche y dos tostadas mientras lee el periódico. Come pronto porque sale de casa a las tres. Va a la universidad en tren. Sus clases empiezan a las cuatro y terminan a las ocho de la tarde.
- Jaime se levanta muy temprano porque prepara el desayuno de sus hijos y los lleva al colegio. Después va en coche a su trabajo, que está a las afueras de la ciudad. Trabaja en unos grandes almacenes atendiendo a los clientes. Su horario es de nueve de la mañana a cinco de la tarde. Cuando sale del trabajo, recoge a los niños y los lleva a casa.

UNIDAD 4 - LA CASA

2 37

Rosa y Miguel tienen una tienda de ropa en el centro de Madrid. Tienen dos hijos y viven fuera de la ciudad en un chalé adosado con dos plantas.
En la planta baja hay un recibidor, una cocina con un pequeño comedor, un salón grande y un aseo.
En la planta de arriba hay tres dormitorios y un cuarto de baño. La casa tiene también un jardín pequeño.

4 38

■ ¿Cuántas plantas tiene tu casa?
● Dos. Es un chalé adosado.
■ ¿Dónde está el cuarto de baño?
● En la planta de arriba. Y en la planta baja hay un pequeño aseo.
■ ¿Tiene comedor?
● Sí, uno pequeño, al lado de la cocina.
■ ¿Cuántos dormitorios tiene?
● Tres, están todos en la planta de arriba.
■ ¿Tenéis garaje?
● No, aparcamos en la calle.

5 39

■ Manu, ¿cómo es tu piso?
● Mi piso es muy pequeño, porque vivo solo. Tiene un dormitorio, un salón comedor pequeño, una cocina y un cuarto de baño, que está al lado del dormitorio.
■ ¿Nada más?
● Bueno, tengo una terraza grande y ahí tengo muchas plantas.

8 40

primero-primera / segundo-segunda / tercero-tercera / cuarto-cuarta / quinto-quinta / sexto-sexta / séptimo-séptima / octavo-octava / noveno-novena / décimo-décima

10 41

1 ■ ¿Sería tan amable de indicarme dónde vive el señor González?
● En el cuarto derecha.
■ Muchas gracias.
2 ■ ¿Me podría decir dónde vive doña Manuela Rodríguez?
● En el segundo izquierda.
■ Gracias.
3 ■ ¿En qué piso vive la señorita Herrero?
● En el tercero A.
4 ■ ¿Me podría enviar este paquete a mi domicilio, en la avenida del Mediterráneo, cinco, sexto B?
● Por supuesto, señor Acedo.
5 ■ ¿El señor de la Fuente, por favor?
● Es el inquilino del ático.
■ Muchas gracias.
6 ■ ¿Vive aquí la señorita Laura Barroso?
● Sí, es la hija de los vecinos del quinto E.

6 42

■ Inverpiso, ¿dígame?
● Buenos días. Llamo para informarme sobre los chalés anunciados en el periódico de ayer.
■ Con mucho gusto. Mire, el primero está en la calle Alonso Cano. Tiene ciento treinta y ocho metros cuadrados. Hay cuatro dormitorios en la planta de arriba y dos baños, calefacción individual y ascensor.
El segundo es una casa de tres plantas en Torrelodones. Tiene trescientos once metros cuadrados, con jardín y piscina. Hay un salón comedor y un baño en la planta baja, y cinco dormitorios y otros dos cuartos de baño en la planta superior. El garaje es para dos coches.
El tercer chalé está en una urbanización en Pozuelo. Tiene trescientos metros cuadrados construidos en dos plantas. Tiene un amplio salón y cuatro dormitorios. Hay un cuarto de baño en cada planta. Los materiales son de primera calidad. Hay piscina comunitaria.

2 43

Recepcionista: Parador de Córdoba, ¿dígame?
Carlos: Buenas tardes. ¿Puede decirme si hay habitaciones libres para el próximo fin de semana?
Recepcionista: Sí. ¿Qué desea, una habitación individual o doble?

Carlos: Una doble, por favor. ¿Qué precio tiene?
Recepcionista: Cien euros por noche más IVA.
Carlos: De acuerdo. Hágame la reserva, por favor.
Recepcionista: ¿Cuántas noches?
Carlos: Viernes y sábado, si es posible.
Recepcionista: No hay problema.
Carlos: ¿Hay piscina?
Recepcionista: Sí, señor, hay una.
Carlos: ¿Admiten tarjetas de crédito?
Recepcionista: Sí, por supuesto.

4 44

Recepcionista: ¿Me dice su nombre y apellidos, por favor?
Carlos: Carlos López Ruiz.
Recepcionista: ¿Dirección?
Carlos: Calle de Velázquez, número sesenta y seis, en Madrid.
Recepcionista: ¿Número de teléfono, por favor?
Carlos: Nueve-uno cinco-seis-nueve ocho-ocho cuatro-siete.
Recepcionista: Entonces, una habitación doble para las noches del viernes y sábado, ¿no es así?
Carlos: Sí, correcto, muchas gracias. Hasta el viernes.
Recepcionista: ¡Hasta el viernes! Buenas tardes.

5 45

Los patios
Los patios son lugares comunes para encontrarse, para jugar, para charlar, para descansar. Hay muchos tipos de patios: el patio del colegio, donde los niños pasan el recreo; el patio andaluz, en el sur de España, lleno de macetas con flores, que en verano protege del calor y es un lugar de descanso y de conversación.
En las ciudades tenemos el patio interior, donde la gente tiende la ropa y habla con los vecinos de enfrente.
En Hispanoamérica muchas casas coloniales conservan bellos patios llenos de plantas tropicales que ayudan a pasar las horas más calurosas del día.
En la ciudad andaluza de Córdoba, el segundo fin de semana de mayo se celebra el Festival de los Patios. Los vecinos abren sus casas, y vecinos y turistas pueden visitar sus hermosos patios.

1 46

queso - cuarto - cuanto - quinto - casa - comedor

7 47

Entrevistador: Patricia, ¿dónde pasas tus vacaciones?
Patricia: Tengo una casa en Valencia, en el mar Mediterráneo. Es un chalé de dos plantas, con un jardín muy bonito, y está cerca de la playa. Siempre paso unos días allí con mi familia y algunos amigos.
Entrevistador: ¿Con quién vas este año?
Patricia: Este año voy con mi marido, nuestro amigo Juan y su mujer. La casa no es muy grande. Tiene solo dos dormitorios, pero es muy cómoda, con dos cuartos de baño, una cocina pequeña y un salón precioso con vistas al mar. También tiene una terraza para tomar el sol.
Entrevistador: ¿Coméis en casa?
Patricia: No, normalmente comemos en algún restaurante cerca de la playa. Por la noche hacemos la cena en casa y cenamos en el jardín.
Entrevistador: Bueno, pues os deseamos unas buenas vacaciones.

UNIDAD 5 - COMER

2 48

Camarero: Buenos días, señores, ¿qué quieren comer?
Juan: De primer plato nos pone un gazpacho para mí y una ensalada para la señora.
Camarero: ¿Y de segundo?
Teresa: ¿La carne es de ternera?
Camarero: Sí, señora. Es muy buena.
Teresa: Entonces, me pone carne con tomate. ¿Y tú, Juan?
Juan: Yo prefiero unos huevos con chorizo.
Camarero: ¿Y para beber?
Juan: El vino de la casa y una botella de agua, por favor.
Camarero: Muy bien, muchas gracias.
(...)
Camarero: Y de postre, ¿qué desean?
Juan: Para mí, unas natillas.
Teresa: Pues, yo quiero arroz con leche.
Camarero: Enseguida se lo traigo, muchas gracias.

7 49

Hoy comemos fuera
En España nos gusta comer fuera de casa con amigos, familiares, compañeros de trabajo o estudio. Para la mayoría de los españoles es más importante la compañía que el tipo de restaurante. Lo que más preocupa cuando se elige un restaurante es la limpieza, la calidad de los alimentos y la dieta equilibrada.
En un país como España, con un clima agradable de largos días con luz, comer o cenar fuera de casa es un hábito extendido, sobre todo durante los días festivos.

3 50

Mi marido y yo siempre tenemos problemas para decidir qué hacer durante el fin de semana. A mí me gusta ir al cine los viernes y, el sábado por la mañana, ir de compras. Por el contrario, a mi marido le gusta pasar el fin de semana en el campo: andar, hacer deporte... El domingo por la tarde, lo que más le gusta es ver un partido de fútbol por la tele, mientras yo navego por internet. Durante la semana lo tenemos más fácil: a los dos nos gusta leer y oír música en nuestro tiempo libre.

4 51

Queridos amigos y amigas, hoy vamos a hacer un delicioso refresco de plátano. Bueno, ¿estáis preparados? Aquí van los ingredientes: en primer lugar vamos a necesitar tres plátanos y un vaso de leche. Como el refresco será solo para cuatro personas, vamos a utilizar únicamente un cuarto de taza de azúcar y un cuarto de taza de zumo de limón y, por último, media cucharadita de vainilla y ocho cubitos de hielo. Y ahora, para su elaboración, sigue las siguientes instrucciones:
- Primero, pela los plátanos y córtalos en rodajas.
- A continuación, mezcla los plátanos, la leche, el azúcar, el zumo de limón y la vainilla en una batidora.
- Añade los cubitos de hielo y mézclalos con los otros ingredientes.
- Reparte la mezcla en cuatro vasos.
- Finalmente, invita a tus amigos.

9 52

¿Productos de América?
Bienvenidos a nuestro programa. Hoy hablamos del origen de algunos productos. Atención a las siguientes informaciones:
1 Casi todas las piñas de los supermercados son de Hawái, pero los cultivadores originales son los indios de Cuba y Puerto Rico.
2 Es cierto que hay una variedad de cacahuete (también llamado en América "maní") que procede de Georgia, pero sus cultivadores originales son los indios de Bolivia y Perú.
3 Los italianos preparan una deliciosa salsa de tomate, pero los cultivadores originarios del tomate son los indios de México.
4 Ecuador es el mayor productor de plátanos del mundo, pero sabemos que es originario del sudeste asiático, posiblemente del norte de la India.
5 Brasil es el país que produce más café en el mundo, pero los historiadores sitúan las primeras plantas de café en Etiopía.
6 Las patatas son muy populares en Irlanda, pero proceden originalmente de Perú y Ecuador.

1 53

Isabel - vivir - vino - bueno - Ávila - viajar - botella - abuelo - hablar - muy bien - beber

2 54

1 ¿Dónde vive Isabel?
2 Cuba es una isla preciosa.
3 Vicente es abogado y trabaja en Sevilla.
4 Las bebidas están en la nevera.
5 Este vino es muy bueno.
6 Valeriano viaja mucho en avión.
7 Beatriz es de Venezuela.
8 Esta bicicleta es muy barata.
9 En Valencia no hay bastantes ambulancias.
10 La abuela de Bibiana está muy bien.

4 55

1 Yo vivo en Barcelona.
2 Este batido tiene vainilla.
3 Camarero, un vaso de agua, por favor.
4 A Isabel le gusta viajar y bailar tangos.
5 Beber agua es muy bueno.
6 ¿Este verano vas de vacaciones?
7 La botella está vacía.
8 El banco abre a las nueve.

5 56

1 bala; **2** poca; **3** barra; **4** beso; **5** vino; **6** pera; **7** vaca; **8** pisa; **9** pata; **10** pez

2 57

Buenos días, hoy hablamos de comida, española y también de otros países hispanos. Hay platos españoles e hispanoamericanos conocidos en todo el mundo. De México, el guacamole, que se hace con aguacate; de Perú es muy famoso el cebiche, pescado con limón, un plato que también se come en Ecuador y en otros países sudamericanos; las exquisitas arepas de Colombia y Venezuela, que se comen con jamón, con queso y otros muchos ingredientes; y como no, la famosa carne asada típica de Argentina, una de las mejores carnes del mundo. En España hay un pescado y un marisco excelente en todo el país, pero especialmente en la zona de Galicia. También en el norte, en Asturias, el plato más popular es la fabada. En Andalucía, donde en los meses de verano las temperaturas son extremadamente altas, tienen una sopa fría, a base de verduras, llamada gazpacho. Por último no podemos olvidar uno de los platos más internacionales, la paella, típico de la costa mediterránea, y, en especial, de Valencia.

UNIDAD 6 - EL BARRIO

3 58

Sergio: Perdone, venimos una semana de vacaciones a Madrid. ¿Qué billetes tenemos que comprar?
Información: Pueden comprar la tarjeta turística que sirve para el metro, el autobús y los trenes de cercanías.
Sergio: ¿Y cuánto cuesta?
Información: Para una semana, treinta y cinco euros.
Sergio: Perfecto. ¿Dónde las podemos comprar?
Información: En la entrada de la estación tienen una máquina.
Sergio: Muchas gracias. Perdone, ¿puede decirme cómo se va de Aeropuerto a Goya?
Información: Pues desde aquí es muy fácil: tome usted la línea 8 hasta Mar de Cristal y cambie a la línea 4 dirección Argüelles. La décima estación es Goya.
Sergio: Muchas gracias. ¿Puede darme un plano del metro?
Información: Sí, claro, tome.

1 59

1 ■ Carlos, siéntate en tu sitio, por favor.
● Voy.
2 ■ Venga a mi oficina, quiero hablar con usted.
● Ahora mismo.
3 ■ Pon la televisión, empieza el partido de fútbol.
● Vale.
4 ■ Cierra la ventana, por favor, tengo frío.
● Sí, claro.
5 ■ Tome la primera a la derecha y después siga recto.
● Muchas gracias.
6 ■ Tuerce a la derecha, esa es la calle.
● Ah, sí, tienes razón.
7 ■ Haz los deberes antes de cenar.
● Vale, mamá.
8 ■ Por favor, siéntese. Ahora le atiende el doctor.
● Bien, gracias.
9 ■ ¿Dígame?
● ¿Está el señor López?
10 ■ Alejandro, contesta al teléfono, por favor.
● Vale.

2 60

Jefe: Señor Hernández, ¿puede venir a mi oficina, por favor?
Sr. Hernández: Sí, claro.
(...)
Sr. Hernández: ¿Se puede?
Jefe: Sí, sí, pase y cierre la puerta, por favor... Siéntese. Tengo una reunión en el banco el próximo lunes y necesito la información de su departamento.
Sr. Hernández: No hay problema, está todo preparado.
Jefe: Bien, haga el informe antes del lunes y ponga todos los datos de este año.

1 61

rey – arroz – perro – reloj – rojo – arriba – caro – pero – diario – soltera – para

2 62

1 Roma; **2** Inglaterra; **3** Perú; **4** cartero; **5** compañero; **6** rosa; **7** pizarra; **8** terraza; **9** armario; **10** ruido

3 63

Pilar: ¿Sí?
Andrés: ¡Hola, Pilar! Soy Andrés.
Pilar: ¡Hola, Andrés! ¡Cuánto tiempo sin hablar contigo!
Andrés: ¿Qué tal te va por Cozumel?
Pilar: ¡Estoy muy contenta! Es una ciudad muy hermosa.
Andrés: ¿No te aburres en una ciudad tan pequeña?
Pilar: No, hay muchas cosas interesantes para conocer y, además, está el mar, hay reservas ecológicas, cenotes y playas. Y me encantan sus calles antiguas y su catedral.
Andrés: ¿Cómo te mueves por la ciudad?
Pilar: Vamos de un lado a otro en autobús o en taxi, porque normalmente hace calor.
Andrés: ¿Conoces a mucha gente ya? ¿Tienes amigos?
Pilar: Comparto departamento con dos compañeras de clase y tenemos un grupo de amigos de la universidad.
Andrés: ¿Y qué haces los fines de semana?
Pilar: Depende... Algunos sábados buceamos para hacer ejercicio, otros días conocemos pueblos o vamos a la playa... Es todo muy bonito.
Bueno, ¿y cuándo vienes a Cozumel para pasar unos días en mi casa?
Andrés: Ahora tengo mucho trabajo en la oficina, pero el mes próximo puedo pedir unos días y tomar un vuelo para estar contigo y conocer tu nueva casa. ¿Qué te parece?
Pilar: ¡Fantástico! Nos vemos el mes que viene.

UNIDAD 7 - SALIR CON LOS AMIGOS

2 64

■ Hola, Luisa, ¿qué tal?
● Hola, ¿qué haces?
■ Nada, estoy viendo una serie.
● Oye, ¿vamos al centro esta tarde?
■ Estupendo, podemos ir al cine.
● Vale, ¿cómo quedamos?
■ ¿A las cinco en la puerta del metro?
● No, mejor a las seis. ¿Te parece bien?
■ De acuerdo. Quedamos a las seis. ¡Hasta luego!

5 65

■ Hola, Roberto, ¿qué tal estás?
● Muy bien, Susana, ¿qué tal vosotros?
■ Fenomenal. Oye, te llamo porque Luis y yo vamos a ir el sábado a comer en el campo con unos amigos. ¿Por qué no vienes con nosotros?
● ¿El sábado? Lo siento, no puedo. Es el cumpleaños de mi madre y voy a comer a su casa.
■ Vaya, qué pena.
● Pero podemos quedar otro día. Podéis venir a casa a cenar el domingo, ¿te parece bien?
■ ¿A cenar el domingo? Vale, hablo con Luis y le pregunto. Te llamo un poco más tarde.
● Estupendo. Tengo muchas ganas de veros.
■ Nosotros también, Roberto.
● Bueno, espero tu llamada. Hasta luego.

8 66

■ Inmobiliaria Miramar. Buenos días.
● Buenos días. ¿Puedo hablar con el señor Álvarez?
■ No está en este momento. ¿Quiere dejarle un recado?
● Sí, por favor, dígale que la señora García va mañana a las once y media para hablar con él.
■ Muy bien, le dejo una nota.
● Muchas gracias. Adiós.
■ Adiós.

4 67

1 ■ Rosa, ¿qué estás haciendo?
● ¿Ahora mismo? Estoy peinándome porque voy a salir.
2 ■ ¡Luis, al teléfono!
● ¡No puedo, estoy duchándome!
3 ■ Niños, ¿qué hacéis?
● ¡Nada, mamá, nos estamos lavando las manos!
4 ■ ¡Qué ruido hacen los vecinos!
● Sí, están levantándose ahora porque salen de viaje.
5 ■ ¡Hola! ¿Está Roberto?
● Sí, pero está afeitándose, llama más tarde.
6 ■ ¿Y Clara? ¿Dónde está?
● En el baño, está duchándose.
7 ■ Joana, ¿qué haces?
● Me estoy pintando para salir.
8 Pero hija, ¿todavía te estás vistiendo? Vas a llegar tarde al colegio.
9 ■ ¿Está libre el baño?
● No, Jordi se está bañando.
10 ■ ¿Qué haces, Laura?
● Me estoy lavando los dientes, enseguida acabo.

1 68

¡Vale! – ¡Hasta luego! – ¡Qué bien! – ¡Qué va! – ¡Qué bonito! – ¡Es horrible! – ¡Estupendo!

2 69

1 ¿No estás cansado de ver series?
2 ¿Vamos al cine?
3 Mira qué bolso me he comprado.
4 Tengo un piso nuevo.
5 Bueno, me voy, ¡hasta luego!
6 Hay paella para comer.
7 Mira la tele, cuántas noticias malas.

3 70

1 ■ ¿No estás cansado de ver series?
● ¡Qué va!
2 ■ ¿Vamos al cine?
● Vale.
3 ■ Mira qué bolso me he comprado.
● ¡Qué bonito!
4 ■ Tengo un piso nuevo.
● ¡Qué bien!
5 ■ Bueno, me voy, ¡hasta luego!
● ¡Hasta luego!
6 ■ Hay paella para comer.
● ¡Estupendo!
7 ■ Mira la tele, cuántas noticias malas.
● ¡Es horrible!

2 71

1 Tiene el pelo largo y rubio. Tiene los ojos verdes. ¡No tiene bigote!
2 Tiene los ojos oscuros. Tiene el pelo corto y la barba negra.

3 72

1 Es moreno y tiene los ojos oscuros. Es alto y lleva bigote. Tiene el pelo corto y liso.
2 Es delgada y baja. Tiene el pelo largo y rubio y los ojos azules. No lleva gafas.
3 Es alta y delgada. Tiene el pelo moreno, corto y liso y los ojos oscuros.
4 Es bajo y gordo. Tiene los ojos claros y es calvo. Es mayor y lleva bigote y barba. Sí lleva gafas.

12 73

Guantanamera, guajira guantanamera.
Guantanamera, guajira guantanamera.
Yo soy un hombre sincero, de donde crece la palma.
Yo soy un hombre sincero, de donde crece la palma.
Y antes de morirme quiero, echar mis versos del alma.
Guantanamera, guajira guantanamera.
Guantanamera, guajira guantanamera.
Mi verso es de un verde claro, y de un jazmín encendido.
Mi verso es de un verde claro, y de un jazmín encendido.
Mi verso es un ciervo herido,
que busca en el monte amparo.
Guantanamera, guajira guantanamera.
Guantanamera, guajira guantanamera.
Guantanamera, guajira guantanamera.
Guantanamera, guajira guantanamera.
Por los pobres de la tierra, quiero yo mi suerte echar.
Por los pobres de la tierra, quiero yo mi suerte echar.
El arrullo de la tierra, me complace más que el mar.
Guantanamera, guajira guantanamera.
Guantanamera, guajira guantanamera.
Guantanamera, guajira guantanamera.
Guantanamera, guajira guantanamera.
Guantanamera, guajira guantanamera.

3 74

■ Estamos en la Gran Vía de Madrid y vamos a entrevistar a algunas personas para saber qué hacen los fines de semana. ¡Hola! Buenas tardes, ¿eres de Madrid?
● Sí, claro.
■ ¿Puedes contarnos qué haces normalmente los fines de semana?
● Pues los viernes salgo con mis amigas. Normalmente comemos unas tapas en algún bar o alguna terraza y luego vamos a la discoteca.
■ ¿Y los sábados?
● Pues los sábados, a veces voy al cine por la tarde con mis amigas.
■ ¿Y por la noche también sales con tus amigas?
● Sí, comemos unas tapas y luego vamos a la discoteca...
■ ¿Otra vez?
● Sí, nos gusta mucho bailar. Normalmente me acuesto muy tarde y el domingo duermo casi todo el día.
■ Muchas gracias.

■ ¡Hola! Buenas tardes, ¿es de Madrid?
● Sí, claro.
■ ¿Puede contarnos qué hace normalmente los fines de semana?
● Pues los viernes por la noche siempre voy al cine con mi novia. Los sábados juego al fútbol por la mañana y por la noche, normalmente, vamos al teatro o a un concierto.
■ ¿Y los domingos?
● Pues normalmente vamos al Rastro por la mañana, después tomamos un aperitivo y luego nos vamos a algún restaurante a comer... A mi novia también le gusta ir a los museos de Madrid y muchos domingos vamos a ver exposiciones: al Museo del Prado, al Museo Reina Sofía...

UNIDAD 8 - DE VACACIONES

3 75

Luis: Buenos días, perdone, ¿puede decirme cómo se va a la plaza de Armas?
Recepcionista: Sí, ¡cómo no! Es muy sencillo. Al salir del hotel gire a la derecha y siga todo recto hasta el final de la calle. Entonces gire a la izquierda. Siga recto y tome la tercera calle a la derecha, la avenida del Sol, y al final de la avenida, a la derecha, se encuentra la plaza de Armas.
Luis: Entonces, salgo a la derecha, giro a la izquierda y en la avenida del Sol giro a la derecha. La plaza está al final de la calle, a la derecha, ¿no es así?
Recepcionista: Así es, señor. En quince minutos puede estar allí.
Luis: Muchas gracias. ¡Hasta luego!

5 76

1 Desde el hotel
■ Perdone, ¿puede decirme dónde está la farmacia más cercana?
● Tome la calle Santo Domingo, gire a la primera a la derecha y, después, la primera a la izquierda.
2 Desde la iglesia de San Francisco
■ Por favor, ¿puede decirme cómo se va a la iglesia de Santa Teresa?
● Gire a la izquierda, después tome la segunda calle a la derecha, la calle Nueva Alta, y al final de la calle, a la izquierda, está la iglesia de Santa Teresa.

6 77

Ayer, como todos los días, me levanté a las siete de la mañana y me preparé para ir a trabajar. Al llegar al hospital, como todos los días, atendí a los enfermos de la consulta y visité a los pacientes de las habitaciones. A las cinco de la tarde, como todos los días, acabé de trabajar y pasé por el supermercado a comprar algo para la cena. A las seis de la tarde llegué por fin a casa, muy cansada, como todos los días. Pero ayer fue diferente: mi marido me invitó a un concierto y después cenamos en mi restaurante favorito.

8 78

Soledad: ¡Oh, qué semana tan terrible! Por fin de vuelta a casa.
Federico: ¿Dónde estuviste?
Soledad: El lunes fui a Caracas para visitar a un cliente, y el martes volamos, mi jefe y yo, a Madrid, para firmar un contrato. Estuvimos dos días de conversaciones y, al fin, lo logramos. El jueves nos fuimos a Río de Janeiro para cerrar unos asuntos pendientes y hoy por fin vuelvo a casa. Y a ti, ¿cómo te fue?
Federico: Hasta el martes estuve acá, en Buenos Aires, preparando cosas para irme al día siguiente a Lima, donde estuve trabajando dos días y aproveché para conocer esa linda ciudad. Hoy fui al aeropuerto a primera hora y terminé mi semana de trabajo. ¿Qué te parece si cenamos juntos?
Soledad: Me parece muy buena idea.

1 79

1 Llevó gafas.
2 Comió mucho.
3 ¿Abro la puerta?
4 ¿Hablo más alto?
5 Entro a las ocho.
6 Trabajo por la mañana.
7 Estudió Geografía.

5 80

En Toledo, durante los meses de invierno (diciembre, enero y febrero) hace mucho frío y algunas veces nieva. Durante la primavera (marzo, abril y mayo), suben las temperaturas y empieza a hacer buen tiempo. En verano (junio, julio y agosto), hace mucho calor: todos los días hace mucho sol y las temperaturas son muy altas. En otoño (septiembre, octubre y noviembre), los días son más cortos, el cielo está nublado y a veces llueve y hace viento.

7 81

Estas son las condiciones meteorológicas para el día de hoy en algunas zonas de Sudamérica. Tenemos tiempo inestable en Brasil, con fuertes lluvias y bajas temperaturas, sobre todo en el interior, donde tenemos ocho grados centígrados en estos momentos. En la zona del Caribe, por el contrario, hace muy buen tiempo, con mucho sol y una temperatura de veintidós grados centígrados. Tiempo inestable en la República de México, con fuerte viento y cielo nublado. La temperatura en la capital es de quince grados centígrados. Próximo parte meteorológico en una hora.

2 82

Hay tantas cosas que ver en España que es difícil seleccionar las más interesantes. Si empezamos por el noroeste, podemos visitar Galicia y allí pararnos a ver Santiago de Compostela y su catedral. Siguiendo por la costa cantábrica, el viajero descubre paisajes inolvidables de praderas suaves y pequeñas playas entre acantilados. Desde el País Vasco nos dirigimos a Cataluña, que mira al Mediterráneo. La ciudad catalana más importante es Barcelona, puerto de mar y punto de partida y llegada de barcos de todo el mundo. Podemos seguir nuestro viaje por la costa mediterránea para disfrutar de las ciudades y playas que llegan hasta Almería y Málaga, en Andalucía. También la comunidad andaluza merece una atención especial por los restos de cultura árabe que se pueden ver en Córdoba, Sevilla y Granada, especialmente. Desde Córdoba podemos ir a Madrid, atravesando La Mancha, la tierra de Don Quijote, el héroe de Cervantes. Aquí acaba nuestro viaje por esta vez, pero aún nos quedan por ver muchos otros paisajes y ciudades.

8 83

Hoy estamos en Barcelona, junto al mar Mediterráneo. Es la segunda ciudad más poblada de España. Barcelona fue la sede de la Exposición Universal de 1929 y de los Juegos Olímpicos de 1992. Muchos personajes importantes nacieron en esta ciudad:
- Montserrat Caballé, una de las grandes cantantes de la ópera, nació en Barcelona en 1933. En 1987 conoció al líder del grupo de *rock* Queen, Freddie Mercury. Con él grabó la canción «Barcelona», el himno oficial de las Olimpiadas de 1992.
- Joan Miró, pintor y escultor catalán mundialmente conocido, nació en Barcelona a finales del siglo XIX. En el Museo Joan Miró de Barcelona están las mejores obras de este artista. Murió en Palma de Mallorca en 1983.
- El arquitecto Gaudí nació en Reus, pero realizó sus obras más famosas en la ciudad de Barcelona: el parque Güell y la Sagrada Familia.
- Hay muchas mujeres importantes en la historia de la ciudad, por ejemplo, Mari Pepa Colomer, una de las primeras mujeres piloto de aviones de principios del siglo XX, o Irene Polo, una de las primeras periodistas de España, también en la misma época.

5 84

Sara: El pasado mes de mayo, después de un año de mucho trabajo, tuve quince días de vacaciones. Fui en tren a Galicia y me alojé en un hotel maravilloso. Pasé unos días estupendos yo sola, sin salir prácticamente de la playa.
Lucía: Mi sitio favorito para pasar las vacaciones es la isla de Capri. Hace veinte años que fui por primera vez. Este verano llegué a la isla en barco, como siempre, para pasar mi mes de vacaciones con un grupo de amigos. Capri no es la misma de hace veinte años, pero sigue siendo única.
Carlos: Tengo muy buen recuerdo de las últimas vacaciones que pasé con mi familia en Atacama, al norte de Chile; está a unos cuatro mil metros de altura. Alquilamos un coche para recorrer toda la zona, uno de los desiertos más secos del mundo, con unas salinas impresionantes. Fueron unas vacaciones memorables.

UNIDAD 9 - COMPRAS

3 85

Celia: Mira estos zapatos, Álvaro, son preciosos.
Álvaro: No están mal, pero a mí me gustan más aquellos marrones.
Celia: Oiga, ¿cuánto cuestan estos zapatos negros?
Dependiente: Noventa euros.
Celia: ¿Y aquellos marrones?
Dependiente: Ciento quince euros.
Celia: ¿Ciento quince euros? Gracias, tengo que pensarlo.

Álvaro: Celia, ¿qué te parece esta camisa para mí?
Celia: Bien, ¿cuánto cuesta?
Álvaro: Solo sesenta euros. Voy a probármela.
Celia: Vale.
(...)
Celia: A ver... pues no te queda bien, ¿eh?
Álvaro: No, no, a mí tampoco me gusta.
Celia: Toma, pruébate esta chaqueta, es muy bonita.
Álvaro: A ver... Pues sí, parece que me queda bien, ¿no?
Celia: Muy bien, es tu talla.
Álvaro: ¿Cuánto cuesta?
Celia: Ciento veinte euros, es un poco cara.
Álvaro: Bueno, pero me gusta mucho, me la llevo.

Celia: Mira, ¿qué te parece este gorro? ¿Cómo me queda?
Álvaro: Bien, muy bien.
Celia: Pues me lo llevo, solo cuesta cinco euros.
(...)
Dependiente: Una chaqueta y un gorro de lana... Muy bien, son ciento veinticinco euros. ¿Pagan en efectivo o con tarjeta?
Álvaro: En efectivo.

3 86

- Mi amiga Bárbara es estudiante y le gusta mucho la ropa informal. Hoy lleva unos pantalones verdes, una camiseta roja y un collar a juego con los pendientes.
- Javier es el novio de Bárbara y también es estudiante. Hoy lleva unos pantalones vaqueros, una camisa de lunares y unas zapatillas marrones.
- Ignacio es informático, trabaja en una gran empresa de informática. Le gusta vestir bien. Para la reunión de hoy se ha puesto una camisa azul, muy elegante, y una corbata blanca. También lleva un traje oscuro.
- Marta trabaja de diseñadora en unos grandes almacenes y casi siempre lleva ropa elegante. Hoy lleva un vestido verde y unos zapatos blancos.
- Charlie es el primo de Bárbara y es fotógrafo. Hoy lleva unos pantalones rojos, una camisa blanca y unas playeras amarillas.

1 87

jamón - jugar - rojo - julio - joven - gimnasia - jefe - jirafa - geranio - genio - gato - goma - agua - guerra - guitarra - guapo - águila - Guadalajara - gota

2 88

gusto - hago - jabón - pagar - hijo

5 89

Luis: Voy a preparar mi maleta para el viaje, a ver..., ¿qué llevo? Mira, estos zapatos están bien, ¿no?
Carla: No, para ir a la montaña, las botas son mejores que los zapatos.
Luis: Tienes razón. ¿Llevo los vaqueros?
Carla: No, para el frío son mejores los pantalones de pana.
Luis: Bueno, llevo los dos y ya está.
Carla: ¿Por qué llevas la maleta azul?
Luis: Pues porque es mejor que la gris, tiene ruedas.
Carla: Yo prefiero la gris, caben más cosas. Toma el paraguas, guárdalo.
Luis: ¿El rojo? No, este es peor que el negro.
Carla: Lo siento, el negro ya está en mi maleta.

1 90

María: A mí me encanta la ciudad en la que vivo. Es grande, tiene más de tres millones de habitantes y mucha oferta cultural y de ocio. Puedes ir al cine, al teatro, hay varias salas de conciertos, museos y también grandes parques donde relajarte o practicar deportes. Es verdad que es una ciudad ruidosa porque hay mucho tráfico. Otro problema es la contaminación, porque la gente utiliza poco el transporte público (el metro, el autobús...), pero a mí me encanta mi ciudad.
Jordi: Yo vivo en una ciudad pequeña, no llega al medio millón de habitantes y la verdad es que me gusta mucho vivir aquí. No hay una gran oferta cultural, pero tenemos mucha más tranquilidad que en una ciudad grande. Nuestros hijos viven más en contacto con la naturaleza porque hay muchos parques y tenemos la playa muy cerca. Seguro que en el futuro, si nuestros hijos van a la universidad, cambiaremos de ciudad, pero de momento no, este es el mejor lugar para vivir.

UNIDAD 10 - SALUD Y ENFERMEDAD

2 91

rodilla - pierna - pecho - hombro - brazo - mano - cuello - dedo - cara - oreja - espalda - pie

3 92

1 A Pedro le duele la cabeza.
2 A Daniel le duelen las muelas.
3 A Carmen le duelen los oídos.
4 A Julia le duele la espalda.
5 A Victoria le duele el estómago.
6 Ana tiene fiebre.
7 A Ricardo le duele la garganta.

4 93

A
Raquel: ¡Hola, Manuel!, ¿qué tal estás?
Manuel: No muy bien.
Raquel: ¿Qué te pasa?
Manuel: Me duele todo el cuerpo y creo que tengo fiebre.
Raquel: ¿Te duele la garganta?
Manuel: Un poco, sí.
Raquel: Oye, ¿por qué no tomas un analgésico con un vaso de leche caliente y te acuestas?
Manuel: Sí, es lo mejor. ¿Crees que tengo gripe?
Raquel: No lo sé, pero no te preocupes, si mañana no estás mejor, vamos al médico.
B
Raúl: ¡Qué mala cara tienes! ¿Qué te pasa?
Luisa: Me duele muchísimo el estómago.
Raúl: ¿Por qué no vas al médico?
Luisa: Sí, voy a ir mañana.
Raúl: Mira, tómate un té y acuéstate sin cenar.
Luisa: Sí, creo que es lo mejor.

9 94

A
Paciente: Buenos días, llamo para pedir cita con la doctora.
Enfermera: Muy bien, ¿prefiere por la mañana o por la tarde?
Paciente: Mejor por la mañana.
Enfermera: ¿El martes siete a las diez le viene bien?
Paciente: Martes siete... sí, a las diez es perfecto. Muchas gracias.
B
Paciente: Buenos días, doctora.
Doctora: Buenos días, dígame qué problema tiene.
Paciente: Estoy muy cansada desde hace días, casi no tengo energía.
Doctora: ¿Duerme bien?
Paciente: No mucho, unas cuatro o cinco horas.
Doctora: Eso es muy poco. ¿Lleva una dieta equilibrada?
Paciente: Lo intento, pero tengo mucho trabajo y a veces no como bien. Tomo poca fruta y verdura.
Doctora: Bueno, vamos a hacer primero un análisis de sangre para ver cómo está. Tiene que venir mañana antes de las nueve, sin desayunar.

2 95

Elena y Emilio ya son padres. Su vida cambió cuando, de repente, se encontraron con... dos bebés en los brazos.
Elena: Antes de ser padres teníamos una vida social muy activa: viajábamos, íbamos al cine, salíamos con los amigos, teníamos mucho tiempo libre. Emilio jugaba al *hockey*, yo estudiaba alemán...
Emilio: Ahora todo es distinto. Dedicamos todo nuestro tiempo a Álvaro y Adrián, que son maravillosos.

8 96

Martina tiene noventa y dos años. Cuando era pequeña no iba a la escuela. Vivía con su madre y sus cuatro hermanos en un pueblo pequeño del sur de España. A los ocho años, ya trabajaba en el campo con su familia: empezaba a las seis de la mañana y acababa a las seis de la tarde. No sabía leer, ni escribir, pero tenía muchas ilusiones y planes para el futuro. A los diecinueve años se casó y tuvo su primer hijo. Los fines de semana iba con su marido a vender las verduras de su huerta en los mercadillos de los pueblos vecinos. Solo los domingos por la tarde descansaban y se reunían con sus vecinos en la plaza del pueblo.

1 97

alemán - café - teléfono - cantante - árbol - canción - examen - estudiar - ordenador - ventana - periódico - móvil - pintura - música

2 98

1 Andrés me llamó por teléfono para saludarme.
2 Bárbara trabaja en una empresa de informática en México.
3 Yo estudié decoración en Milán.
4 Antes Raúl vivía cerca de aquí, pero ahora está viviendo en Valencia.
5 Aquí hace más calor que allí.
6 Ella es más guapa que él.
7 Los teléfonos móviles son muy cómodos.
8 Esta casa es más céntrica que tu piso.

5 99

■ Hoy vamos a hablar con la alpinista Elisa Urrutia. Está en México después de escalar el monte Everest. Elisa, ¿qué planes tienes para la próxima temporada?
● No voy a escalar el año próximo. La temporada pasada terminé agotada y tengo que tomar un descanso. El próximo semestre voy a hacer una campaña escolar en Chihuahua. Quiero ir a las escuelas y hablar con los chavos y chavas sobre este deporte.
■ ¿Cuánto tiempo vas a dedicar a esta actividad?
● Voy a dedicarme unos tres meses. Después quiero abrir un centro de alpinismo y organizar excursiones por la montaña.
■ ¿Y vas a ser una de las instructoras?
● Bueno, ese es mi objetivo. También quiero estar un poco más en casa. El año pasado me casé y creo que es el momento de pensar en organizar mi familia. Ahora estoy esperando mi primer hijo. Va a nacer el próximo otoño y estoy muy ilusionada.
■ ¡Enhorabuena, Elisa! ¡Te deseamos mucho éxito para todos tus planes!

5 100

Mánager: Este disco suena muy bien, es mejor que el otro.
Escorpión 1: Sí, estoy de acuerdo.
Mánager: Va a estar en las tiendas en la próxima semana y creo, amigos míos, que va a tener gran futuro.
Escorpión 2: ¿Y cuándo nos vamos de gira?
Mánager: En diciembre vamos a dar unos conciertos por toda España y, si todo va bien, nos vamos a Sudamérica.
Escorpión 3: ¿Y vamos a salir en televisión?
Mánager: Claro, y también tengo preparada nuestra propia página web.
Escorpión 1: ¿Cuándo vamos a ir a Barcelona?
Mánager: En septiembre, antes de empezar la gira. ¿A que no sabéis quién va a cantar con vosotros?
Escorpión 2: Ni idea.
Mánager: Jennifer López.
Escorpión 3: ¡Vaya sorpresa!

UNIDAD 11 - BIOGRAFÍAS

2 101

Presentador: Buenas tardes, señoras y señores, bienvenidos una vez más a nuestro concurso *Responde y gana*. Tenemos aquí a dos concursantes que ustedes ya conocen de la semana pasada. A la derecha, Maite López, de Madrid, y a la izquierda, Manuel González, de Salamanca. Hasta ahora, Maite tiene 12 300 euros, y Manuel, 11 800, es decir, que están muy cerca el uno del otro. Vamos a empezar. La pregunta número 1 es para Manuel. Manuel: ¿Cuál de estas obras literarias es de Isabel Allende?
a *Paula*; b *Cien años de soledad*; c *La buena hija*.
Manuel: *Paula*.
Presentador: Muy bien, correcto. Has ganado 100 euros. Ahora te toca a ti, Maite. ¿Cuántos países componen la Unión Europea?
a 38; b 110; c 27.
Maite: 27.
Presentador: ¡Correcto! 100 euros más para ti. Ahora tú, Manuel, por 150 euros: ¿De qué país fue presidenta Michelle Bachelet?
a de Ecuador; b de Nicaragua; c de Chile.
Manuel: De Chile.
Presentador: Estupendo, es correcto. 150 euros para ti, Manuel. La pregunta número 4 es para Maite. Por 150 euros: ¿Dónde se encuentra la pirámide del Sol?
a en Egipto; b en la India; c en México.
Maite: En la India.

Presentador: Nooo, lo siento, es incorrecto. La pirámide del Sol se encuentra en México. Pasamos a preguntar a Manuel. Ahora, por 200 euros, pregunta número 5: ¿Quién canta la canción "Tejiendo alas"?
a Shakira; b Rosalía; c Malú.
Manuel: Malú.
Presentador: Muy bien, correcto. Has ganado 200 euros más. Ahora vamos a preguntar a Maite. Por 200 euros, pregunta número 6: ¿Cuándo ganó la selección española el Mundial de Fútbol?
a en 2008; b en 2010; c en 2012.
Maite: En 2010.
Presentador: Muy bien, eso es. 200 euros más para ti. Ahora, vamos con Manuel. A ver, Manuel, por 250 euros: ¿Cuál es la capital de Uruguay?
a Lima; b Montevideo; c Buenos Aires.
Manuel: Montevideo.
Presentador: ¡Correcto! Y vamos a la pregunta número 8 que es para Maite. Por 250 euros, Maite, dinos: ¿Cómo se llama la reina de España?
a Sofía; b Leonor; c Letizia.
Maite: Sofía.
Presentador: Nooo, incorrecto. La reina de España se llama Letizia, la esposa de Felipe. Lo siento, Maite. Ahora la pregunta número 9 para Manuel. Por 300 euros: ¿En qué ciudad fueron los Juegos Olímpicos de 1992?
a en Madrid; b en Barcelona; c en Valencia.
Manuel: En Barcelona.
Presentador: Muy bien, correcto, en Barcelona. 300 euros más para ti, Manuel. Y la última pregunta de hoy es para Maite. Por 300 euros, Maite: ¿Cuál de estas películas ha dirigido Pedro Almodóvar?
a *Volver*; b *El secreto de sus ojos*; c *Los otros*.
Maite. *Volver*.
Presentador: Correcto, *Volver* es el título correcto. Vamos a ver cuánto ha ganado cada uno...

8 102

Entrevistador: Hoy tenemos con nosotros a Carlos Hernández, destacado ciclista del pelotón español. ¿Qué tal Carlos?
Carlos: Muy bien, encantado de estar con vosotros.
Entrevistador: Nuestros oyentes quieren saber algunas cosas sobre tu vida. Por ejemplo: ¿dónde vives?
Carlos: Vivo en Toledo, una ciudad histórica al sur de Madrid.
Entrevistador: ¿A qué hora te levantas?
Carlos: Me levanto a las seis de la mañana y a las siete empiezo a entrenar.
Entrevistador: ¿Cuántos días entrenas?
Carlos: Todos los días, menos uno.
Entrevistador: ¿Qué día descansas?
Carlos: Normalmente, mi día de descanso es el lunes.
Entrevistador: Suponemos que llevas una dieta especial. ¿Cuánta agua bebes?
Carlos: Bebo tres litros de agua al día. Beber líquido es muy importante.
Entrevistador: ¿Y qué comes?
Carlos: Como mucha pasta y alimentos energéticos: frutos secos, verduras y... chocolate. ¡Me encanta el chocolate!
Entrevistador: Muy bien, Carlos. Muchas gracias por contestar nuestras preguntas.

2 103

"Nací en Buenos Aires, Argentina, a los dos años y medio de edad", respondía Carlos Gardel a las preguntas sobre su nacimiento.
Probablemente nació en Toulouse, Francia, el 11 de noviembre de 1890, pero desde muy pequeño vivió en el barrio porteño de Buenos Aires.
Empezó a cantar en el coro escolar y en las calles de su barrio, donde trabajaba en diversos oficios.
En 1913 él y su compañero José Razzano cantaron en el cabaré más lujoso y caro de Buenos Aires, el Armenoville, y tuvieron tanto éxito que el público los sacó a hombros por las calles. Entonces el propietario del cabaré les hizo un contrato con un sueldo increíble para el dúo.
En 1917 el poeta Pascual Contursi compuso el primer tango-canción titulado *Mi noche triste*. Carlos Gardel la grabó poco después, y se convirtió así en el primer cantor de tango-canción. Gardel fue el inventor de una manera de cantar el tango. A partir de este momento, su fama creció; en su repertorio había canciones criollas, zambas, valses, pasodobles, etcétera.
Durante los años 20, Gardel viajó a Europa. Durante los años 30 hizo varias películas: *Luces de Buenos Aires*, *Espérame*, *El día que me quieras*...
Junto al poeta Alfredo Le Pera, Gardel compuso canciones tan conocidas como *Mi Buenos Aires querido* y *Volver*, y con ellas conquistó al público de Europa y América. Nunca se casó.
El 24 de junio de 1935, durante una gira por Latinoamérica, murió en un accidente de avión en Medellín. Y nació el mito.

2 104

Las islas del Caribe forman una cadena desde la costa de Florida hasta Venezuela. Cuentan con unas hermosas playas, a las que los turistas acuden en masa.
CUBA. Tiene una superficie de 110 860 km^2. Consiguió la independencia de España en 1898. Tiene una población de más de 11 millones de habitantes. El 40 % de la población es católica y el 55 % no practica ninguna religión. Su idioma oficial es el español.
JAMAICA. Es la tercera isla caribeña por su tamaño, 10 990 km^2. Políticamente es una democracia parlamentaria y consiguió su independencia del Reino Unido en 1962. Tiene una población de 2 800 000 habitantes. Su idioma oficial es el inglés. La mayor parte de sus ingresos procede del turismo.
REPÚBLICA DOMINICANA. La República Dominicana se encuentra en la isla de Santo Domingo, la segunda isla más grande del Caribe, territorio que comparte con Haití. Tiene una superficie de 48 730 km^2 y una población de 10 350 000 habitantes. En 1865 consiguió su independencia definitiva de España. Su idioma oficial es el español.

7 105

[16-12-1956] dieciséis de diciembre de mil novecientos cincuenta y seis.
[12-10-1980] doce de octubre de mil novecientos ochenta.
[2-2-2002] dos de febrero de dos mil dos.

8 106

a Veintidós de agosto de mil novecientos cincuenta y tres.
b Once de marzo de mil novecientos catorce.
c Catorce de abril de dos mil tres.
d Cinco de junio de mil setecientos ochenta y nueve.
e Treinta de septiembre de mil cuatrocientos noventa y tres.
f Cuatro de julio de mil novecientos cuarenta y cinco.

12 107

Eva María se fue buscando el sol en la playa,
con su maleta de piel y su bikini de rayas.
Ella se marchó y solo me dejó recuerdos de su ausencia.
Sin la menor indulgencia, Eva María se fue.
Paso las noches así pensando en Eva María.
Cuando no puedo dormir miro su fotografía.
¡Qué bonita está bañándose en el mar, tostándose en la arena!
Mientras yo siento la pena
de vivir sin su amor.
¿Qué voy a hacer? ¿Qué voy a hacer?
¿Qué voy a hacer si Eva María se fue?
Apenas puedo vivir pensando si ella me quiere,
si necesita de mí y si es amor lo que siente.
Ella se marchó y solo me dejó recuerdos de su ausencia.
Sin la menor indulgencia, Eva María se fue.
¿Qué voy a hacer? ¿Qué voy a hacer?
¿Qué voy a hacer si Eva María se fue?

2 108

La Alhambra está en Granada, sobre una alta colina, desde la que se puede ver toda la ciudad.
La Alhambra es un palacio-ciudadela donde residían los sultanes y los altos funcionarios de la corte árabe. Se empezó a construir en el siglo XIII. Es un conjunto monumental en el que se distinguen distintas zonas: los palacios, la zona militar o Alcazaba, la ciudad o Medina y el Generalife. Todo ello está rodeado de bosques, jardines y huertas.
También podemos encontrar edificios de otras épocas, como el Palacio de Carlos V (siglo XVI), donde se halla el Museo de la Alhambra.
Miles de visitantes se maravillan cada año ante la combinación de patios, arcos y fuentes; especialmente el Patio de los Leones, representación del paraíso en la arquitectura islámica.
Para apreciar los valores arquitectónicos y paisajísticos de la Alhambra es aconsejable acercarse al barrio del Albaicín o al Sacromonte. Desde ellos puede observarse la relación de la Alhambra con la ciudad de Granada.

5 109

Celia Cruz, "la reina de la salsa"
Celia Cruz, "la reina de la salsa", nació el 21 de octubre de 1929 en la Habana, Cuba.
Celia empezó a cantar desde pequeña, y lo hacía muy bien.
En 1947 recibió un premio por cantar en la radio y, entonces, empezó a estudiar música.
En 1950 empezó a trabajar en la banda musical

"La Sonora Matancera" y con ese grupo dejó la Cuba de Fidel Castro en julio de 1960 y se instaló en Estados Unidos.

En Estados Unidos grabó varios discos con Tito Puente y con otros salseros reconocidos a nivel mundial. Durante los años 90, recibió muchos premios. La reina de la salsa falleció el 16 de julio de 2003 en Nueva Jersey, a causa de un cáncer.

7 110

Rosario Flores

Rosario es una cantante, compositora y actriz española. Nació en Madrid el 4 de noviembre de 1963. Es hija de Lola Flores y Antonio "el Pescaílla", dos importantes artistas flamencos.

En 1992 grabó su primer disco, *De Ley*, con canciones escritas por su hermano Antonio, y gracias a canciones como "Mi gato" o "Sabor, sabor", *De Ley* se convirtió en uno de los discos más vendidos de aquel año, con 300 000 copias acreditadas y tres discos de platino. Además, ganó el Premio Ondas 1992 a la Artista Revelación.

En 2001 salió *Muchas Flores*, y Rosario fue premiada con el Grammy Latino en el año 2002 al Mejor Álbum de Pop Vocalista Femenina.

Con este disco, estuvo de gira por América: dio conciertos en Venezuela, Colombia, República Dominicana, Miami, Costa Rica, México, Chile. En enero de 2003 viajó a Brasil, a Salvador de Bahía, para cantar junto a Daniela Mercury. A mediados de febrero viajó a Argentina de promoción y a continuación estuvo en el Festival de Viña del Mar en Chile. Rosario actuó ante más de 20 000 espectadores y fue premiada con la Antorcha de Plata de la ciudad y una fiesta en su honor donde le entregaron el disco de oro.

En 2001 trabajó como actriz coprotagonista en la película *Hable con ella*, dirigida por Pedro Almodóvar.

En 2006 se casó con Pedro Lazaga, director de cine.

Después de tres años sin publicar canciones nuevas, en marzo de 2011 la artista sacó *Raskatriski*, de estilo *Gypsy funky*, que es una mezcla de diferentes ritmos flamencos, soul, *bossanova* y baladas.

En 2020 recibió la Medalla de Oro al Mérito en las Bellas Artes.

UNIDAD 12 - COSTUMBRES

3 y 4 111

Marta: Entonces, nos vemos el sábado, ¿no?
Miguel: ¿Este sábado? Imposible, tengo un cumpleaños.
Marta: ¿Sí? ¿De quién?
Miguel: De mi abuela.
Marta: ¿Tu abuela? ¿Y tienes que ir?
Miguel: La verdad es que no me apetece nada. Pero mi madre está muy pesada. Y tengo que ir. Mi abuela cumple 80 años y mi madre dice que es muy importante para ella, que van a venir todos mis tíos, los hijos de mi abuela, mis primos de Málaga..., vaya, que no puedo faltar.
Marta: Ya, claro, es que cumplir 80 años es un evento importante. ¿Y por qué no te apetece?
Miguel: Bueno, yo quiero mucho a mi abuela, es muy cariñosa, generosa, divertida, me río un montón con ella, pero hay otros que... A mi tía Isabel no la soporto, es una egoísta, y también viene Pedro, el novio de mi madre y, la verdad, no me gusta, es bastante arrogante.
Marta: ¡Vaya! Es lo que pasa con la familia, unos te gustan y otros no. Pero, ¡anímate!, seguro que lo pasas muy bien con tus primos y primas.
Miguel: Sí, sí, eso espero. Mi prima Isabel es muy maja.

5 112

Virginia: Pili, ¿qué tal lo pasasteis en la boda?
Pili: Nos lo pasamos muy bien. Mira, te voy a enseñar las fotos para que conozcas a mi familia. Estos son mis padres: mi padre se llama Jacinto y mi madre, Pilar.
Virginia: ¿Y quién es este chico tan alto?
Pili: Es mi hermano Jacinto. Es muy divertido, pero en la foto está muy serio. Su mujer se llama Bárbara; es mi nueva cuñada, ya sabes que mi hermano estaba divorciado.
Virginia: La del pelo corto es tu hermana, ¿no?
Pili: Sí, mírala en esta foto. Está con su marido, mi cuñado Nacho. Son muy simpáticos. Yo les quiero mucho
Virginia: ¿Y todos estos niños?
Pili: Son mis sobrinos. Ana y Pablo son los hijos de mi hermana, y David y Sergio son los de mi hermano. Los cuatro primos se quieren mucho. Les encanta estar juntos.
Virginia: ¿Entonces tus padres tienen ya cuatro nietos?
Pili: Y otra sobrina que viene de camino.
Virginia: ¿Y tu marido?
Pili: Aquí está en esta foto. Mira qué cariñosos estamos. Carlos estaba muy contento, en todas las fotos sale riéndose.
Virginia: ¿Y el viaje de novios?
Pili: Nos fuimos a Costa Rica y...

3 113

Alberto: ¿Qué tal? ¿Cómo te ha ido hoy?
Ana: El día ha sido terrible. Juan y yo hemos tenido una reunión de cuatro horas con los clientes japoneses y luego hemos terminado el informe para la Comisión Económica. Y tú, ¿qué tal?
Alberto: Yo también he tenido hoy mucho trabajo. Primero, he llevado a los niños al colegio, después he hecho la compra y luego he planchado la ropa antes de hacer la comida. Por la tarde los niños y yo hemos estado en el parque con los amiguitos de Pablo.
Ana: ¡Uff, qué día! Ahora nos queda un ratito para descansar y ver la televisión.

6 114

Amiga: Pablo, ¿puedes contestarme a un test?
Pablo: Vale, ¿de qué es?
Amiga: Es sobre las experiencias que has tenido en tu vida. Primera: ¿has montado alguna vez en moto?
Pablo: Claro, muchas veces, mi hermano tiene moto.
Amiga: ¿Y has salido alguna vez al extranjero?
Pablo: Sí, una vez, hace tres años, cuando terminé el Bachillerato fui a Italia con mis compañeros.
Amiga: ¿Has tomado pescado crudo?
Pablo: No, nunca, ¡qué asco!
Amiga: ¿Has tenido alguna operación?
Pablo: No, nunca. Bueno, sí, me rompí un brazo una vez y me operaron. Hace más de diez años.
Amiga: ¿Has perdido las llaves de tu casa alguna vez?
Pablo: Sí, las perdí la semana pasada.
Amiga: ¿Has salido en la tele?
Pablo: No, nunca.
Amiga: ¿Has estado alguna vez en Buenos Aires?
Pablo: No, todavía no, pero quiero ir algún día.
Amiga: Y ya la última: ¿te has enamorado alguna vez?
Pablo: Claro que sí, estoy completamente enamorado de ti, ¿no lo sabes?

1 y 2 115

médico – comer – libro – ventana – lección – pasó – mejor – rápido – mano – bebí – canté – trabajo – trabajó.

3 116

café – mesa – música – Madrid – español – madre – árabe – estudiar – comí – comió – como – vino – venir – móvil – teléfono – profesor – nacional – zapato – camisa.

3 117

Lucía: ¡Qué rica está esta sopa de pescado! ¿Qué tal tu ensalada de atún?
Miguel: Muy bien, muy rica. ¿Tú has viajado mucho, Lucía?
Lucía: Hombre, mucho, mucho, no..., pero vaya, bastante. Casi todos los años hago algún viaje.
Miguel: Es que yo no he viajado casi nada y ahora me gustaría salir más. Me encantaría ir a Egipto. ¿Tú has estado en Egipto?
Lucía: Sí, estuve allí hace unos cuatro años.
Miguel: ¿Sí? ¿Cuántos días estuviste?
Lucía: Estuve diez días. Fue un viaje maravilloso, la verdad.
Miguel: ¿Con quién fuiste?
Lucía: Con mi hermana, su marido y sus dos hijos.
Miguel: ¿Y dónde más has estado?
Lucía: He viajado mucho por Europa, conozco casi todas las capitales importantes: París, Londres, Roma, Berlín.
Miguel: ¿Has estado en Australia?
Lucía: No, tan lejos no. Estuve en Argentina y Chile, eso sí. Y tú, ¿qué haces en las vacaciones de verano?
Miguel: Muy fácil, mis padres tienen un apartamento en la costa de Andalucía, en Tarifa, y todos los veranos los pasamos allí. Me lo paso muy bien, porque practico el *windsurf*.
Lucía: ¡Ay, me encanta Tarifa!

UNIDAD 13 - TIEMPO LIBRE

2 (118)

1 Vendedor: Buenos días, ¿en qué puedo ayudarte?
Roberto: Buenos días, estoy buscando un apartamento o un estudio, algo pequeño y barato para vivir mientras estudio.
Vendedor: ¿Dónde, en el centro o en un barrio?
Roberto: No exactamente en el centro, prefiero que esté cerca de la universidad, para no tener que usar el autobús...

2 Vendedor: Así que ustedes quieren un chalé.
Señor: Sí, nos interesa un chalé, es que necesitamos un jardín para los niños y el perro, ¿sabe?
Vendedor: ¿Y lo quieren muy grande?
Señora: Bueno, no mucho, no tenemos mucho dinero. Puede ser un chalé adosado con tres dormitorios, un salón comedor y dos cuartos de baño, eso sí.

3 Vendedor: ¿Qué están buscando exactamente?
Señor: Pues, mire usted, nosotros queremos vender el piso de Barcelona porque es demasiado grande para dos y nos gustaría comprar una casita en la playa. Eso sí, tiene que ser de una sola planta porque no podemos subir muchas escaleras... También me gustaría tener una cocina amplia, porque a mí me gusta mucho cocinar.

4 y 5 (119)

1 Carlos: ¡Hola, Pepa! ¿Qué tal el fin de semana?
Pepa: Bien, el sábado fui al cine.
Carlos: ¿Y qué viste?
Pepa: Una película argentina: *El hijo de la novia*.
Carlos: ¿Y qué tal?
Pepa: Es una comedia muy divertida.

2 Alberto: ¿Qué tal, Beatriz? ¿Qué has hecho este fin de semana?
Beatriz: Muy bien, el sábado fuimos a cenar a un restaurante catalán.
Alberto: ¿Y el domingo, qué hicisteis?
Beatriz: El domingo fuimos a la playa con los amigos de Juan y nos lo pasamos muy bien...

3 Nuria: ¡Hola, Mariano! ¿Qué tal lo habéis pasado este fin de semana?
Mariano: Bueno, la verdad es que no hemos hecho nada especial. Nos hemos quedado en casa para ver la final del Campeonato de Europa de Fútbol.
Nuria: ¿Y qué tal el partido?
Mariano: Bastante aburrido.

3 (120)

1 A: ¿Y estos vaqueros?, ¿de quién son?
B: Son míos.
A: ¡Qué bonitos! ¿Me los dejas?
B: Sí, claro, llévatelos.
2 A: ¿Nuria, ¿es tuyo este cinturón?
B: No, el mío es más ancho que este.
3 A: ¿De quién es esta raqueta?
B: Mía.
A: ¿Es nueva?
B: Sí, me la ha comprado mi madre.
4 A: ¡Qué pendientes tan bonitos! ¿Quién te los ha regalado?
B: ¿Te gustan? Me los ha regalado mi novio.

7 y 8 (121)

Irene: Carlos, ¿puedes venir?
Carlos: Sí, claro, ahora mismo voy.
Irene: ¿Qué tal la semana?
Carlos: Bien, con mucho trabajo, como siempre.
Irene: Bueno, vamos a ver, ¿has enviado la información de las novedades al resto de los departamentos?
Carlos: Sí, se la pasé el martes a Cristina, y creo que ella la ha enviado a los otros departamentos.
Irene: ¿Y el presupuesto para el director general?
Carlos: No, no se lo he enviado todavía porque no lo he terminado, necesito un poco más de tiempo.
Irene: ¿Y qué tal la entrevista con el director del banco?
Carlos: Bueno, le llamé pero no me ha dado la respuesta, lo llamaré otra vez.
Irene: ¿Les has pasado las facturas a los compañeros de contabilidad?
Carlos: Sí, se las pasé el miércoles.
Irene: ¿Y qué tal el pedido para los clientes de Sevilla, lo has enviado?
Carlos: No hay ningún problema, se lo envié todo al señor Torres, el comercial.

1 y 2 (122)

limón – rápido – lápiz – ácido – papelera - examen – japonés – trabajo – lápices - lección – sofá – escribir – rapidez – alemana – iraní – coche – ordenador – crisis.

4 (123)

1 La fiesta de las Flores de Mayo
En Filipinas es muy importante la fiesta que se llama Flores de Mayo. En esa ocasión las calles y la iglesia están llenas de flores. El último día de mayo las chicas del pueblo se visten con trajes muy elegantes. Recorren todas las calles del pueblo llevando velas. Cuando terminan el recorrido todos van a la iglesia a escuchar la misa.

2 El Día de la Luna
En China, la fiesta más importante es el Día de la Luna. No tiene fecha fija y depende del calendario chino. Generalmente es un día de septiembre, siempre con luna llena. Ese día se reúnen las familias (abuelos, padres, hijos...) y preparan muchas comidas. El plato más importante es un pastel de carne, mermelada y almendra, que tiene forma redonda y simboliza la perfección. El Día de la Luna por la noche, las familias se sientan al aire libre y comen y beben mientras observan la luna. Otra fiesta importante es la de Año Nuevo, que suele celebrarse a primeros o mediados de febrero.

3 La fiesta de *Aid es Seguer*
Después de Ramadán (en el que los musulmanes ayunan durante un mes), empieza la fiesta de *Aid es Seguer*, que dura tres días. El primer día, por la mañana temprano, todos van a rezar a la mezquita y allí se encuentran con sus amigos. A mediodía regresan a comer a casa con toda la familia. Hay cordero, pollo y toda clase de comidas ricas. Por la tarde bailan, los hombres por un lado y las mujeres por otro. Todo el mundo lleva ropa nueva y los niños reciben regalos. Es una fiesta muy alegre.

UNIDAD 14 - ANTES Y AHORA

3 (124)

El Madrid de 1950
En los años 50 del siglo XX, los niños madrileños se bañaban en el río Manzanares o cruzaban las calles sin mirar. Ahora es imposible.
María Guerra tiene más de 90 años ahora y cuenta cómo era su infancia:
"Mi padre era conductor de tranvía. Yo fui a un colegio de monjas hasta los 14 años. Como no había transporte en el barrio donde vivíamos, todos los días tenía que andar más de media hora para llegar. Cuando tenía 14 años entré a trabajar en un taller de modistas. Los domingos salía con mis amigas a bailar o al teatro, íbamos siempre al teatro La Latina. En Madrid había muchos cafés, pero las mujeres no entrábamos solas, porque estaba mal visto".
Por su parte, Emilio Rodríguez dice que le gustaba más jugar en la calle que ir a la escuela. También recuerda la primera vez que fue al cine: le pareció maravilloso. A los 14 años empezó a trabajar en una pastelería y todos los días repartía los bollos a domicilio.
Luego entró a trabajar en una imprenta y se hizo tipógrafo.
Tanto María como Emilio piensan que la vida ha cambiado desde que ellos eran jóvenes, y que ahora se vive muchísimo mejor que antes.

5 (125)

Luis: ¡Sí, dígame!
Celia: ¡Hola, Luis! Soy Celia.
Luis: ¿Qué tal Celia? ¿Cómo estás?
Celia: Muy bien. ¿Y a ti? ¿Cómo te va por Cercedilla? ¿Llevas una vida más divertida que en Madrid?
Luis: ¿Más divertida? Bueno..., ¡no exactamente!
Celia: Pero te gusta vivir allí, ¿no?
Luis: Sí, eso sí. Hay menos contaminación que en Madrid.
Celia: Eso seguro.
Luis: Sí, además las casas son más grandes, con jardín y con vistas a la montaña.
Celia: ¡Qué bien! ¿Y qué tal las tiendas?
Luis: No hay muchas por aquí. Las tiendas son mejores en Madrid.
Celia: ¿Y la gente?
Luis: La gente por aquí es estupenda. Son mucho más tranquilos que en Madrid. No tienen tanta prisa.
Celia: Bueno, pues el próximo fin de semana voy a hacerte una visita.
Luis: Vale, venga..., y te preparo un cocido montañero.
Celia: Estupendo. Nos vemos el sábado.

1 126

1 El coche rojo está delante de la casa.
2 El coche azul está enfrente de la casa.
3 El coche verde está en la esquina de la casa.
4 El coche naranja está en el cruce.
5 El coche marrón está detrás de la casa.
6 El coche amarillo está a la derecha de la casa.
7 El coche negro está a la izquierda de la casa.
8 El coche violeta está cerca de la casa.
9 El coche azul marino está lejos de la casa.

3 127

1 A: Perdone, ¿podría decirme dónde hay un puesto de periódicos?
B: Siga recto y enfrente del banco, justo en la esquina, ahí lo encontrará.
2 A: Disculpe, estoy buscando una farmacia. ¿Sabe si hay alguna por aquí?
B: ¿Ve usted esa iglesia? Pues detrás de la iglesia está la farmacia, al lado de la oficina de correos.
3 A: Por favor, ¿me podría indicar cómo llegar al Ayuntamiento?
B: Sí, claro. Siga todo recto y, en el cruce, tuerza a la derecha. Delante de la escuela está el Ayuntamiento.

1 128

diez - seis - pie - pausa - historia - puedo - oigo - agua - diario - horario - rey - cien - sauna.

2 y 3 129

dios - res - aula - pez - mes - ven - cielo - oro - cuero - podo.

4 130

1 Entrevistador: ¿Lola, dónde pasabas las vacaciones cuando eras pequeña?
Lola: Cuando era niña iba de vacaciones al pueblo de mis abuelos en Ondara, en Valencia. Era un pueblo más pequeño que ahora, no había tantos turistas ni urbanizaciones de apartamentos al lado de la playa. Como no había tráfico, jugaba con mis amigos en la calle y solo volvía a casa para comer y dormir. En agosto venían mis padres y nos bañábamos en la playa. Mi padre me enseñó a nadar entre las olas. ¡Cuánta agua salada tragué! Ahora también voy, pero mis abuelos ya no están y el pueblo ha cambiado mucho.
2 Entrevistador: Carlos, ¿dónde pasabas las vacaciones cuando eras pequeño?
Carlos: Yo pasaba las vacaciones en un pueblo de La Mancha, en la provincia de Ciudad Real. Hacía mucho calor y no teníamos aire acondicionado, claro. Por las mañanas jugábamos en la plaza del pueblo o algunas veces nos bañábamos en el río, pero después de comer teníamos que dormir la siesta, o leer, o descansar, porque en la calle no se podía soportar el calor. Luego, a partir de las ocho o las nueve, toda la gente del pueblo salía a pasear y a tomar el aire. Nos acostábamos muy tarde, después de las doce.
3 Entrevistador: ¿Y tú, Paloma?
Paloma: Pues yo pasaba las vacaciones en Madrid, porque mis padres no tenían dinero para viajar. Jugaba con mis amigos en el parque, o leíamos tebeos en casa, y cuando mi padre tenía vacaciones íbamos todos los días a la piscina. En mi barrio había tres piscinas grandísimas, con mucho césped donde podíamos jugar a la pelota, a las cartas, leer... Comíamos unos bocadillos y helados y volvíamos a casa casi de noche.

UNIDAD 15 - COCINAR

5 131

Hija: Oye, mamá, ¿no decías que querías comprarte una mochila parecida a la mía?
Madre: Sí, para llevar el portátil, pero no quiero que sea tan grande como la tuya.
Hija: Pues mira, he visto varias de segunda mano en la web.
Madre: ¿De segunda mano? No, yo prefiero que sea nueva.
Hija: Pero mamá, algunas están prácticamente nuevas, y son mucho más baratas.
Madre: No sé, yo prefiero ir a una tienda y comprarla.
Hija: Mira, he estado mirando y hay varias que te pueden interesar.
Madre: A ver, dime.
Hija: Hay una negra muy bonita y muy elegante, tiene varios compartimentos, así que puedes llevar el portátil y también más cosas.
Madre: Es que no me gusta negra.
Hija: Pues mira, hay otra más sencilla, de estilo deportivo, que parece muy cómoda y también tiene espacio para el portátil. Es azul y solo cuesta 35 euros.
Madre: Azul me gusta más. ¿La estás viendo ahora en el móvil?
Hija: No, estoy con la *tablet*, pero te mando una foto al móvil y así la ves.
Madre: Vale.
Hija: Te voy a mandar dos, porque he visto otra amarilla que me encanta, aunque quizá es un poquito grande..., pero mamá, es que es mejor un poco grande, así caben más cosas.
Madre: No, que luego la lleno y me pesa mucho.
Hija: Bueno, yo te mando las dos, a ver si te gustan. Esta última es un poco más cara, pero se ve que es de mejor calidad.
Madre: ¿Cuánto cuesta?
Hija: 60 euros.
Madre: Un poco cara para lo que es. Mándamela y ya veremos.

3 132

Vendedor: Buenas tardes, ¿qué desea?
Cliente: Quería comprar unas naranjas de zumo.
Vendedor: ¿Cuántas quiere?
Cliente: Dos kilos.
Vendedor: Aquí las tiene. ¿Algo más?
Cliente: Sí, también quiero una lechuga.
Vendedor: Lo siento, no me queda ninguna. ¿Quiere unas judías verdes?
Cliente: No, gracias. No quiero nada más. ¿Cuánto es?
Vendedor: 5,25 €.
Cliente: Tome, ¿puede darme una bolsa, por favor?
Vendedor: Sí, claro... Y aquí tiene sus vueltas. Muchas gracias.
Cliente: Adiós, muchas gracias.

1 133

país - Díez - oír - río - paella - león - día.

2 134

radio - secretaría - diez - armario - vacío - mía - río - alegría - secretario - cuadro - avión - farmacia.

4 135

1 Este libro cuesta diez euros.
2 Mi hermana es secretaria del director general.
3 Pedro se rio mucho de la historia.
4 El río Duero no pasa por Lisboa.
5 Eso tienes que preguntarlo en la secretaría.
6 No entiendo nada, ¡qué lío!
7 Los bomberos iban hacia la casa que se quemó.
8 Antes yo hacía gimnasia, pero ahora no tengo tiempo.
9 Mis vecinos se llaman Díez de apellido.

2 136

trocear un calamar - machacar los ajos - picar la cebolla - cocer en agua - freír el pimiento

3 137

Ingredientes de la paella: 150 gramos de gambas. Un calamar. Medio kilo de mejillones. Una cebolla pequeña. Un tomate. Un pimiento. Azafrán. Dos dientes de ajo. Aceite de oliva.
Verduras optativas: guisantes y judías verdes.
Elaboración: Primero se lavan las gambas, el calamar y los mejillones. Después se trocea el calamar. En una paellera, se calienta el aceite y se fríen el pimiento y la cebolla bien picada y luego el tomate. Cuando está todo frito, se echan los mariscos y las verduras. Se deja cocer, a fuego lento, unos diez minutos y luego se echa el arroz y a continuación el agua. La cantidad de agua será el doble de la de arroz. El arroz cocerá unos veinte minutos. Mientras se cuece, en un mortero, se machacan los ajos con la sal, el azafrán y se echa en la paellera. Se deja reposar unos minutos

7 138

1 A: Por favor, pónganos dos cañas y un vino.
B: ¿Quieren algo de tapa?
C: Sí, pónganos tres tapas de morcilla.
2 A: ¿Qué tal está la paella?
B: Está buenísima; y el salmón, ¿qué tal está?
A: Está un poco soso. Camarero, traiga la sal, por favor.
3 A: ¿Qué van a comer?
B. Yo quiero de primero ensaladilla rusa y de segundo, ternera asada.
C: Pues a mí póngame menestra de verduras y de segundo, cordero.

A: ¿Y de beber?, ¿qué quieren?
B: Vino de la casa y agua, por favor.

4 A: Por favor, ¿me cobra?
B: Sí, enseguida. Son 5,30 €.
C: Deja, deja. Hoy me toca pagar a mí.

5 A: Buenas tardes. ¿Qué van a tomar?
B: Pónganos dos cafés con leche y un té con limón.
A: ¿Quieren algo de comer?
C: Sí, traiga unos churros, por favor.

6 139

Los alimentos más consumidos en el mundo son el arroz, los cereales, las patatas y el azúcar, según un estudio de la Organización de las Naciones Unidas para la Alimentación y la Agricultura (FAO).
Este análisis descubre que el alimento más consumido en el mundo, con mucha diferencia, es el arroz, que es la base nutricional de todo un continente como Asia, el más poblado de todo el planeta.
Una de las razones que explica su alto consumo es que es muy fácil de cultivar porque no necesita un clima específico, se adapta muy bien a diferentes tipos de clima.
El siguiente grupo de alimentos más consumido son los cereales. El maíz, por ejemplo, que se utiliza mucho en América, o el mijo, que es la base de la comida diaria de millones de habitantes en África. Muy por detrás está el trigo, que tanto se consume en el norte de América y en Europa.
Después del arroz y los cereales, llega el turno de las papas o patatas. Originarias de Perú, fueron traídas a España por los conquistadores españoles y desde nuestro país se fueron extendiendo por todo el resto del planeta.
Las patatas son fáciles de cultivar y resultan muy nutritivas, especialmente por los hidratos de carbono que aportan a la dieta. Otra de sus características es que, igual que el arroz y los cereales, solo necesitan una mínima cocción para ser consumidas.
El siguiente alimento que se usa masivamente es el azúcar y, después, la leche y sus derivados, los productos lácteos. A continuación, aunque pueda sorprender, aparece la cerveza, muy consumida en bastantes zonas del mundo.

UNIDAD 16 - CONSEJOS

2 140

En la piscina, dúchate antes de entrar en el agua.
Bebe suficiente líquido.
Ponles a los niños algo en la cabeza y una camiseta para protegerles del sol.
Entra en el agua poco a poco.
Sal inmediatamente del agua si estás cansado de nadar.
Conserva la playa limpia. No tires basura. Utiliza la papelera.
Respeta las señales de peligro: el banderín rojo indica que el mar está revuelto y no puedes bañarte.
Para no quemarte, toma el sol poco a poco y ponte siempre crema protectora solar.
No te bañes después de una comida abundante o de un ejercicio intenso.

7 141

Doctor: Buenas tardes, ¿qué le pasa a este niño?
Emilio: Buenas tardes, doctor, mire, tiene fiebre desde hace dos días.
Doctor: A ver... ¿Cuánta fiebre ha tenido?
Emilio: Ayer tuvo 37,5 y hoy ya 38.
Doctor: Vaya, ¿tiene algún síntoma más?
Emilio: Dice que le duele un poco el estómago.
Doctor: Bueno, túmbate en la camilla, vamos a ver ese estómago.
Emilio: Ayer estuvimos todo el día en la piscina y cuando llegó a casa ya estaba mal, no quiso cenar nada.
Doctor: ¿Te duele aquí?
Hijo: Un poco.
Doctor: ¿Y aquí?
Hijo: Sí.
Doctor: Vamos a ver los oídos..., el derecho está bien..., el izquierdo, perfecto. ¿Tomó mucho el sol?
Emilio: No, solo cuando estaba bañándose.
Doctor: Bueno, yo creo que necesita un poco de reposo y tomar estas pastillas cada ocho horas para la fiebre. Tiene que hacer una dieta ligera y beber mucho líquido.
Emilio: Muy bien, doctor.
Doctor: Si no se le pasa en dos o tres días, vuelvan a verme.

4 142

1 A: Javier, ¿qué te pasa?, tienes mala cara.
B: Hoy he tenido mucho trabajo y estoy cansado.

2 A: Hola, María, ¿qué tal?
B: Fatal, estoy harta de limpiar y de ordenar la casa, y mis hijos no ayudan nada.

3 A: Jesús, toma ya la sopa.
B: No puedo, está muy caliente.

4 A: ¿Qué le pasa a Aída?
B: No sé, está muy rara, yo creo que está enamorada.

5 A: Luis, tu mesa está muy desordenada, así no puedes estudiar bien.

6 A: Marta, ¿qué te pasa? ¿Estás enferma?
B: No, qué va. Estoy agobiada con el trabajo, mi jefe no me deja descansar un minuto.

7 A: ¿Qué le pasa al niño?
B: Está asustado porque un perro se ha acercado mucho a él.

8 A: ¿Tú sabes por qué Paloma está tan preocupada?
B: Sí, su madre está en el hospital.

7 143

Carmen: Hola, Marisa, ¿qué tal estás?
Marisa: Hola, Carmen. Bueno, yo no estoy mal, pero en mi familia estamos regular.
Carmen: ¿Qué ha pasado?
Marisa: Pues mira, mi madre está enferma, tiene la tensión alta. Mi padre está mejor, pero le duelen las piernas y no puede andar mucho.
Carmen: ¡Ah, ya...!
Marisa: Y luego, mi hermano. Resulta que se ha separado de su mujer y está deprimido.
Carmen: ¡No me digas! ¿Cuándo ha sido?
Marisa: Estaban mal desde hace tiempo, pero este verano tuvieron una pelea y decidieron separarse...
Carmen: ¡Qué pena! ¿Y los niños?
Marisa: Los niños están con mi cuñada. Por eso mi hermano está deprimido, porque no los ve...
Carmen: Bueno, mujer, son cosas que pasan, con el tiempo se pondrá bien.
Marisa: Sí, ¿y tú?, ¿qué tal tu familia?
Carmen: Yo estoy bien, resulta que tengo un trabajo nuevo...

5 144

Maribel: A ver, Roberto, ¿puedes decirme cuáles son tus expectativas para el futuro?
Roberto: Sí, claro. Primero, yo espero acabar mis estudios, luego espero encontrar algún trabajo, quizás en el extranjero, y vivir tranquilo.
Maribel: ¿No quieres casarte?
Roberto: Bueno, sí, si encuentro a la mujer de mi vida espero casarme y tener hijos, pero más tarde. Y tú, Maribel, ¿qué deseos tienes para el futuro?
Maribel: Yo estoy casada y tengo un buen trabajo..., dos hijos, así que espero que mi hijo mayor sea músico, pues está estudiando piano, y mi hija creo que será periodista. Espero que tengan suerte, que les vaya bien en la vida, que no sufran, vamos, lo que quieren todas las madres para sus hijos.

1 145

pero - polo - para - tara - molar - caro - porro - perro.

2 146

1 Dame una pala para trabajar.
2 Este jersey es muy caro, y además tiene una tara.
3 Quiero un polo de moras.
4 El perro de Rosa se llama Toby.
5 Maribel tiene la cara sucia.
6 En México los coches se llaman carros.

3 147

A: Hola, José Miguel, ¡cuánto tiempo sin verte!
B: Hola, Beatriz, es verdad, hace más de un año...
A: Pero, te encuentro muy cambiado... ¿Has adelgazado?
B: Claro, más de ocho kilos.
A: ¡No me digas! ¿Y cómo lo has hecho?
B: Pues pasando hambre..., no..., es broma. Es que me encontraba muy mal, estaba siempre cansado, me dolían los huesos, la cabeza y fui al médico y resulta que tenía la tensión alta y el colesterol por las nubes. Dice que si no me cuido el corazón me puede dar un susto, así que estoy haciendo una dieta especial.
A: ¿Y te ha costado mucho seguir esa dieta?
B: No, no mucho, porque Yolanda me ayuda a preparar la comida y como solo lo necesario. También he cambiado mucho de hábitos.
A: ¿Te has vuelto deportista? No lo creo...
B: Bueno, muy deportista no, pero voy y vengo andando al trabajo todos los días.

A: ¡Qué bien!
B: Sí, y además ya no tomo tantos aperitivos como antes, los fines de semana vamos a dar una vuelta por el parque...
A: Bueno, me alegro un montón de verte, a ver si nos llamamos un día de estos, tengo ganas de ver a Yolanda.
B: Vale, te llamo un día para pasear por el Retiro.

UNIDAD 17 - EL PERIÓDICO

5 148

Elena: ¡Hola, Sofía! ¿Qué tal? ¿Has encontrado trabajo?
Sofía: Sí. Estoy trabajando de enfermera desde el mes pasado en el hospital de San Rafael de Barcelona.
Elena: ¿Trabajas mucho?
Sofía: Sí, es bastante duro porque cada semana cambio de turno: una semana trabajo por la mañana, otra por la tarde y la tercera por la noche. Luego tengo un descanso de cuatro o cinco días.
Elena: ¿Te gusta tu trabajo?
Sofía: Bueno, es bastante agotador, pero me gusta mucho trabajar con los niños pequeños. Estoy en la sección de maternidad y cada día nacen varios bebés. Es un trabajo precioso. Las madres siempre están muy contentas con sus niños recién nacidos y a los padres se les cae la baba. De todas formas, me gustaría tener un turno fijo para poder seguir estudiando.

8 149

Entrevistador: Buenos días, tu nombre es Raúl Fernández, ¿verdad?
Raúl: Sí.
Entrevistador: He visto en tu currículum que tienes experiencia como camarero.
Raúl: Sí, señor, estuve durante dos años en una cafetería del centro y en los últimos seis meses he trabajado en un restaurante argentino.
Entrevistador: Muy bien, también tienes carné de conducir y coche, ¿no?
Raúl: Sí, pero ¿es necesario venir al trabajo en coche?
Entrevistador: Es que el horario de salida es tarde y ya no hay servicio de autobús.
Raúl: ¿Y cuál es el horario?
Entrevistador: Pues todos los días de dos de la tarde a cinco y de ocho de la tarde a doce de la noche. Los sábados un poco más tarde, terminamos sobre la una de la madrugada.
Raúl: ¿Hay algún día libre?
Entrevistador: Sí, claro, los domingos. No abrimos el restaurante.
Raúl: Muy bien, me gustaría tener algo más de información sobre las condiciones del trabajo.
Entrevistador: Dime, ¿qué quieres saber?
Raúl: ¿Qué tipo de contrato ofrecen?
Entrevistador: Pues, mira, hacemos un contrato temporal de tres meses, pero si todo va bien después lo hacemos indefinido.
Raúl: ¿Y el sueldo son 1300 €?
Entrevistador: Sí, tienes además las horas extra del sábado y repartes las propinas con los demás camareros y con el personal de cocina.
Raúl: ¿Cuántos empleados hay?
Entrevistador: Un cocinero, un ayudante de cocina, un camarero en barra y dos en el restaurante. El puesto que necesitamos ahora mismo es el de camarero para servir las mesas, por eso necesitamos que tengas experiencia.
Raúl: En eso no hay problema.
Entrevistador: ¿Hablas algún idioma?
Raúl: Sí, hablo inglés muy bien y un poco de francés.
Entrevistador: Estupendo, estamos en una zona muy turística y eso lo vamos a tener en cuenta. Bueno, Raúl, me quedo con tu currículum, te llamaré la semana que viene si estamos interesados.
Raúl: Muchas gracias, espero su llamada.

3 150

1 ¡Hola, soy Carlos! Ya tengo las entradas para el concierto. ¿Quedamos mañana a las siete de la tarde en la puerta del Auditorio?
2 Soy Paloma. Acabo de terminar de leer tu libro. ¿Cuándo paso a dejártelo?
3 ¡Buenos días! Llamamos del supermercado. Su pedido ya está preparado. Puede recogerlo después de las cuatro.
4 ¡Hola, soy Manuel! He llamado a Luisa. Voy a quedar con ella para mañana por la mañana. ¿Te vienes?
5 Llamo de la consulta del doctor Ramírez. Tenemos que aplazar la cita del jueves para el viernes a la misma hora. Gracias.

1 151

padre - pelo - puedo - pongo - polo - papá - pipa - perro - piso - pan - playa.

2 152

vamos - ven - bien - balón - abuelo - visto - beber - vivo - billete - volver.

3 153

1 Valencia; **2** pan; **3** paño; **4** vista; **5** poda; **6** piso; **7** batata; **8** vino; **9** bollo; **10** berro.

5 y 6 154

A: Mira, en esta foto estoy con Javier y Luisa después de terminar la Maratón de Madrid.
B: ¿Y cómo decidisteis participar?
A: Un día estábamos viendo un programa de televisión sobre la ciudad de Madrid y pensamos que era buena idea participar en esta carrera.
B: Supongo que tuvisteis que entrenar mucho.
A: Sí, pero esto nos sirvió para seguir organizando otros proyectos deportivos.
B: ¿Ah, sí? ¿Qué hicisteis después?
A: El verano pasado hicimos el Camino de Santiago en bicicleta. ¡Bueno, empezamos en bicicleta, pero luego tuvimos que cambiar de planes!
B: ¿Cuántos kilómetros hicisteis?
A: Decidimos hacer el Camino francés, saliendo de Roncesvalles. Un total de 750 kilómetros.
B: ¿Y cuánto tardasteis?
A: Planeamos hacerlo en trece días, pero luego todo se complicó y al final tardamos veintitrés.
B: ¿Y eso? ¿Tuvisteis algún problema?
A: Después de diez días de camino, algunos con muy mal tiempo, sobre todo en Burgos donde nos llovió mucho, cuando estábamos llegando a León, Javier se cayó de la bicicleta y se hizo daño en un brazo.
B: ¿Y qué hicisteis?
A: Fuimos al hospital, donde le vendaron el brazo y el médico le dijo que no podía seguir el camino en bicicleta.
B: ¿Y ahí acabó vuestra aventura?
A: ¡No, qué va! ¡Enviamos las bicicletas en el tren y nosotros hicimos los 300 kilómetros restantes andando! Por eso tardamos diez días más. Cuando llegamos a Santiago los padres de Javier nos estaban esperando para llevarnos a casa en coche.

UNIDAD 18 - PREDICCIONES

2 155

A Pilar: ¿Cuánto tiempo llevas trabajando en este hospital?
Mónica: Tres meses, ¿y tú?
Pilar: Yo llevo solo un día. Empecé ayer. Estoy un poco nerviosa.
B Susana: Hablas muy bien español. ¿Cuánto tiempo llevas estudiándolo?
Pierre: En mi país estudié cuatro años y ahora llevo cinco meses en Barcelona.
C Alberto: ¿Cuánto tiempo llevas esperando?
Ignacio: Más de una hora. Llegué a las siete y ya son las ocho y cuarto.
Virginia: Yo llevo dos horas, desde las seis.

7 156

Chen: Mis padres tienen un restaurante en Toledo. Llevamos nueve años viviendo en España, y yo soy su traductor e intérprete porque ellos no hablan español, es demasiado difícil. Yo me encuentro bien tanto aquí como en China, pero me gusta un poco más la cultura española. Allí el nivel del colegio es más alto, los chicos tienen que trabajar más en el colegio, pero aquí la gente es más abierta y divertida. De mayor me gustaría estudiar Económicas. También me gusta mucho jugar al fútbol. Llevo tres años jugando en el equipo de mi barrio.
Miguel: Yo nací en Toledo, pero mis padres son británicos, así que no sé bien de dónde soy. Mis amigos ingleses me consideran español, y al revés, los españoles me llaman "el inglés". Yo me siento más pegado a las costumbres inglesas porque mis padres me han educado así. Ellos llevan viviendo aquí casi treinta años porque les gusta tanto el clima como las relaciones que hay en las familias españolas. Los ingleses son más reservados. Por otro lado, ser bilingüe tiene muchas ventajas, entiendes mejor a la gente, aunque a veces choco con personas muy cerradas.

11 157

Si mi partido gana las elecciones, crearemos más puestos de trabajo.
Si ustedes nos votan, nosotros subiremos las pensiones.
Si salgo elegido, les prometo que el Gobierno gastará más dinero en educación y sanidad.
Por último, les prometo que todo el mundo tendrá lo que necesita si ustedes votan a mi partido.

7 y 8 158

Entrevistador: Estamos haciendo una encuesta sobre los problemas que preocupan actualmente a los jóvenes. ¿Podéis contestarme?
Ana: Sí, claro.
Entrevistador: ¿Veis la tele? ¿Leéis las noticias? ¿Qué pensáis de lo que pasa en el mundo?
Roberto: Bueno, sí, yo veo las noticias de la tele, pero no me importa mucho la política, a mí me preocupa la contaminación, eso sí, yo creo que cada día hay más contaminación en las playas, en el aire.
Ana: A mí sí me interesa la política, lo que pasa es que no creo mucho en los políticos, pienso que no son sinceros.
Roberto: Eso, todos dicen que van a arreglar el problema del paro, pero es dificilísimo encontrar un buen trabajo.
Ana: Sí, los trabajos son cada vez peores: trabajamos más y ganamos menos. Y otro problema importante, creo yo, es la vivienda. Los pisos están carísimos, no podemos marcharnos de casa, toda la vida con nuestros padres...
Roberto: Jo, sí, ¡menudo rollo! Ahora yo estoy bien con mis padres, pero antes, todos los días discutíamos: por el pelo, por la ropa, por el *piercing*, por las tareas de la casa... La verdad es que si no tienes trabajo, ni tienes dinero, ¿adónde vas los fines de semana? Pues a beber alcohol al parque, que es más barato.
Ana: Bueno, tampoco es eso, hay otras forma de pasar el fin de semana...

1 159

cine - zapato - zona - azul - cielo - azúcar - cigarrillo - cerveza - cenicero.

3 160

Si cien cenicientas encienden cien cirios, cien mil cenicientas encenderán cien mil cirios.

4 161

Si cien cenicientas encienden cien cirios, cien mil cenicientas encenderán cien mil cirios.

5 162

Sara: ¿Tú crees que cambiará nuestra forma de viajar en el futuro?
Luis: No lo sé, pero yo creo que utilizaremos menos los aviones, porque son muy contaminantes. Por ejemplo, si un avión va de Madrid a Nueva York contamina lo mismo que un coche durante un año.
Sara: Sí, pero seguramente los ingenieros fabricarán en el futuro aviones más limpios. Si lo consiguen, la mayoría de la gente continuará utilizando el avión, porque es lo más rápido. ¿Y tú, qué crees que pasará con los coches?
Luis: Bueno, ahora ya hay más de 1500 millones de coches en el mundo, son muchísimos, imagínate cuánta contaminación.
Sara: Sí, por eso cada vez habrá más coches eléctricos.
Luis: Claro, pero no es suficiente, será muy importante usar otros medios de transporte que contaminan menos, como la bicicleta, el metro o el autobús.
Sara: Tienes razón. Mira, nosotros también podemos hacer algo hoy por el medioambiente, ¿qué te parece si vamos andando a casa?

Primera edición, 2021
Tercera edición, 2023

Produce: SGEL Libros
Avda. Valdelaparra, 29
28108 Alcobendas (Madrid)

Director editorial: Javier Lahuerta
Coordinación editorial: Jaime Corpas
Edición: Mise García
Redacción actividades vídeos: Anna Méndez
Diseño de cubierta e interior: Leticia Delgado
Corrección: Paula Queraltó
Fotografías de cubierta: Shutterstock
Maquetación: Leticia Delgado

Ilustraciones: Pablo Torrecilla,
excepto: Maravillas Delgado (Unidad 2, pág. 28 Marcadores de lugar. Unidad 5, pág. 60. Unidad 8, pág. 86. Unidad 14, pág. 150. Unidad 15, pág. 160. Unidad 16, pág. 166. Apéndice gramatical, págs. 206, 230, 232 y 126)

Cartografía: SGEL (páginas 12, 13, 92)

Fotografías:
CORDON PRESS: Unidad 9: pág. 103, cuadros de Picasso y Dalí. **Unidad 11:** pág. 123: Celia Cruz. **Unidad 14:** Unidad 1pág. 146: Madrid antiguo; pág. 199: Luz Casal. **THINKSTOCK: Unidad 2:** pág. 29 ejercicio 6. **Unidad 5:** pág. 61; pág. 63 mapas. **Unidad 10:** pág. 110: ej. 3, foto 4. **SHUTTERSTOCK:** Resto de fotografías, de las cuales, solo para uso de contenido editorial: **Antes de empezar:** pág. 11 foto B (Cenk Ertekin / Shutterstock.com), foto D (criben / Shutterstock.com), foto J (Kobby Dagan / Shutterstock.com) y foto N (Igor Bulgarin / Shutterstock.com); pág. 14 foto 1 (Tstudio / shutterstock.com) y foto 4 (Ignacio Soto / Shutterstock.com). **Unidad 1:** pág. 23 foto 2 (Tinseltown / Shutterstock.com), foto 3 (Frederic Legrand – COMEO / Shutterstock.com), foto 4 (Joe Seer / Shutterstock.com), foto 5 (Tinseltown / Shutterstock.com), foto 6 (Helga Esteb / Shutterstock. com), foto 7 (s_bukley / Shutterstock.com) y foto 8 (s_bukley / Shutterstock.com). **Unidad 2:** pág. 33 foto 1 (Andrea Raffin / Shutterstock.com), **Unidad 3:** pág. 42 (Arsenie Krasnevsky / Shutterstock. com).**Unidad 4:** pág. 48 foto 2 (PhotoMavenStock Shutterstock.com). **Unidad 6:** pág. 65 (trabantos / Shutterstock.com); pág. 66 (lindasky76 / shutterstock.com); pág. 67, tarjeta transporte (alexat25 /Shutterstock.com); foto metro (IR Stone / Shutterstock); pág. 70 (Kushch Dmitry / Shutterstock.com); pág. 71 (Anton_Ivanov / Shutterstock.com); pág. 72 foto 1 (meandering images / Shutterstock.com). **Unidad 7:** pág. 77 (Only_NewPhoto / Shutterstock.com). **Unidad 8:** pág. 87, plaza de Armas (Daniel Prudek / Shutterstock.com); pág. 91 foto carnaval (Daniel Carmona Rui / Shutterstock.com). **Unidad 9:** pág. 100 foto 2 Santiago de Chile (Aleksandar Todorovic / Shutterstock.com) foto 2 Santiago de Compostela (TY Lim / Shutterstock.com); pág. 103 mural Diego Rivera (PSHAW-PHOTO / Shutterstock.com).
Unidad 11: pág. 116: Shakira (A.RICARDO / Shutterstock.com), Rosalía (Ted Alexander Somerville / Shutterstock.com), Malú (JLOrtin / Shutterstock.com), Buenos Aires (saiko3p / Shutterstock.com); pág. 118: tango (Nowaczyk / shutterstock.com); pág. 123: Enrique Iglesias (s_bukley / Shutterstock.com). **Unidad 12:** pág. 133 (Anton_Ivanov / Shutterstock.com). **Unidad 13:** pág. 135 (Mia2you / Shutterstock. com), pág. 136: A (JJFarq / Shutterstock.com). **Unidad 14:** pág. 152: Avenida 9 de Julio (Diego Grandi / Shutterstock), La Boca (Diego Grandi / Shutterstock); pág. 154: Ana de Armas (Tinseltown / Shutterstock.com), Javier Bardem (Tinseltown / Shutterstock.com), Jennifer López (Tinseltown / Shutterstock.com), Ricky Martin (Featureflash Photo Agency / Shutterstock.com), Julieta Venegas (Kathy Hutchins / Shutterstock.com), Messi (Alizada Studios Shutterstock). **Unidad 15:** pág. 156: foto 1 (Claudio Armand / Shutterstock.com), foto 2 (seeshooteatrepeat / Shutterstock.com), foto 4 (Grand Warszawski / Shutterstock.com); pág. 158 (cornfield / Shutterstock.com). **Unidad 17:** pág. 176: foto 7 (Hung Chung Chih / Shutterstock.com). Pág. 224: Rosario Flores (criben / Shutterstock.com). Se han utilizado también fotos de Wikipedia libres de derechos en: pág. 118: Carlos Gardel; pág. 124: Pablo Picasso; pág. 182: Manuela Sáenz y Leona Vicario. Además, para cumplir con la función educativa del libro, se han utilizado imágenes de internet en páginas 138, 142, 143 y 144.

Audio: Cargo Music, Crab Ediciones Musicales y Nordqvist Productions España S.L.

ISBN: 978-84-17730-57-4

Depósito legal: M-21961-2021
Printed in Spain – Impreso en España

PEFC Certificado
Impreso en papel que procede de bosques gestionados de forma sostenible y fuentes controladas
PEFC
PEFC/14-38-00245
www.pefc.es

Impresión: Gómez Aparicio Grupo Gráfico